Giengen

Ulm

Biberach

Kl. Ochsenhausen

Gft. Waldburg

Leutkirch

Isny

Wangen

Buchhorn

Ravensburg

Kl. Weingarten

Bodensee

Gft. Helfenstein

Reutlingen

Tübingen

Hzm. Württemberg

Gft. Hohenberg

Gft. Hohenzollern

Rottweil

Kleine Geschichte
des Königreichs Württemberg
1806-1918

Kleine Geschichte
des Königreichs
Württemberg
1806–1918

Bernhard Mann

DRW-Verlag

Erschienen in der Reihe:
»Regionalgeschichte – fundiert und kompakt«

DRW-Verlag
Leinfelden-Echterdingen
www.drw-verlag.de

© 1. Auflage 2006 DRW-Verlag Weinbrenner GmbH & Co. KG,
Leinfelden-Echterdingen
Lektorat: Isabella Eder
Satz: post scriptum, Emmendingen / Hinterzarten
Druck: W. Kohlhammer Druckerei GmbH & Co. KG

ISBN-10 3-87181-035-5
ISBN-13 978-3-87181-035-0

Inhaltsverzeichnis

Zehn Jahre und zehn Monate – Das Königreich Württemberg unter dem ersten König (1806–1816)

Die Proklamation des Königreichs

Am 30. Dezember 1805 nahm Kurfürst Friedrich II. von Württemberg die Würde eines »Königs« an. Am selben Tag hob er den seit 1457 bestehenden »Landtag« in Stuttgart auf. Am 1. Januar 1806 proklamierte er als Friedrich I. die Annahme seiner neuen Würde und zugleich die Vereinigung seines Landes »Neuwürttemberg« mit dem Hauptland. Das »Königreich Württemberg« war förmlich gegründet. Was immer er sich als seine und seines Königreichs Zukunft ausgemalt haben mag: Fürs erste war aus zwei bisher sehr verschiedenen Ländern, seinem ererbten Herzog- und jetzt Kurfürstentum Württemberg und dem von ihm erworbenen »Neuwürttemberg« ein einziges Land geworden, das er ebenso »absolutistisch« regieren konnte, wie bisher nur sein neues Land. Ihm war bewusst (und auch uns sollte bewusst sein), dass seine Untertanen jetzt nicht auf einmal rechtlos geworden waren. Das waren sie auch in einem »absolutistischen« Regierungssystem nicht. Nur konnten sie ihm von nun an bei seiner Regierung und bei der Aufbringung dessen, was zum Regieren immer gebraucht wird – rechtliche Regeln und vor allem Geld – nicht mehr dreinreden. Fürs erste bestimmte er allein, was und nach welchen Regeln künftig gespielt werden sollte. Er hatte wenigstens im Innern seines Landes die »Souveränität« erreicht.

»Souveränität« hieß vor allem: Er musste sich jetzt nicht mehr irgendwelchen Urteilen unterwerfen, die der württembergische

Landtag bei irgendwelchen »Reichsgerichten« gegen ihn erstreiten konnte. Das »Heilige Römische Reich« lag zwar, bildlich gesprochen, auf den Tod, aber noch war es nicht gestorben oder gar förmlich für tot erklärt. Noch existierten seine Organe und Institutionen: der Kaiser, der seit Jahrhunderten mit nur einer Ausnahme aus dem Hause Habsburg gewählt wurde (und der seit dem 14. August 1804 auch »Kaiser von Österreich« war), der »Reichstag«, der kein Parlament, aber doch eine bei den Beschlüssen des Reichs mitentscheidende Vertretung der deutschen Staaten und Herrschaften war, vor allem aber die Reichsgerichte. Seine Krankheit zum Tode hatte schon im 18. Jahrhundert begonnen, weil der König von Preußen und der Kaiser als Herrscher über die habsburgischen Länder in ihrer Politik immer weniger Rücksicht auf das Reich genommen hatten. 1795 und in den Jahren danach hatten es zuerst Preußen, aber dann auch andere Glieder des Reiches tatsächlich im Stich gelassen, als sie aus dem Reichskrieg gegen das revolutionäre Frankreich ausgeschieden waren. 1802/03, also nur wenige Jahre vor der Gründung des Königreichs hatten dann die stärkeren »Reichsstände« brutal einen großen Teil der schwächeren »geopfert«, das heißt, ihre Gebiete und Untertanen unter sich verteilt. Von den Opfern waren die Erzbischöfe von Mainz, Köln und Trier als »Kurfürsten« (und der Mainzer zudem als »Erzkanzler«) tragende Säulen des Reiches. So, wie es einmal gewesen war, würde das Reich also künftig nicht mehr sein können.

Von den Ereignissen 1802/03, dem »Reichsdeputationshauptschluss« und seinen Gebietszuweisungen hatte auch Württemberg profitiert. Es hatte große Gebiete mit einer starken Bevölkerung zugesprochen bekommen und war auch formell zu dem Rang aufgestiegen, den es schon lange beansprucht hatte: Sein Herzog war »Kurfürst« geworden. Bei der nächsten Wahl eines Kaisers würde Friedrich in einem »Kurkolleg« (dessen Mehrheit jetzt nicht mehr katholisch war) eine von elf Stimmen haben.

Mit der Annahme der Königswürde gab Friedrich das Heilige Römische Reich noch nicht auf. Sein »Konventionstaler« von 1806 demonstriert seinen Anspruch, dort als »Kurfürst« und »Träger des Erzbanners« in erster Reihe mitzuspielen.

Würde dann wieder ein Habsburger gewählt werden? Oder gar Napoleon Bonaparte, der Emporkömmling aus dem erst 1768, ein Jahr vor seiner Geburt an Frankreich gekommenen Korsika? Der hatte sich am 2. Dezember 1804 selber zum »Kaiser der Franzosen« gekrönt. Wollte er das Kaisertum Karls des Großen erneuern, der über ein Reich geherrscht hatte, dessen Grenzen das spätere Deutschland und das spätere Frankreich umfassten? Der neue König von Württemberg jedenfalls hielt sich auch diese Zukunft offen, als er gleich 1806 Münzen prägen ließ, auf deren Bild er sich als König, aber auch als Kurfürst (»Elect[or]«) und als Träger der »Reichssturmfahne« (»S[acri] I[mperii] Ar[miger] Vexil[li]«) präsentierte. Was immer dieses »Reichserzpanner« bedeutete – der neue Verbündete Napoleons hielt am Anspruch fest, im »Reich« an vorderer Stelle mitzureden. Auch sein neues »großes Staatswappen« zeigte gleich drei Reichsadler.

Bald war offenbar, dass die Zukunft des Reiches letztlich vom Willen Napoleons abhing. Der zog schließlich vor, zu seiner französischen Kaiserwürde hin nicht auch noch die deutsche zu erwerben, sondern deren Inhaber zu ihrer Niederlegung zu nötigen.

Im Bund mit Napoleon

»Von Napoleons Gnaden« war Friedrich König von Württemberg geworden. Der Kaiser der Franzosen hatte am 26. Dezember 1805 im Frieden von Pressburg (Bratislava) bei dem besiegten Österreich durchgesetzt, dass die »Kurfürsten« von Bayern und von Württemberg »Könige« und der von Baden »Großherzog« sein sollten. Ein unbedingter Gefolgsmann des Korsen wurde Friedrich dadurch nicht. Sympathisch oder gar verehrungswürdig dürfte ihm der Emporkömmling kaum erschienen sein, der sich selber zum »Kaiser der Franzosen« gemacht hatte, dem er jetzt notgedrungen folgen musste. Dazu war das Standesbewusstsein des Württembergers als Angehöriger einer alten Dynastie viel zu groß.

Auch wird er, der in der Welt der großen Politik aufgewachsen war, Napoleons Zukunft nicht ohne Skepsis betrachtet haben. Zwar war Frankreich jetzt scheinbar unaufhaltsam auf der Siegesbahn. Aber die Herrscher und Völker von schließlich fast ganz Europa, die Napoleon durch seine Siege zwang, seine Bundesgenossen zu werden, blieben immer bereit, so bald wie möglich von ihm abzufallen. Großbritannien, das Friedrich als Mann einer britischen Königstochter vielleicht besser kannte als der französische Kaiser, hatte seine Frontstellung gegen Frankreich überhaupt nie aufgegeben. »Britannia« beherrschte die Meere

Johann Baptist Seeles Porträt von Friedrich I. zeigt den
König bei der Arbeit, seiner Stellung freilich sehr bewusst.

und damit die weite Welt, vollends seit der Seeschlacht von Trafalgar am 21. Oktober 1805 – stark zwei Wochen nach dem Abschluss des Bündnisses Frankreichs mit Württemberg am 5. Oktober dieses Jahres. Konnte Frankreich die erste Rolle in der Welt spielen, wenn es auf Kontinentaleuropa beschränkt blieb? Konnte es auch nur Kontinentaleuropa auf Dauer beherrschen, solange es nicht in der Welt die erste Rolle spielte? Napoleon war ein Glücksspieler, Friedrich ein überaus vorsichtiger Zauderer, der Risiken scheute – das dürfte auch ihren Blick in die Zukunft bestimmt haben.

Wir wissen, wie Napoleons großes Spiel geendet hat, und glauben zu wissen, warum es so enden »musste«. Im Oktober 1805 konnte das noch niemand wissen, aber schon damals war Skepsis angebracht. Freilich: Was half alle Skepsis, wenn – wie seit dem 30. September 1805 – die Franzosen schon Stuttgart besetzt hatten und sich Napoleon zu einem Besuch in Ludwigsburg angemeldet hatte! Die Unterredung des Riesen Friedrich mit dem auffällig kleinen französischen Imperator am 3. Oktober dürfte dramatisch gewesen sein – kein Zeuge war dabei. Denn was die Macht anging, war Napoleon der Riese und Friedrich der kleine Mann. Aber offenbar war der Korse von dem Württemberger irgendwie beeindruckt. Unzumutbares hat er von ihm niemals verlangt, auch wenn sich sein Verbündeter fortan ins Unvermeidliche fügen und versuchen musste, das beste daraus zu machen. So war Friedrich zwar ein betont korrekter, aber auch niemals einfacher Alliierter Frankreichs.

Die letzten Ziele seiner Politik brauchte der König von Württemberg dafür nicht zu ändern, und auch seine Mittel waren naturgemäß immer noch die gleichen. Die Selbstbehauptung seines kleinen Landes – auch und gerade gegenüber dem übermächtigen Alliierten – hingen von seiner Fähigkeit zum Kriege ab. Selbst in einem so ungleichen Bündnis wie dem zwischen dem großen Frankreich und dem kleinen Württemberg pflegt der Schwächere mit desto mehr Rücksicht behandelt zu werden, je stärker er ist. Denn je labiler das Gleichgewicht der Großmächte ist, desto größer ist die Chance der Kleinen, durch einen Absprung oder gar Seitenwechsel die Gewichte entscheidend zu verschieben. Für Napoleon galt also, keine unnötigen Konflikte zu provozieren, für den Württemberger, immer recht stark zu sein und deshalb immer wieder neu Geld aufzubringen und Soldaten auszuheben. Beides forderte größte Opfer des alten Landes und seiner neuen Erwerbungen, beides hat Friedrichs Herrschaft bei seinem Volk verhasst gemacht wie keine vorher – und der Hass wurde dadurch nicht geringer, dass der König seiner neuen Würde eine ihr entsprechende kostspielige Prachtentfaltung schuldig zu sein glaubte.

Die erste Bewährungsprobe kam, als Napoleon im Sommer 1806 Württemberg (wie Bayern, Baden, Hessen-Darmstadt und mehrere Kleinere) zwang, sich unter seinem Protektorat zum »Rheinbund« zusammenzuschließen. Denn diesen betrachtete er vor allem als militärisches Bündnis; Württemberg verpflichtete sich zur Stellung von 12.000 Mann. Zwar hat Friedrich zunächst darauf verzichtet, die gleich im August 1806 verordnete allgemeine Wehrpflicht wirklich durchzusetzen – denn zahlreiche Befreiungen ließen nur die Ungebildeten und weniger Qualifizierten, also die Angehörigen der Unterschicht für den Kriegsdienst übrig. Das reichte nicht lange aus. In Napoleons Feldzug gegen Preußen im Herbst 1806, der mit der preußischen Niederlage bei Jena endete, fielen die württembergischen Truppen eher negativ auf. Deshalb nützte Friedrich die folgenden Friedensjahre dazu, abgedankte preußische Offiziere zu gewinnen, das Ansehen des Soldatenstandes durch eine Invaliden- und Hinterbliebenenversorgung und durch straffe Disziplin zu heben, letzten Endes das württembergische Heer zum bedingungslos gehorsamen Werkzeug seiner Politik zu machen. 1808 konnte er sich noch, wie Bayern, dem Ansinnen Napoleons verweigern, Truppen nach

Spanien zu entsenden, 1809 gegen Österreich musste er mitmachen. Die »Aufstände«, die damals von den Österreichern im Nordosten und Südosten Württembergs erregt wurden, konnte er nur unter Einsatz von 25.000 Mann niederschlagen. Als es im gleichen Jahr bei der Inbesitznahme des Gebiets des Deutschen Ordens um Mergentheim zu Unruhen kam, wurden sie brutal unterdrückt. Ob die Aufständischen sich für die Deutschherren einsetzen oder nur nicht gegen ihre alte Herrschaft kämpfen wollten, die sie noch nicht einmal förmlich aus ihrer Untertanenschaft entlassen hatte, ist zu fragen. Württembergisch werden wollten sie sicherlich nicht.

Eine neue »Konskriptionsordnung« vom August 1809 machte mit der allgemeinen Wehrpflicht aller Männer zwischen 18 und 40 Jahren ernst. Ausgenommen blieben nur noch die Angehörigen der ehemals reichsunmittelbaren Fürsten- und Grafenfamilien, Staatsbeamte und die Herrnhuter »Kolonie« Königsfeld im Schwarzwald. Friedrich achtete also die Gewissen dieser christlichen Pazifisten. Studierende wurden zurückgestellt, Juden konnten sich mit 400 Gulden »freikaufen«, einer Summe, die von kleinen »Landjuden« kaum aufzubringen war. Andererseits wurden die Württemberger generell entwaffnet – selbst die alten Schützengesellschaften in den alten wie den neuen Landesteilen wurden aufgelöst. Das wurde als hart und entehrend empfunden, wie die Wehrpflicht überhaupt. Das württembergische Heer war kein »Volk in Waffen«. Den Soldaten gar als »Staatsbürger in Uniform« zu betrachten, widersprach Friedrichs Auffassung von Souveränität ganz und gar. Ein »Despot« oder gar »Sultan«, wie ihn der Freiherr vom Stein schimpfte, war er allerdings so wenig wie ein willenloser Gefolgsmann Napoleons. In seinem Land bemühte sich Friedrich um strengste Gerechtigkeit. Und er beharrte auf seinem Souveränitätsanspruch auch gegenüber dem scheinbar allmächtigen französischen Imperator.

Freiwillig oder gezwungen, fürs erste zog der Bundesgenosse

Napoleons aus dem Bündnis reichen Gewinn an Land und Leuten. Schon im Vertrag von Brünn (12. Dezember 1805) und im Frieden von Pressburg (26. Dezember 1805) hatte der Württemberger 125.000 neue Untertanen bekommen (und damit sein militärisches Potential nochmals vergrößert). Württembergisch wurden damals ein großer Teil »Vorderösterreichs«, nämlich die »obere« und die »niedere Grafschaft Hohenberg« am oberen Neckar (Schramberg, Oberndorf, Horb und Rottenburg), im Oberschwäbischen die Landvogtei Altdorf (zusammen mit dem 1808 von Württemberg von Nassau-Oranien-Dillenburg annektierten Kloster Weingarten wird Altdorf 1865 unter dem Namen »Weingarten« zur Stadt erhoben werden), die Herrschaft Ehingen und die »Donaustädte« Munderkingen, Riedlingen, Mengen und Saulgau. Dazu vom Deutschen Orden dessen Besitzungen am unteren Neckar (das Amt Hornegg mit Neckarsulm und Gundelsheim), Gebiete des Johanniterordens und die kleinen Territorien der reichsunmittelbaren Ritterfamilien.

Schon 1806 kamen dann – nach der Gründung des »Rheinbunds« – weitere 270.000 Menschen dazu: die Einwohner der bayerischen Herrschaft Wiesensteig, Schelklingens und der fünften Donaustadt (Bad) Waldsee, die Untertanen der Klöster Wiblingen bei Ulm und Urspring bei Schelklingen, der »Deutschordenskommende« Altshausen und Kapfenburg mit der Stadt Lauchheim. Außerdem erhielt der König von Württemberg die Landeshoheit über mehrere reichsunmittelbar gewesene Fürstentümer und Grafschaften wie Hohenlohe (in seinen verschiedenen Linien), Waldburg, Königsegg-Aulendorf, Thurn und Taxis und die Gebiete der vielen durch den Reichsdeputationshauptschluss in Oberschwaben mit Klosterbesitz entschädigten Fürsten und Grafen.

Nach einem weiteren Sieg Napoleons über Österreich, den ihm auch württembergische Truppen zu erfechten geholfen hatten, wurden dem Königreich am 14. Oktober 1809 im Frieden von Schönbrunn die Ämter des Deutschen Ordens um (Bad) Mergentheim zugesprochen. 1810 kamen die letzten 160.000 Einwohner dazu – durch den Pariser Vertrag vom 28. Februar 1810 und die Tauschverträge mit Bayern vom selben Jahr die ehemals brandenburg-ansbachischen Ämter Crailsheim und Creglingen, die ehemals österreichische Herrschaft Montfort mit Langenargen und Tettnang und die früheren Reichsstädte Ulm (links der Donau, auf dem rechten Ufer machte Bayern das Dorf Offenhausen und mehrere »Einöden« zu Neu-Ulm), Bopfingen, Ravensburg, Buchhorn (1811 mit Kloster Hofen zu »Friedrichshafen« vereinigt), Leutkirch und Wangen im Allgäu. Mit Ulm kam auch ein großer Teil seines Gebiets (mit Langenau und Geislingen an der Steige) an Württemberg. Dazu Teile des Territoriums der früheren Reichsstadt Rothenburg ob der Tauber, das Kloster Söflingen bei Ulm und die Landeshoheit über die innerhalb der neuen württembergischen Grenzen liegenden Besitzungen von Hohenlohe-Kirchberg, Öttingen und Fugger. Abgegeben werden musste das seit 1616 württembergische Weiltingen bei Dinkelsbühl an Bayern und die altwürttembergischen Ämter Hornberg und St. Georgen im Schwarzwald an Baden.

Auch wenn Friedrich ein viel größeres Königreich angestrebt hatte, war sein jetzt erworbenes Gebiet stattlich und abgerundet. Lediglich die Unabhängigkeit der Fürstentümer Hohenzollern-Sigmaringen und Hohenzollern-Hechingen war – und das nicht nur auf der Landkarte – ein schwer zu verschmerzender Schönheitsfehler, den zu beseitigen auch seinem Sohn und seinem Enkel nicht gelingen wird. Aber konnte Friedrich mit der Vergrößerung seines Landes auf das Doppelte und seiner Erhebung vom Herzogtum zum Königreich nicht mehr als zufrieden sein? Seinem Ehrgeiz genügte die Vergrößerung seines

Landes auf das Doppelte und seine Erhebung zum Königreich keineswegs. Nicht nur Hohenzollern, auch das neue Baden, das bayerisch gewordene Schwaben bis zum Lech, wenn möglich die deutsche Schweiz hätten dazukommen müssen, wenn Württemberg im Spiel der europäischen Mächte dabei sein sollte. Aber hätte das schon ausgereicht, um wirklich mehr als nur eine kleine Nebenrolle spielen zu können? Auch Bayern, das 1815 fast viermal so groß war wie Württemberg (und doppelt so groß wie das Königreich, das Friedrich anstrebte), hat auf diesem Feld niemals »groß« mitgespielt. 1814/15 jedenfalls, am Ende der langen Kriegsperiode, kam es nur noch darauf an, ganz altwirtembergisch »das Erworbene zu sichern«. Und das war nun mehr als zuvor eine Aufgabe der Innenpolitik.

Napoleons deutsches Staatensystem

Französische Siege über drei der vier anderen europäischen Großmächte – über Russland und Österreich bei Austerlitz 1805, dann bei Jena über Preußen 1806 – begründeten die faktische Herrschaft Napoleons über Italien und einen großen Teil von Deutschland. Die Länder links des Rheins waren schon vorher zu französischen Departements gemacht worden und wurden unmittelbar von Paris regiert. Preußen war auf seine Provinzen östlich der Elbe zurückgeschnitten, Österreich hatte auf seine italienischen Ansprüche, auf Tirol und Vorarlberg, überhaupt auf seine Besitzungen zwischen Inn und Rhein verzichten müssen (und dafür Salzburg, Berchtesgaden und die Güter des »Deutschen Ordens« erhalten). Wie Russland und dann auch Preußen hatte es sich verpflichten müssen, Frankreich in seinem Kampf gegen den letzten starken Feind, Großbritannien zu unterstützen.

Das Inselreich stand jetzt so gut wie allein gegen Frankreich – und war trotzdem zu keinem neuen Friedensschluss bereit, nachdem der letzte Friede zwischen den beiden alten Rivalen 1802 in Amiens keine vierzehn Monate gehalten hatte. Nach seiner Niederlage vor Kap Trafalgar unweit der Straße von Gibraltar im Oktober 1805 aber hatte Napoleon seinen Plan einer Landung auf einer der britischen Inseln endgültig aufgeben müssen. Warum beendete er nicht den Krieg überhaupt? Ob und zu welchen Bedingungen Großbritannien jetzt noch zum Frieden bereit gewesen wäre, kann dahingestellt bleiben, denn Napoleon wollte ihn nicht – und durfte ihn nicht wollen. Seine Herrschaft als »Kaiser der Franzosen« beruhte auf seinen Siegen, genauer darauf, dass er weiterhin der französischen Nation ersparte, die Kosten eines nur durch kurze Pausen unterbrochenen langen Krieges auf sich zu nehmen. Solange die Franzosen immer wieder siegten, konnten sie die Besiegten wenigstens teilweise dafür bezahlen lassen. Wenn sie gar eines Tages Großbritannien niederrangen, dann verfügten sie selbst über die unerhörten Reichtümer, die jetzt die Briten aus den Kolonien und mehr noch aus dem Handel mit den Produkten des größeren Teils der damaligen Welt zogen.

Dass Napoleon Großbritannien nur noch durch einen Handelskrieg bezwingen konnte oder bezwingen zu können glaubte, zwang ihn zur Beherrschung Kontinentaleuropas. Denn in jedem Hafen und sogar an jeder Küste, die Frankreich nicht direkt oder indirekt kontrollierte, drohte ein britischer Erfolg in dem zäh und unerbittlich geführten britisch-französischen Krieg. In diesem gab es Länder, die Napoleon ohne Zwang unterstützten, weil ihnen die französische Herrschaft oder Vorherrschaft lieber war als jede mögliche andere – Italien etwa oder auch das Kernland eines nach den Teilungen von 1772 bis 1795 wiederhergestellten Polen.

Gehörten auch die deutschen Länder dazu? Gewiss nicht die beiden Großen, Österreich und Preußen, die nur auf eine eini-

germaßen sichere Gelegenheit warteten, Frankreich wieder zu
nur einer von fünf großen Mächten zu machen. Aber vielleicht
die Länder des »Rheinbunds«? Zu dessen »Gründungsmitglie-
dern«, unter ihnen die Königreiche Bayern und Württemberg
und das Großherzogtum Baden, kamen in den folgenden Jahren
die meisten anderen deutschen Staaten – nicht Österreich und
Preußen –, auch die Königreiche Sachsen und »Westfalen«. Nur
wenige Wochen nach seinem Abschluss war das Ende des alten
Deutschen Reiches gekommen. Am 6. August 1806, fünf Tage
nachdem die Rheinbundstaaten ihren Austritt aus dem Reich erklärt hatten, legte Franz II. die deutsche Kaiserkrone nieder und
war fortan nur noch Franz I. von Österreich. »Deutschland« war
unverkennbar ein Teil von Napoleons »System« geworden.

Er baute es auf den Rivalitäten seiner Staaten auf. Die bay-
erisch-österreichische »Erbfeindschaft« war sicher, schon gar,
wenn sie durch die Zuweisung des altösterreichischen Tirol
an Bayern noch vertieft werden konnte. Da auch Preußen und
Österreich selbst in Perioden des Zusammengehens immer Rivalen geblieben waren, die sich belauerten, genügte die Vergrößerung Bayerns, Österreich wenigstens in etwa in Schach zu halten.
Dagegen hütete sich Napoleon, nun auch Württemberg gegen
Bayern stärker zu machen. Wenn Friedrich sich trotzdem Hoffnungen machte, sein nach seiner gewiss realistischen Rechnung
immer noch viel zu kleines Königreich auf das Doppelte seiner
jetzigen Größe zu bringen, dann unterschätzte er vielleicht doch
den Eindruck von Unberechenbarkeit, den er machte. Auch
seine dynastischen Verbindungen zu Russland und Großbritannien veranlassten Napoleon wohl zur Vorsicht. Da erschien ihm
sicherer, unmittelbar an der französischen Ostgrenze ein so relativ schwaches Land wie Baden aufzubauen, dessen Misstrauen
gegen den württembergischen Nachbarn im Osten nur zu natürlich war. Wenn nützlich ließ sich Baden allerdings ebenso leicht
wie die beiden hohenzollerischen Fürstentümer als Preis verwen-

den, um eines Tages Württemberg enger an Frankreich zu bin-
den. Die Furcht davor hielt die Badener bei Napoleon, an dessen
deutscher Politik nur ihre Unvorhersehbarkeit sicher war.

Das erwies sich vor allem in Nordwestdeutschland, wo Napoleon das deutsche Herkunfts- und »Nebenland« des Großbritannien regierenden »Hauses Hannover« zuerst Preußen zuschob
und nach dessen Niederlage bei Jena zum »Königreich Westfalen« seines kleinen Bruders Jérôme schlug, der in Kassel resi-
dierte. Unmittelbar französisch wurden schließlich die Landstriche an der Nordseeküste mit der für den Überseehandel wichtigen Stadtrepublik Hamburg und ein Stück der Ostseeküste mit
Lübeck. Wo es darauf ankam, entschied sich Napoleon also für
eine direkte Beherrschung deutscher Gebiete. Dagegen lag ein
engerer Zusammenschluss der Bundesglieder – auch nur wie im
alten Deutschen Reich – nicht im Interesse Frankreichs. Was sich
vor allem der »Erzkanzler und Fürstprimas« des Bundes erhoffte,
forcierte Napoleon so wenig, dass der Rheinbund schließlich
doch auf seine militärischen Funktionen begrenzt blieb.

Der Eindruck eines napoleonischen »Machiavellismus pur«
wird etwas getrübt durch seine Heiratspolitik. Glaubte er wirklich, Österreich durch seine Vermählung mit einer Tochter des
österreichischen Kaisers und durch die Erhebung seines von
ihr geborenen kleinen Sohnes zum »König von Rom« (für den
zunächst er die Regierung führte ...) für eine sichere Partner-
schaft zu gewinnen? Hätte es die französisch-württembergischen
Beziehungen wirklich auf Dauer eng werden lassen, wenn der
württembergische Kronprinz eine Bonaparte geheiratet hätte
und nicht bloß Bruder Jérôme eine Tochter Friedrichs? Oder
siegte da »Korsika«, wenn nicht gar die Eitelkeit des Empor-
kömmlings, der glauben mochte, durch Einheirat ein Mitglied
der »Familie der Könige« werden zu können?

Friedrich hatte sich gegen alle Bestrebungen gesträubt, aus dem Rheinbund mehr zu machen als ein Militärbündnis. Dessen Verpflichtungen erfüllte er betont korrekt. Er tat das allerdings so, dass die Opfer, die dafür sein Land bringen musste, nicht nur Napoleons Kriegen, sondern möglichst schon auf kürzere Sicht auch seinem Königreich zugute kommen sollten.

Organisation der Verwaltung

Weil für Rüstung und Kriegführung immer wieder aufs Neue viel Geld aufzubringen war, und weil alte und neue Gebiete möglichst rasch möglichst eng zusammengefügt werden sollten, lag nahe, die Verwaltung des Landes von Grund auf zu modernisieren. Moderne, nämlich »bürokratische« Verwaltung war von Frankreich zu lernen, aber man musste nicht auf Napoleon warten, das zu tun. Ihr Name erinnert an den Ort, wo sie ausgeübt wurde: Das »Bureau«, die »Schreibstube« mit den mit grünem Tuch bezogenen Tischen. Schriftlichkeit allein war freilich nicht ihr unterscheidendes Merkmal – schon in vorbürokratischen Zeiten war gerade auch in der Verwaltung des alten Wirtemberg mehr als viel geschrieben worden. Charakteristisch war vielmehr ihre dem Militärischen nachgebildete Organisation. »Bürokratie« war und ist pyramidenförmige Organisation von Herrschaft, wo von der Spitze ausgehend Anweisungen über immer breiter werdende Stufen hinab zur »Basis« gelangen, während auf dem gleichen, aber umgekehrten Weg die Spitze erfährt, was unten geschieht.

Einem Herrscher wie Friedrich, der am liebsten alles selbst gemacht hätte, war diese Organisation gleichsam auf den Leib geschnitten. Nach seiner Proklamation des »Königreichs« und der Vereinigung des ehemaligen Herzogtums mit Neu-Württemberg konnte er die in den vergangenen drei Jahren dort schon bürokratisch reorganisierte Verwaltung auch nach Alt-Wirtemberg übertragen und so Altes und Neues verschmelzen und vereinheitlichen. Nach 1803 in den neuen Gebieten die überkommene, allzu vielgestaltige Verwaltung bestehen zu lassen wäre kaum angegangen. Dagegen hatte es sehr nahe gelegen, bei der bürokratischen Reorganisation für die unterste Stufe außer einem beträchtlichen Teil des Verwaltungspersonals auch die Grundzüge der lokalen Verwaltung Alt-Wirtembergs zu übernehmen. Die Anpassung fiel den aus den neuen Territorien übernommenen Beamten wohl leichter als den zu Verwaltenden, für die vor allem die neue Herrschaft der altwirtembergischen »Schreiber« gewöhnungsbedürftig war. Nur drei Jahre später, 1806, hatte sich auch die Mehrheit an Neues zu gewöhnen.

Vielleicht ist es nur ein Streit um Worte, wenn wir doch fragen, ob auch die Städte und Dörfer Württembergs jetzt schon »bürokratisch« verwaltet wurden. Nicht zu bezweifeln ist, dass »der Staat« (das heißt hier: der politische Wille des Königs) nicht vor den Grenzen der Gemeinden haltmachte. Er wurde sozusagen in jedem einzelnen Haus spürbar. »Ober«- und »Stabsämter« als Bezirksbehörden hatten die Aufsicht über ihren ganzen Bezirk und die Sorge für die »Polizei« im alten, umfassenderen Sinn. Justiz und Verwaltung waren auf dieser unteren Ebene noch nicht getrennt, auf der untersten Ebene erst recht nicht. Der »Oberamtmann« (der Vorgänger des heutigen Landrats) war der Vorsitzende des auf Lebenszeit bestellten Magistrats der Oberamtsstadt und bildete mit diesem zusammen das Stadtgericht. Dieses war Gericht der ersten Instanz und besorgte vor allem die Verwaltung der Stadt. In bestimmten Fällen hatte ein von der Bürgerschaft gewählter »Rat« ein Mitspracherecht. Jedes Dorf bildete zusammen mit den auf seiner Markung liegenden Weilern und Höfen eine eigene Verwaltungseinheit, der ein »Schultheiß«

vorstand. Die Gesamtheit der innerhalb eines Oberamtsbezirks liegenden Städte und Dörfer bildeten das »Amt«, »Stadt und Amt« wurden in eine Amtskörperschaft unter der Aufsicht des Oberamtmanns zusammengefasst. Bezeichnenderweise gehörte die Finanzverwaltung nicht zu ihren Aufgaben – die nahmen besondere Steuereinnehmereien wahr.

Mindestens die Bewohner des ehemaligen Herzogtums dürften auf der untersten, der lokalen Ebene – von der neuen Organisation der Steuern einmal abgesehen – keinen allzugroßen Unterschied zum Gewohnten empfunden haben. Es gab in einem Dorf oder einer kleinen Stadt nicht viele Männer (Frauen kamen nicht in Frage), die derlei Aufgaben übernehmen konnten. Denn dazu war ein gewisses Maß an »Abkömmlichkeit« nötig, das einer kaum hatte, der vierzehn oder mehr Stunden am Tag für seinen und der Seinen Lebensunterhalt arbeiten musste. Und das waren die meisten. Die bisherigen Herren der Dörfer und Städte behielten also das Heft in der Hand. Dazu gehörten vor allem auch die »Schreiber«, eine handwerksmäßig ausgebildete Kaste von kleinen Beamten, die von den Untertanen »nach Leistung« bezahlt werden mussten. Weil sie die, also den Umfang ihrer Schriftsätze fast grenzenlos ausdehnen konnten, waren sie ebenso beneidet wie verhasst – in Neuwürttemberg, wo sie neu waren, vermutlich noch mehr als im alten Land, das sie »seit Menschengedenken« kannte.

Umso radikaler waren die Änderungen auf der obersten Ebene, die freilich für die meisten Württemberger recht fern und so gut wie unbekannt war. Durch »Organisationsmanifeste« vom Februar und März 1806 war der altwirtembergische »Geheime Rat« – ein Kollegium, das sowohl vom Herzog als auch von der »Landschaft« besetzt worden war – aufgehoben und durch ein »Königliches Staatsministerium« ersetzt worden. Es bestand aus den sechs »Chefs« der »Departements« – wir würden sagen: »Ministerien« – und aus vom König ernannten Mitgliedern. Mit der Einrichtung dieser Ministerien »der auswärtigen Angelegenheiten«, »des Innern«, »der Justiz«, »des Krieges«, »der Finanzen« und des »geistlichen Departements« für die Angelegenheiten der Kirchen war Württemberg einmal ganz vorn. Sein König hatte dem Land als dem oder einem der ersten deutschen eine Ministerialverfassung mit nach Hauptverwaltungszweigen getrennten Ministerien (»Realsystem«) gegeben. Hier waren die jeweiligen Departementschefs dem Monarchen gegenüber die alleinigen Referenten und für die Durchsetzung seiner Anordnungen allein (und allein ihm) verantwortlich. Dieses in Frankreich 1792 geschaffene System wurde in der Folge zur Grundlage des Behördenaufbaus in Deutschland überhaupt. Gewiss war auch schon im alten Wirtemberg zentral verwaltet worden, aber durch »herrschaftlich-landschaftlich« gemischte »Landeskollegien« und »Deputationen«. Die wurden jetzt als Abteilungen auf die sechs Departements verteilt. Dabei blieb noch eine ganze Weile das hergebrachte System erhalten, bei dem alle Fragen von Belang vom ganzen Kollegium besprochen und beschlossen wurden. Da dieses »Kollegialsystem« seiner Natur nach langsam ist und Verantwortlichkeit verschleiert, wollte der König davon loskommen. Seit Ende 1807 mussten deshalb die Departementschefs alles, was der König entscheiden wollte, allein und in der Regel schriftlich ihm vortragen. Nur über Angelegenheiten von allgemeinem Staatsinteresse wurde noch im Staatsministerium beraten, das dann dem König zu berichten hatte. Davon ausgenommen war der Bereich der Auswärtigen Angelegenheiten und der Finanzen, aus dem grundsätzlich nichts an das Staatsministerium gebracht werden durfte. In Württemberg regierte also der Monarch selbst, die höchsten Beamten arbeiteten ihm zu. Und das wird noch ein halbes Jahrhundert lang so bleiben.

Die Binnenstruktur dieser obersten Ebene lässt auf die Prioritäten schließen. Im Innenministerium wurde 1812 eine »Sektion der Kommunalverwaltung« gebildet, die über Verwaltung und Rechnungswesen der Gemeinden und der Strafanstalten die Aufsicht ausübte und für alle staatliche Fürsorge für Handel und Gewerbe zuständig war. Eine andere Sektion übernahm mit der Aufstellung eines militärisch organisierten Gendarmeriekorps die Verantwortung für die öffentliche Sicherheit. Eine Sektion des Medizinalwesens übte die Oberaufsicht über das gesamte Gesundheitswesen aus. Die Straßen-, Brücken- und Wasserbaudirektion sorgte für die Verbesserung der Infrastruktur, die Friedrich vielleicht nicht nur aus militärischen Gründen am Herzen lag. Bei der Organisation des Finanzdienstes wurde das Überkommene besonders rigoros beseitigt. Das Finanzministerium war für alles zuständig, »was sich auf Staatseinnahmen bezieht«. Es übte die Oberaufsicht aus über die Hauptstaatskasse (auch das eine Neuheit: Zuvor hatte es mehrere sehr verschiedene Kassen gegeben), das Rechnungswesen, alle Staatsausgaben, aber auch alle Bereiche, wo Einkünfte zu erwarten waren: die Forsten, Salinen und Bergwerke, das Hütten- und Münzwesen und nach Einführung des Tabakmonopols 1808 die Tabakregie. Aus naheliegenden Gründen wurde die Vereinheitlichung des Finanzwesens durch Aufhebung der besonderen Verwaltung des altwirtembergischen »Kirchenguts« und der »landschaftlichen« Steuer- und Schuldenverwaltung besonders forciert. Die Errichtung eines Justizministeriums signalisierte ein Programm, nämlich die geplante Trennung von Justiz und Verwaltung nach französischem Vorbild. Dabei beabsichtigte man wohl eher, die Justiz daran zu hindern, sich mit den Taten oder Untaten der Verwaltung zu beschäftigen, als sie umgekehrt vor Eingriffen der Verwaltung zu schützen.

Übrigens zeigt sich gerade auf diesem Gebiet ein konservativer Grundzug auch bei Friedrich. Als einziger Rheinbundstaat entzog sich Württemberg der Übernahme des »Code Napoléon«, des von Napoleon in Frankreich eingeführten neuen Gesetzbuches. War ihm dieses zu modern oder befürchtete er, dadurch könnte der Rheinbund so etwas wie ein Bundesstaat werden, der dann seine Souveränität beeinträchtigen würde? Wenig modern war auch, dass weder die 1794 geschlossene, für die damalige Zeit innovative »Hohe Karlsschule« (von deren Absolventen einige zu den tüchtigsten Beamten Friedrichs gehörten) wieder hergestellt noch überhaupt viel für das Bildungswesen getan wurde. Dagegen war ganz unvermeidlich – und sicherlich auch im Sinne Friedrichs – die 1808 durch Edikt verfügte Gleichberechtigung der drei schon reichsrechtlich anerkannten christlichen Konfessionen, hier also der neuen katholischen Minderheit mit der evangelisch-lutherischen Zweidrittelmehrheit des Königreichs – die wenigen Reformierten kamen hier kaum in Betracht.

Allerdings gelang es Friedrich nicht, jetzt auch noch die in 79 meist »neuwürttembergischen« Orten lebenden etwas über 8000 Juden des Landes insgesamt den Christen gleichzustellen. Das war ein neues Problem – im alten Herzogtum waren um 1800 nur etwas mehr als 500 Juden ansässig. Ein Entwurf von 1808, der die Gleichberechtigung der Juden vorsah (allerdings zwischen »Untertanen«, »Schutzjuden« und Juden, die im Lande nur aufenthaltsberechtigt gewesen wären, unterschied), wurde nicht Gesetz. Nach ihm wären nur die reichsten Juden – wie die Kaulla aus Hechingen, Hofbankiers Friedrichs, die schon 1806 die vollen Untertanenrechte erhalten hatten – gleichberechtigte »Untertanen« geworden, die ärmeren hätten nur den Status von »Schutzjuden« erhalten (die Grenze lag mit einem Minimum von 30.000 Gulden Vermögen sehr hoch). Friedrich lehnte den hierzu erarbeiteten Entwurf ab, weil er intolerant sei, und dekretierte Einzelmaßnahmen: Schon 1806 wurden die Juden wehrpflichtig, 1807 wurde ihnen erlaubt, Grundstücke zu erwerben, 1808 wurde der »Leibzoll« aufgehoben, 1809 bekamen sie das Recht, Gewerbe zu betreiben und in die Zünfte einzutreten, 1812/15 wurden die Bestimmungen über Schutzgeld und Aufnahmegebühr vereinheitlicht. Das war nicht wenig, aber zu wenig für die meisten, die weiterhin ein sehr ärmliches Leben führten. Gegen den Widerstand der Eltern, die ihre Kinder nicht in christliche Schulen gehen lassen wollten, aber für eigene zu arm waren, war an eine etwas bessere Bildung der Jugend kaum zu denken. Erst unter König Wilhelm wurde das besser. Die Vorurteile der Mehrheit mögen in Württemberg nicht größer gewesen sein als anderswo. Aber hier gab es keine Zentren wie in Baden Karlsruhe und Mannheim, in denen größere und reichere Judengemeinden waren, die etwas für ihre Religionsverwandten hätten tun können.

Zurück zur Verwaltung – nun der Mittelinstanzen! Wie schon zuvor in Neuwürttemberg wurde das Königreich nach dem Vorbild der französischen »Departements« in jetzt zwölf Kreise eingeteilt, die nach einer Neueinteilung seit 1810 »Landvogteien« hießen. Wilhelm wird 1817 diese Organisation auf vier »Kreise« reduzieren. Länger erhalten blieben Friedrichs »Oberämter«, die Vorgänger der heutigen Landkreise. Von Anfang an lag bei ihnen der Schwerpunkt der Bezirksverwaltung. Aus verschiedenen Kategorien altwirtembergischer Ämter – weltlichen Oberämtern, Klosterämtern, »Kammerschreibereiämtern« – und den vielen lokalen Ämtern der neuerworbenen Gebiete wurden zunächst 140 Ober- und Stabsämter gebildet, deren Zahl bis 1810 durch Zusammenlegungen auf weniger als die Hälfte reduziert wurde. Ziele waren eine ungefähr gleichgroße Fläche und Volkszahl und geographische Geschlossenheit – auf Historisches wurde keine Rücksicht genommen. So wurde die überkommene kleinräumige Struktur der Neuerwerbungen vernichtet. Die schließlich 65 (später 63) übrigbleibenden Oberämter hatten (bei einer Streuung zwischen stark 13.000 und etwa 27.000) im Mittel etwa 20.000 Einwohner – waren also für heutige Verhältnisse recht klein. Weil auf dieser Ebene viele Aufgaben zu erledigen waren, erst recht, als später Justiz und Verwaltung auch hier getrennt und »Oberamtsgerichte« errichtet wurden, wuchsen die Oberämter mit ihren Oberamtsstädten als regionalen Zentren bald zusammen – erst in den 30er und in den 70er Jahren des 20. Jahrhunderts wurden sie in zwei Schritten zu den neuen, viel größeren Stadt- und Landkreisen Baden-Württembergs zusammengelegt. Die Karte am Ende des Buchs lässt erkennen, dass die ihnen entsprechenden badischen »Amtsbezirke« vergleichbar groß (oder klein) waren.

Zum Schluss noch wenige Worte zu den Beamten, auf die im übernächsten Kapitel ausführlicher zurückzukommen sein wird. Da die neue Verwaltung mit ihrem Personal fiel und stand, bemühte sich Friedrich um dieses besonders intensiv. Für die oberste Führungsebene standen ihm mit Absolventen der Hohen Karlsschule und mit »Ausländern«, die er nach Württemberg holte, gute und loyale Leute zur Verfügung. Die höheren Beamten des alten Wirtemberg, die er ebenfalls brauchte, waren weniger leicht für das Neue zu gewinnen. Die Abhängigkeit der unteren Beamten von der »Landschaft«, die Vetterleswirtschaft der altwirtembergischen »Ehrbarkeit«, ihre Korruption, aber auch ihre konservative Rechtsauffassung bekämpfte er mit zum Teil fast terroristischen Mitteln. Wahrscheinlich nicht ohne Berechtigung und Grund. Vor allem die »Schreiber« gaben Anlass zu vielen Klagen; man sprach von einer »wahren Landeskalamität«. Sie gaben noch 1816/17 viele Auswanderungswillige als Grund an. Aber sie waren nicht oder nicht leicht zu ersetzen und haben, mit verbesserter Ausbildung und »Moral«, die württembergische Verwaltung bis weit ins 19. Jahrhundert hinein mitgeprägt.

Die Bürokratie war zunächst und noch lange sozusagen das Rückgrat des Königreichs. Sie war eine Schöpfung seines ersten Königs.

Napoleons Sturz und die Folgen

»Geschichte wiederholt sich nicht!« – das soll Hitler gesagt haben, als er für den 22. Juni 1941 den Befehl gab, die Sowjetunion anzugreifen. Auf den Tag genau 129 Jahre vorher war Napoleon mit seiner »Großen Armee« nach Russland aufgebrochen. Gewiss: Geschichte »wiederholt sich« nicht. Aber es gibt so etwas wie »Gesetzmäßigkeiten«, mit denen die Handelnden (von denen »die Geschichte« gemacht wird) rechnen müssen. Es lag nahe genug, für einen Angriff auf Russland den längsten Tag des Jahres zu wählen, um den Gegner noch vor dem Einbruch des russischen Winters zu schlagen. Auch verfiel schon damals gerne darauf, das zu führen, was man später einen »Blitzkrieg« nennen wird, wer befürchten musste, einen langen Zermürbungskrieg nicht durchstehen zu können. Hitler wie Napoleon waren beide auf dem Gipfel ihrer Macht. Aber beide hatten ihren hartnäckigsten Gegner – Großbritannien – nicht zum Nachgeben zwingen können. Beide glaubten, das durch einen Sieg über die letzte große Macht auf dem europäischen Kontinent – Russland – doch noch zu können. Aber dass schließlich beide in Russland die entscheidende Niederlage erlitten, war so wenig von Anfang an sicher, wie dass Hazardspieler ausnahmslos verlieren. Nur sind in der Regel ihre Gewinnchancen nicht groß.

Als vom 26. bis zum 28. November 1812 in Weißrussland die Reste der »Großen Armee« bei ihrem Rückzug aus dem brennenden Moskau über die Beresina, einen rechten Nebenfluss des Dnjepr, nochmals große Verluste erlitten, war das der Anfang vom Ende der Herrschaft Napoleons über Europa und bald auch über Frankreich. Im Kriegshandwerk erfahren und mit russischen Verhältnissen vertraut, auch wohl immer die Chancen Napoleons nüchtern betrachtend, dürfte Friedrich schon jetzt das Ende Napoleons für nahe gehalten haben. Aber noch wäre ein Seitenwechsel selbstmörderisch gewesen. Von den fast 16.000

Württembergern, die mit dem Kaiser der Franzosen nach Russland gezogen waren, kamen nur wenige Hundert zurück. Nun musste der Württemberger Napoleon nochmals 7.260 Mann zur Verfügung stellen. Sie haben mit ihm noch mehrere Schlachten mitgemacht.

Auch vom 16. bis 19. Oktober die »Völkerschlacht von Leipzig«, in der die Alliierten den entscheidenden Sieg über Napoleon erfochten. Eine einzelne Reiterbrigade, die sich, von weit stärkeren Truppen der Gegner eingeschlossen, »neutralisieren« ließ, wurde bei der Rückkehr nach Württemberg – Friedrich hatte inzwischen selbst die Seite gewechselt – entwaffnet und aufgelöst, ihre Offiziere vor ein Kriegsgericht gestellt. Ihr Anführer hatte ohne Befehl gehandelt und damit die Kompetenz des Königs missachtet! Es dürfte den noch jungen Offizier »gerettet« haben, dass sein Vater Friedrichs Minister von Normann war – erschossen wurde er nicht. Aber in Württemberg wieder Fuß gefasst hat er auch nicht mehr. Ein Denkmal in Griechenland erinnert noch heute an den dort 1822 im griechischen Freiheitskampf gegen die Türken Gefallenen.

Den nicht nur von dem Freiherrn vom Stein (der jetzt den russischen Kaiser beriet) gehassten König von Württemberg rettete die kluge Politik des leitenden Staatsmanns Österreichs. Metternich versprach den Monarchen der Rheinbundstaaten für einen Seitenwechsel die Garantie ihrer Existenz. Der Bayer hatte sie schon am 8. Oktober, also noch vor »Leipzig« erhalten, dem Württemberger gelang das erst am 2. November 1813 im Vertrag von Fulda. Ihm wurde »die Souveränität« und der »freie und ruhige Besitz seiner Staaten« zugesagt. Aber sozusagen auf Bewährung, erst noch zu verdienen.

Mit größter Anstrengung stellte Friedrich bis Ende 1813 nochmals 12.000 Mann, jetzt auf Seite der Alliierten, ins Feld und konnte diese Streitmacht danach sogar noch verdoppeln. Befehligt wurde das württembergische Kontingent von Kronprinz

Wilhelm. 1812 hatte er sich krank gemeldet, diesmal war er freudiger dabei und siegte – worauf er sich ein Leben lang etwas zugute tat – in mehreren Gefechten: Monterau, Arcis sur Aube und anderswo. So zogen am 31. März 1814 auch württembergische Truppen mit den Alliierten in Paris ein. Napoleons Kaisertum war (oder schien) zu Ende. Doch in Deutschland war nach dieser neuen Wende noch vieles zu regeln.

> Im Spiel der Politik, das um Macht und Einfluss zwischen den Staaten und im Staat gespielt wird, waren 1814/15 in und für Württemberg größere Veränderungen zu erwarten. Denn mit der langen Kriegsperiode endete auch die Legitimation für Friedrichs Kriegsdiktatur, die er seit der Jahreswende von 1805 auf 1806 ausübte.

Nichts weniger als eine förmliche Neuformulierung der von ihm vor neun Jahren durch einen Staatsstreich festgelegten Spielregeln stand an. Zu informellen Regeländerungen pflegen bewusste Regelverstöße oder auch nur die Nichtbeachtung der einen oder anderen Regel zu führen – das war und ist normal. Auch das von Friedrich 1805/06 selbstherrlich und fast allein festgelegte Regelwerk für seinen »Staat«, also die formellen und informellen Spielregeln seiner Diktatur waren in diesen neun Jahren nicht gleich geblieben. Kein Diktator spielt sein Spiel allein; er kann nicht weiterspielen, wenn keiner oder nur noch eine kleine Minderheit mitmacht. Wohl nicht selten murrend und in heimlichem Zorn, vielleicht gelegentlich auch mit etwas Sabotage, hatte die Bürokratie mitgetan. Offiziere und Soldaten hatten ausgeführt, was ihnen der König befehlen ließ, oft sogar Leben und Gesundheit für seinen und ihren »Staat« geopfert. Auch die alten und die neuen württembergischen Untertanen hatten Friedrichs Spiel mindestens insoweit mitgespielt, dass sie sich widerstandslos ins Unvermeidliche schickten. Zu Aufständen oder Aufstandsversuchen kam es – von »Mergentheim 1809« abgesehen, aber das hatte besondere Gründe – nicht, und vielleicht doch nicht bloß aus Furcht vor Repressalien.

Friedrichs neue Verfassung

Nach dem (Ersten) Frieden von Paris Ende Mai 1814 kamen am 18. September des gleichen Jahres die europäischen Monarchen und ihre wichtigsten Berater in Wien zusammen, um Europa und nicht zuletzt seine Mitte nach dem Zusammenbruch von Napoleons Herrschaft neu zu ordnen. Auch Friedrich war dort, in der Hoffnung, doch noch eine weitere Vergrößerung seines Königreichs zu erreichen. Nach einem Vierteljahr kam er nach Stuttgart zurück; fortan vertrat der Kronprinz sein Land in Wien.

Offenbar war Friedrich jetzt wichtiger, das Regelwerk seines und seiner Untertanen »Königreichs Württemberg« neu festzusetzen. Er hatte mehr als einen guten Grund, sein »spätabsolutistisches« Regime in ein »frühkonstitutionelles« überzuleiten, das heißt, Württemberg zwar nicht wieder die alte, von ihm Ende 1805 beseitigte, aber doch eine Verfassung zu geben. Die alte war »ungeschrieben« gewesen wie die englische, mit der die Württemberger ihre seit dem späten Mittelalter nach und nach vereinbarte und zuletzt im »Erbvergleich« zwischen Herzog und »Landschaft« 1770 nochmals schriftlich bekräftigte altwirtembergische gerne verglichen. Nun sollte sein Land – wie die jungen Vereinigten Staaten von Amerika oder das alte, revolutionäre und dann »restaurierte« Frankreich – eine geschriebene Verfassung, eine »Konstitution« bekommen.

Vor den Gerichten hatten die Untertanen ihre Rechte seit jeher geltend machen können – auch schon in vorkonstitutioneller Zeit war der »Staat« im Prinzip »Rechtsstaat« gewesen. Aber fortan war, was »Recht« sein sollte, unter Mitwirkung des Parlaments als »Gesetz« zu beschließen und zu verkündigen, so dass jeder, der es wissen wollte, es kennen könne. »Freiheit und Eigentum« – und das war nicht wenig – hieß die globale Formel für das, was durch Gesetz geregelt werden musste. Sie umfasste nicht nur die individuellen Freiheitsrechte aller Landesangehörigen (die im Lauf der Jahre und Jahrzehnte immer größer wurden), sondern auch die Abwehr jedes Eingriffs in das Privateigentum. Steuern und andere Abgaben mussten vom Parlament bewilligt und durch ein Gesetz festgesetzt werden. Gerade die Bewilligung von Steuern war schon in vorkonstitutioneller Zeit der Einstieg in eine Machterweiterung der »Landesvertretung« gewesen und wurde es jetzt erst recht. Denn je mehr Aufgaben seine Bürokratie übernimmt, desto mehr Geld braucht »der Staat« dafür. Sobald dazu die Erträge aus dem Staatseigentum nicht mehr ausreichten, hatte das Parlament eine entscheidende Stimme, wieviel und wofür Geld ausgegeben werden durfte. Geld war und blieb der »nervus rerum gerendarum«, das Mittel für fast alles, was bewegt werden sollte.

Friedrich wusste und anerkannte das alles seit der Zeit, in der er zum Thronfolger erzogen worden war. Auch als Herzog und Kurfürst hatte er die Rechte oder gar die Existenz der »Landschaft« nicht bestritten. Er hatte sich nur gewehrt, als sie Grenzen überschritt, die alle Welt anerkannte. »Außenpolitik« und »Krieg« gehörten und gehören, wie bis heute die Verfassung der Vereinigten Staaten von Amerika von 1787 als die archaischste aller heute geltenden zeigt, zu den »Prärogativen« der Regierung, zu ihrer Kompetenz und nicht zu der des Parlaments. Wenn also der Stuttgarter Landtag oder sein »Ausschuss« eine eigene Außenpolitik machte, war er eindeutig im Unrecht – und das war seit dem Beginn der Auseinandersetzungen mit Frankreich 1792 immer wieder der Fall gewesen. Die einzige Möglichkeit, in die

Außenpolitik einzugreifen, hatte das Parlament durch sein Recht, Geld zu bewilligen - »no taxation without representation«, »ohne Stände keine Steuer«!

Nach einem Vierteljahrhundert Krieg überall fehlte das Geld auch in Württemberg an allen Ecken und Enden. Das war ein weiterer wichtiger Grund, warum Friedrich möglichst bald auch hier auf den »Rechtsboden« zurückkommen musste und wollte. Ohne Landtag hatte er eine zeitlang die vorhandenen Kassenbestände aufbrauchen, bestehende Steuern und Abgaben erheben und erhöhen, selbst Schulden machen können. Aber das würde jetzt, wo der Krieg zu Ende war, immer schwerer und zuletzt unmöglich werden. Um jetzt noch den Staat am Laufen zu halten, brauchte er eine »Volksvertretung«, ein Parlament, eine Verfassung – und zwar schnell!

Ein Grund war auch die Unfertigkeit seines zusammengewürfelten Königreichs. Er hatte mit der Schaffung einer einheitlichen Verwaltungsorganisation schon manches für sein Zusammenwachsen getan. Nicht nur hatte er gleich 1806 die Trennung der neuen Erwerbungen vom Stammland aufgehoben und alte und neue Gebiete wo immer möglich in neuen Verwaltungsbezirken vereinigt. Aber das reichte für ein festes Zusammenwachsen des neuen Landes noch nicht aus.

Dass – begreiflicherweise – in Wien auch die mediatisierten »Reichsunmittelbaren« (die Fürsten, Ritter und vielleicht auch »Reichsstädter«) ihre unmittelbare, »immediate« Stellung zum »Reich« (oder was an dessen Stelle gesetzt werden sollte) wiedergewinnen wollten, war für Friedrich höchst alarmierend. Wenn die mediatisierten Fürsten (die »Standesherren« also) ihre alte politische Macht oder auch nur einen großen Teil davon zurückerhielten, dann war die Einheit seines Königreichs in größter Gefahr. Zu Beginn des »Wiener Kongresses« – unter diesem Namen ist er in die Geschichte eingegangen – war noch so vieles offen. Festgelegt war oder schien die Ostgrenze Frankreichs, das im er-

wähnten Frieden von Paris seinen Besitzstand von 1792 zugesprochen erhalten hatte. Noch nicht definitiv waren die Grenzen aller
Staaten zwischen Frankreich und dem Russischen Kaiserreich.
Offen war auch die Wiederherstellung oder eine neue Stellung
der »Mediatisierten«, d. h. der Fürsten, alle andern durften sich
keine Hoffnungen machen. Offen war vor allem auch eine neue
Organisation der Staatenwelt, die bis 1806 das »Deutsche Reich«
gebildet hatte. Außer einer Restauration des Kaisertums war da
manches denk- und insoweit überhaupt möglich: Eine Teilung
Deutschland in eine südliche, von Österreich kontrollierte, und
eine nördliche Hälfte unter preußischer Oberherrschaft, oder
auch, was letzten Endes beschlossen werden wird: ein Bund nominell selbständiger Staaten unter der tatsächlichen Herrschaft
der beiden deutschen Großmächte Österreich und Preußen zusammen.

Friedrich versuchte mit allen Mitteln, beides zu verhindern
– die Unterwerfung seines kleinen Königreichs unter einen oder
zwei fremde Willen und die Wiederherstellung der Herrschaft
der Mediatisierten. Sein Rechtsbewusstsein, die Finanznot seines
Staates, der Wille, Tatsachen zu schaffen, die nicht oder doch
nicht ganz rückgängig gemacht werden könnten, das alles zusammen legte ihm nahe, möglichst bald zu einer »Konstitution«
zu kommen. Dann war »positives Recht« geschaffen, das anzu-
tasten auch die Fürsten auf dem Wiener Kongress sich scheuen
würden!

Am 3. Mai 1814 war Napoleon in Portoferraio, der Hauptstadt
seines kleinen Fürstentums Elba eingetroffen, am selben Tag
hatte der französische König Ludwig XVIII. seinen Einzug in Paris gehalten. Der Krieg schien nach fast einem Vierteljahrhundert
zu Ende. Mit ihm endete aber auch die einzige akzeptable Begründung für Friedrichs spätabsolutistische Kriegsdiktatur. Wie
anders hätte er sein Land im Krieg und »im Spiel« halten können,
mit Untertanen, die noch lange keine wirklichen »Württember-

ger« waren? Noch hatten sie ihre Vergangenheit als steifnackig-beharrliche, um nicht zu sagen rechthaberische Wirtemberger, als Reichsstädter, Untertanen von Reichsrittern, geistlichen Fürsten, Haus Habsburg oder Hohenlohe, Waldburg (und wie die Mediatisierten sonst noch hießen) nicht hinter sich gelassen. Auch waren damals wie heute die wenigsten gerne Soldat oder zahlten gerne ungewohnt hohe Steuern. Schon gar nicht, wenn sie den Staat des neuen Königs noch nicht als ihr Vaterland ansehen konnten, das ihnen als seinen Bürgern ebenso gehörte wie dem Monarchen und seiner Bürokratie. Friedrich tat also gut daran, die äußere Gründung seines Königreichs so rasch wie möglich durch die innere zu vollenden.

Noch bevor die Fürsten Deutschlands und Europas auf dem Wiener Kongress eine neue Verfassung für Deutschland verabschieden konnten, berief er am 11. Januar 1815 zum 15. März nach Stuttgart eine allgemeine »Ständeversammlung« ein. Am Tag ihrer Eröffnung legte er ihr eine neue Verfassung vor. Hatte er dieses Datum, den »Christophstag« der evangelischen Altwirtemberger, mit Absicht gewählt, als ein Friedensangebot an den größeren Teil seiner Untertanen? Was »das Volk« von der Verfassung erwartete, formulierten nicht ganz wenige »volkstümliche Lieder.« Ein »Neuwürttemberger« etwa erinnerte in einem deftigen, in schwäbischer Mundart abgefassten Gedicht an die Forderungen, die von den Abgeordneten erhoben werden sollten. Es ging um Steuern, Frohnen (also unbezahlte Arbeitsleistungen der Bauern), um die Qualität von Rauch- und Schnupftabak, den Militärdienst und die Beschwerden gegen Jagden und Wildschaden. Die wichtigste Forderung der Altwirtemberger erwähnt das Gedicht nicht (oder noch nicht): die Wiederherstellung der alten Verfassung, des »alten guten Rechts«.

Doch zunächst war die Versammlung zu wählen, die Friedrichs Verfassung annehmen sollte. Die in ganz Deutschland ersten »modernen« Wahlen überhaupt, die württembergischen Parlamentswahlen von 1815 lohnen eine etwas ausführlichere Darstellung – auch im Blick auf die meisten weiteren Wahlen des folgenden halben Jahrhunderts. Wie in ganz Deutschland, ja Europa bis in die 1860er Jahre waren diese Wahlen weder »allgemein« – es war nur ein kleiner Teil der erwachsenen Männer wahlberechtigt – noch geheim. Aber die damaligen württembergischen waren immerhin »gleich« in dem Sinne, dass die abgegebenen Stimmen nur gezählt, nicht »gewogen« wurden. Auch waren sie »direkt«, d. h. es wurden nicht von sogenannten »Urwählern« »Wahlmänner« gewählt, die ihrerseits den oder die Abgeordneten zu wählen hatten (wie das bis heute bei den Präsidentenwahlen der USA der Fall ist). Die einzelnen Abgeordneten wurden in »Einerwahlkreisen« mit (relativer) Mehrheit gewählt, es gab also nicht wie bei unserm Verhältniswahlrecht eine Verrechnung der abgegebenen Stimmen über die Grenzen der Wahlkreise hinaus. Stimmen, die nicht für den schließlich Gewählten abgegeben wurden, fielen einfach unter den Tisch. Fast alles war also anders als heute, aber doch nicht nur aus Rückständigkeit.

Man glaubte damals gute Gründe zu haben, einem großen Teil derer, die heute wahlberechtigt wären, das Wahlrecht vorzuenthalten. Wählen galt als Ausübung eines Staatsamts, für das man qualifiziert sein müsse. Das schloss nach fast allgemeiner Überzeugung von vornherein alle Frauen aus. Als unverheiratete Töchter oder Ehefrauen sah man sie unter der Vormundschaft ihres Vaters oder Ehemannes stehen. Unverheiratete Frauen oder Witwen ebenfalls nicht wählen zu lassen, war nicht ganz konsequent – der eine oder andere sah das auch so, für die übergroße Mehrheit war schon der Gedanke daran undenkbar. Ausgeschlossen waren – wenige Jahre später wird das in Württemberg anders werden – auch alle diejenigen, von denen man annahm, dass sie weder interessiert noch gebildet genug seien, an solchen Wahlen teilzunehmen, also alle die, die nach 12- bis 14stündiger oder noch längerer Arbeit weder Zeit noch Kraft hätten, etwas für ihre politische Bildung oder für ihre Bildung überhaupt zu tun. Man zog damals die Grenze bei einem versteuerten Jahreseinkommen von 200 Gulden – nach 1871 wird man im Deutschen Reich den Gulden in 1,70 Mark umtauschen. 340 Mark im Jahr – wie wenig oder viel das war, können wir vielleicht ermessen, wenn wir erfahren, dass bei dieser Grenzziehung von den damals fast 1,4 Millionen Württembergern nur 45 751 wahlberechtigt waren, das heißt etwas weniger als 15 Prozent der rund 320 000 über 25jährigen Männer – grob gerechnet jeder Siebte.

Wählbar waren alle (auch die nicht aktiv stimmberechtigten) mindestens 30 Jahre alten Männer, gewählt wurden Honoratioren – also vermögende »Gebildete«. Das ist nicht weiter erstaunlich. Landtage waren zwar in der Regel nur kurze Zeit zusammen. Trotzdem musste, wer gewählt werden wollte, »abkömmlich« sein. Es gab Diäten in nicht geringer Höhe, 5½ Gulden pro Sitzungstag. Aber das war für den Personenkreis, den die Württemberger im Landtag haben wollten, nicht entscheidend. »Von jedem Stellvertreter des Volkes« wurde erwartet, »daß er ein ehrbarer, geschickter und mutiger Mann und von anerkannter Vaterlandsliebe sei, daß er in den Angelegenheiten des Landes gute Kenntnisse besitze, auch dabei soviel Ansehen und Vermögen habe, um in solchen Verrichtungen mit größerer Sicherheit auftreten zu können«. Armen Handwerkern, Bauern oder Weingärtnern fehlten mindestens die letzteren Eigenschaften. Auch waren seit dem letzten »alten« Landtag erst wenige Jahre vergangen, so dass eine gewisse personelle Kontinuität wenigstens im Stammland möglich war.

Das Ergebnis der Wahlen von 1815 und dann nochmals 1819 entsprach diesen Vorgaben. Juristen und »Schreiber«, also akademisch und »handwerklich« ausgebildete kommunale Verwaltungsbeamte bildeten die größte Gruppe unter den Gewählten, übrigens auch aus den neuwürttembergischen Wahlbezirken. Juristen, die nicht in den Staatsdienst gekommen oder aus ihm entlassen worden waren, waren auch ein knappes Dutzend Rechtsanwälte. Ein zumeist kommunales Amt hatten auch die meisten gewählten Dorfhonoratioren (Wirte, Müller und größere Bauern). Ohne ein solches waren nur einige Kaufleute, darunter der Verleger Cotta, und einige Gutsbesitzer.

Kenntnis von Staat und Verwaltung oder ein größeres Vermögen, obwohl nicht eigens vorgeschrieben, waren also wesentliche Voraussetzungen der tatsächlichen Wählbarkeit. Und das auch deshalb, weil viele Wähler den zu Wählenden irgendwie – durch Verwandtschaft, aber auch durch Schulden oder in der Hoffnung, von ihnen irgendwelche Vorteile zu erhalten – verbunden waren. Die lokale oder doch regionale Verwurzelung der Gewählten im Wahlkreis war groß, 1815 noch mehr als dann 1819 – wo der Wahlkampf etwas mehr »politisiert« war. Aber wir vermuten wohl mit Recht, dass die Gewählten wie die Wähler von der Politik des Königs wenig Gutes erwarteten. Das Alte kannte man, das Neue schreckte, deshalb wollte man möglichst viel Altes erhalten. Friedrichs Verfassungsprojekt scheiterte auch deshalb, weil es auffallend modern war.

König Friedrich hatte 1814/15 mehr als einen guten Grund, die Regeln des Spiels »Württembergische Innenpolitik« neu festzulegen, indem er seinem Land eine geschriebene Verfassung – eine »Konstitution« gab. Aber hat er sich wirklich ganz klar gemacht, wen er damit zu Mitspielern machte und wie sich das Spiel dadurch verändern würde, das er seit der Gründung seines Königreichs so gut wie allein gespielt hatte?

Gewiss mit Hilfe seiner Beamten und seines Militärs. Aber die spielten nach seinen Anweisungen und Befehlen. Den gewählten Repräsentanten seines Volkes, die jetzt mitspielen sollten, konnte er nicht befehlen. Auch seine Beamten hätten ein »freies Mandat gehabt, Wenn sie zu Abgeordneten gewählt worden wären, nach der Definition unseres Grundgesetzes wären sie als »Vertreter des ganzen Volkes an Aufträge und Weisungen nicht gebunden und nur ihrem Gewissen unterworfen« gewesen. Es ist deshalb zu bezweifeln, dass Friedrich einen entscheidenden Fehler gemacht hat, als er die Staatsbeamten vom passiven Wahlrecht ausschloss. Es waren einige seiner höchsten Beamten, die für die undichte Stelle sorgten, aus der seine Absichten frühzeitig an »interessierte Kreise« durchsickern konnten. Wären Beamte überhaupt in größerer Zahl gewählt worden? Oder saß doch der Gedanke noch fest in den Köpfen, dass »Regierung« und »Landtag« grundsätzlich gegnerische Kräfte seien? Hätten sie schließlich, wenn gewählt, den Absichten ihres Dienstherrn entsprochen, oder sich dem Willen ihrer Wähler unterworfen? Wir wissen das so wenig, wie wir wissen, was die Wähler überhaupt wollten.

Der Kampf ums »alte gute Recht«

Dürfen wir uns mit der (sicher nicht falschen) Erkenntnis zufrieden geben, dass unter den Gewählten die Gegner von Friedrichs Verfassung weit in der Überzahl waren? Waren wirklich alle von Anfang an entschieden, sie ohne Diskussion abzulehnen? Oder ist eine Mehrheit für diese brüske Zurückweisung erst zwischen Wahl und Zusammentritt der Versammlung gewonnen worden? Wie fest war diese Ablehnungsfront? Vor allem: Was wollten die Wähler? Gab es verschiedene »Parteien«? Sie existierten sicher noch nicht im modernen Sinn einer Organisation von Gleichgesinnten. Aber vielleicht doch in dem Sinn, dass über alternative Wege und Ziele diskutiert wurde und dass für verschiedene Programme verschiedene Personen zur Wahl standen? Wie wurde im Wahlkampf – wenn es einen gab – argumentiert? All das wissen wir nicht.

Nochmals: Was wollten die Gegner, die Friedrichs Absichten durchkreuzten? Wollten sie wie er, nur anders, eine »konstitutionelle Monarchie«? Oder nahmen sie sein »Angebot« bloß als Chance wahr, für ein Unrecht Rache zu nehmen, das er ihnen ja tatsächlich vor neun Jahren angetan hatte? Das Wahlergebnis zeigt, dass der König und seine Helfer noch unbeliebter waren als gewöhnlich »die da oben«. Er hatte den führenden Schichten des alten Herzogtums und der neuen Gebiete die Macht genommen. Mehr noch: Er hatte sie gedemütigt, und doch wohl tiefer, als klug war. Weil »Ehre« ein hohes Gut war, wurde als empfindlicher Verlust empfunden, nicht mehr »geehrt« werden oder »ehren« zu dürfen. Gewiss gehörte zur »Ehre« vieles, was schon die Aufklärer des 18. Jahrhunderts als »Privilegien« bekämpften – und was wir erst recht als »ungerecht« betrachten. Etwa das, anders behandelt werden zu müssen als andere. Friedrich hatte das durch eine »Nivellierung des Untertanenverbandes« zu beenden versucht; die bisher »Privilegierten« mussten das als Deklassierung empfinden. Auch denen hatte er etwas genommen, die bisher »Ehre erweisen« durften, »wem Ehre gebührt«. Denn auch Ehrerbietung war eine »Ehre«.

Es ist also verständlich, dass der Widerstand gegen sein Verfassungsprojekt schon organisiert war, noch bevor es »auf den Tisch« kam. Eine nicht ganz kleine Gruppe von Gegnern war ohnehin nicht auszuschließen gewesen – die »Standesherren«. Wohl die meisten von ihnen hofften, dass auf dem Wiener Kongress beschlossen werden würde, ihnen wenn nicht ihre alte Stellung. so doch wenigstens eine privilegierte auch in der Politik zu geben. Selbst die »Rheinbund-Akte« hatte das getan. Wenn sie sich mit den »Altwirtembergern«, denen, die am liebsten die alte, von Friedrich 1805/06 beseitigte Verfassung wiederhergestellt gesehen hätten, zusammentaten, war eine Mehrheit gegen den König sicher. Weil wir wissen, wie »die Geschichte« weitergegangen ist, können wir fragen, ob dieses Bündnis wirklich im Interesse der bürgerlichen und gewiss nicht »adelsfreundlichen« Opponenten war. Hatten sie bessere Gründe als Rachsucht und Ressentiment? Sein Staatsstreich am Jahresende 1805 hatte Friedrich ins Unrecht gesetzt und die Vertreter des Landes umsomehr gedemütigt, als sie ihn damals kampflos hingenommen hatten. Wollte man dem König das jetzt heimzahlen? Oder hat auch hier wie schon so oft und auch später immer wieder einmal der altwirtembergische Grundsatz gesiegt, dass man dem Unrecht nicht nachgeben dürfe? »Politisch« war das nicht – aber wird Politik immer »politisch« betrieben?

Die alte Verfassung wollte Friedrich seinem Land nicht zurückgeben. Er wollte es vielmehr zu einer »konstitutionellen Monarchie« machen. Juristen und Historiker haben lange darüber gestritten, ob das eine eigenständige und lebensfähige Verfassungsform oder doch nur ein Übergang zwischen Absolutismus und Demokratie gewesen sei. Immerhin wurde Württemberg seit dem Ende des Verfassungsstreits 1819 und bis zum Ende der Monarchie 1918 »konstitutionell-monarchisch« regiert – 99 Jahre lang. Wenn »Übergänge« so lange dauern, dann besteht die ganze Geschichte aus ihnen. Gewiss wollten weder Monarch und Regierung noch Volk und Volksvertretung diese Verfassung über kurz oder lang zu einer »demokratischen« machen oder sie dazu werden lassen. Dass sie es werden konnte, zeigen die meisten heute noch bestehenden Monarchien. Zunächst wollte der Monarch – und ein König wie Friedrich allemal – wenn nicht alle Einzelheiten der Politik, so doch ihre Richtlinien selbst bestimmen. Er wollte der Chef der nur ihm selbst verantwortlichen Bürokratie bleiben. Aber wenn er sich durch eine »Konstitution«, ein schriftlich fixiertes Verfassungsdokument, an feste Regeln band und sich verpflichtete, die Rechte des durch seine Repräsentanten im Parlament vertretenen Volkes ebenso zu achten wie die jedes einzelnen Bürgers, dann eröffnete er eben doch einen Weg zu einem grundsätzlichen Verfassungswandel.

Wie auch immer: Friedrichs Verfassungsversuch von 1815 war überraschend modern und hätte – soweit man über ungeschehene Geschichte etwas sagen kann – vermutlich die Modernisierung Württembergs weit weniger erschwert als die Verfassung, auf die sich sein Sohn und das Land viereinhalb Jahre später geeinigt haben. Sie hätte sie wohl im Gegenteil eher beschleunigt. Vorausgesetzt, die Bürokratie und die Bürger wären im Ziel der Modernisierung – zunächst der Verhältnisse auf dem Lande und des damals wichtigsten Wirtschaftszweigs, der Landwirtschaft – gegen die Standesherren einig gewesen. Das wäre wohl der Fall gewesen. Eine »Modernisierung« des politischen Systems überhaupt stand nicht auf der Tagesordnung. Denn weder Friedrich noch sein Sohn waren gesonnen, die Macht mehr als unbedingt nötig mit der Volksvertretung zu teilen. Aber sein Verfassungsplan sah einen Landtag mit nur einer Kammer vor, so dass die »Standesherren« keine Vetoposition hätten einnehmen können wie in der Ersten Kammer des Zweikammerlandtags von 1819.

Der einen Kammer hätten zwar zwei verschiedene Kategorien von Mitgliedern angehört. Aber die wären völlig gleichberechtigt gewesen und hätten alle das ganze Land, nicht nur ihren Stand oder Wahlbezirk repräsentieren sollen. Nur einer Wahl durch »das Volk« hätten sich die Häupter der 31 mediatisierten, ehemals reichsunmittelbaren fürstlichen und gräflichen Häuser, die 19 Vertreter der ungefähr 120 Familien der »Ritterschaft«, die drei Vertreter der beiden christlichen Kirchen des Landes und der eine Vertreter der Landesuniversität Tübingen nicht stellen müssen. Aber sie wären ebensowenig an ein imperatives Mandat gebunden gewesen wie die 71 vom »Volk« in den 64 Oberämtern und den sieben »Guten Städten« (das waren Stuttgart, Ludwigsburg, Tübingen und Ellwangen als ehemalige Regierungssitze und Ulm, Heilbronn und Reutlingen als die größten der ehemaligen Reichsstädte) gewählten Abgeordneten. Alle hätten nur eine Stimme gehabt, die »Standesvertreter« ebenso wie die

»Volksvertreter« im eigentlichen Sinne, und die Stimmen wären gezählt, nicht »gewogen« worden. 71 gegen 50 oder 54, das hätte zwar keine Zweidrittel-, aber doch eine deutliche Mehrheit derer bedeutet, die keine »feudalen Privilegien« bewahren, sondern sie abschaffen wollten. So blieb Württemberg bis 1848 tatsächlich in einen »immediat königlichen« und einen »mediaten« Teil gespalten, in dem die alten, in den letzten Jahren »mediatisierten« Herren weiterhin das Sagen hatten. Diese Spaltung wäre vermutlich zwei oder drei Jahrzehnte früher beseitigt worden, wenn nur zwei, nicht drei »Faktoren der Gesetzgebung« hätten übereinstimmen müssen, damit ein Gesetz zustande kam: »die Krone«, »die Kammer der Standesherren« und »die Kammer der Abgeordneten«. Denn es hätte eben nur die eine Kammer gegeben, in der die Verhinderer und Bremser überstimmt werden konnten, und keine zweite (die »Erste«!), in der sie eine sichere Mehrheit und damit eine oft unüberwindliche Vetoposition hatten. Dass die Wahlen nicht »demokratisch« waren, hätte anfangs nicht viel bedeutet, als die »Parteien« noch wenig ausgeprägt waren und das Wahlverhalten noch den alten Mustern des Protests oder der Bestätigung folgte.

Nicht, weil sie zu wenig modern war, wurde Friedrichs Verfassung gleich am ersten Tag und ohne Diskussion abgelehnt – sie war es im Gegenteil zu sehr! Für die Mediatisierten lag ein »So nicht!« nahe genug. Sie hatten auch unter den »vom Volk« gewählten Abgeordneten einige Anhänger, weil auch in mehreren Bezirken der neuen Landesteile Vertreter der alten Herrschaft gewählt worden waren. Den »Altwirtembergern« andererseits dürfte ihr starkes Rechtsbewusstsein und vielleicht ebensosehr ihre nostalgisch gefärbte Erinnerung an ihr »gutes altes Recht« unmöglich gemacht haben, die Chancen zu sehen, die Friedrichs Vorlage ihnen bot. Gleich bei ihrem Zusammentritt am 15. März 1815 lehnte eine überwältigende Mehrheit der Versammlung Friedrichs Verfassung ab. Ein Jubellied »Auf Württembergs

Christophstag« feierte die Opposition und zugleich die Erinnerung an Herzog Christoph, den Fürsten, dessen Regierungszeit (1550-1568) schon damals als eine der besten in der Geschichte Württembergs angesehen wurde. Es entstand so etwas wie ein Christophskult; sein Bild wurde auf Fingerringen, an Hüten, als Anhänger auf der Brust getragen, auf Krügen und Schüsseln wurde es angebracht – alles, um oppositionelle Gesinnung zu demonstrieren. Friedrichs Vorbild war Christoph nicht. Im Konferenz- und Staatsratszimmer schon des Herzogs und Kurfürsten, der sich »Friedrich II.« genannt hatte, hingen die Porträts von Christophs zweitem Nachfolger, Friedrich I. (1593-1608), einem frühen »Absolutisten«, von Peter dem Großen von Russland und von Friedrich II., dem Großen, von Preußen.

Wie wichtig Friedrich die Verfassunggebung war, zeigt die Fortsetzung des mit der Ablehnung eröffneten Verfassungskampfes. Sie wurde begleitet von einer europaweiten Diskussion der Auseinandersetzungen. Selbst die »Edinburgh Review« brachte einen Artikel. Von Heidelberg aus verteidigte der Philosoph Hegel, Stuttgarter von Geburt und Absolvent des Tübinger Stifts, mit einer mehr als hundertseitigen anonymen Besprechung der publizierten Verhandlungsprotokolle die Position des Königs; die Regierung verbreitete Sonderdrucke der bis heute lesenswerten Abhandlung. Weit mehr in die Breite wirkten auf der andern Seite die »Vaterländischen Gedichte« des noch nicht dreißigjährigen Ludwig Uhland, die seinen bis weit über 1848 hinaus anhaltenden Dichterruhm begründeten. Mit dem »alten guten Recht« fand er die Parole, die den Kampf beherrschen wird. Noch 1848 wird sein Lied »Am 18. Oktober 1816« gesungen werden, das die Erinnerung an die »Völkerschlacht« bei Leipzig für das Ziel der politischen Freiheit aktualisierte. Bald wird Uhland wählbar und zum Abgeordneten gewählt werden. Er, der lieber Forscher und Gelehrter sein wollte, hat sich dem nicht entziehen können.

Im Zentrum der Opposition außerhalb der Versammlung standen die Stuttgarter. Das lässt ihre Grenzen erahnen. Nach heutigen Begriffen war die größte und in jeder Hinsicht wichtigste Stadt des Landes mit damals etwas über 20.000 »ortsangehörigen« Einwohnern, also »Bürgern« – die Zahl der »Ortsanwesenden« dürfte um etwa die Hälfte höher gewesen sein – bloß eine kleine Mittelstadt. So etwas wie Arbeitermassen, ein Proletariat gab es hier nicht. Die der Zahl nach größte Gruppe der Stuttgarter Bürger dürfte wenig Zeit, Kraft und Interesse für Politik gehabt haben – die Weingärtner. Wie es draußen im Land damit stand, wissen wir noch weniger. Dort war die Schicht der politisch interessierten Gebildeten noch viel dünner als im Zentrum. Dass also schon damals aus der bunt zusammengewürfelten Bevölkerung des Königreichs »Württemberger« wurden, kann man bezweifeln. Die »Standesherren« wurden es gewiss noch nicht. Sie werden noch viele Jahre ihre Interessen denen des Landes noch weniger gern unterordnen als andere – und das auch vermeiden können. Einer der Ihren, der »Landvogt« von Stuttgart, also ein hoher königlicher Beamter, erhielt als erster das Wort und beantragte die Zurückweisung von Friedrichs Vorschlag. Georg Graf zu Waldeck(-Pyrmont), noch keine dreißig Jahre alt (und als »Standesherr« von der Altersgrenze für die Wählbarkeit nicht betroffen). Die von ihm formulierte »Adresse«, die Antwort des Landtags an den König, nahm das Haus fast ohne Gegenstimmen an. Eine Woche später verlangte die Versammlung die Wiederherstellung der alten Verfassung und ihre Ausdehnung auf das ganze Königreich. Die für die neuen Verhältnisse nötigen Änderungen müssten zwischen Krone und Ständen vertraglich vereinbart werden. Damit hatte die Opposition ein einheitliches Programm gefunden.

Friedrich gab sein Ziel nicht auf, sondern setzte nun auf eine Strategie der flexiblen Verteidigung. Der aus Wien geholte Kronprinz unterstützte ihn dabei. Mitte April bot der König mündliche Verhandlungen über die Übernahme verschiedener Bestimmungen der alten Verfassung an. Damit hatten die »Altrechtler« wenigstens im Prinzip eine Schlacht gewonnen. Den Sieg noch lange nicht. Auf ihre Ende April vorgetragenen Forderungen ließ sich Friedrich jedenfalls nicht ein: Eine Verwaltung der Steuern durch die Stände, einen permanenten »Ständischen Ausschuss«, der für das Parlament handeln konnte, wenn es nicht einberufen war, und die Wiederherstellung des altwirtembergischen Kirchenguts waren für ihn unannehmbar. Die Versammlung beharrte Ende Juni darauf, dass der Rechtszustand von 1805 »ideell zu existieren« nie aufgehört habe, er sei nur eine zeitlang unterbrochen worden. Der König antwortete mit dem Befehl, sich zu vertagen. Auf theoretische Erörterungen komme es jetzt nicht an, er müsse zunächst die vom Landtag eingereichten Beschwerden prüfen lassen. Wollte er damit das Land von seinen Repräsentanten trennen? Nahm er an, dass »dem Volk« seine konkreten Nöte wichtiger seien als die Bedenken seiner Führungsschicht? Waldeck fasste in flammender Rede die Empörung der Versammlung in Worte – was den Ständen und dem Volk die Hauptsache sei, nenne der König eine Nebensache: »die Herstellung einer beglückenden Verfasssung«.

Aber weder die Beschlüsse der Versammlung noch die Unterstützung, die sie nicht nur, aber vor allem von den Stuttgartern erhielt, konnten überspielen, dass der König Herr des Verfahrens war. Er weigerte sich, mit einem von den Ständen gewählten Komitee von 25 Mitgliedern, also so etwas wie dem alten »Ständischen Ausschuss«, zu verhandeln. Nur vier Bevöllmächtigte, einen Tag später zwölf gestand er zu. Die Forderung, diese Zwölf als Vertretung des ganzen Landes anzuerkennen, ließ er ohne Antwort. Daraufhin ging die Versammlung Ende Juli auseinander, ohne Bevollmächtigte bestellt zu haben. Die Verhandlungen waren abgebrochen.

Der König antwortete mit einer Proklamation an das Land, in der er auf der Gültigkeit der Verfassung vom 15. März beharrte;

kurz darauf schrieb die Regierung die Steuern für 1815/16 einseitig aus. Das provozierte allerdings einen heftigen Sturm im Lande. Die Gegenmaßnahmen – Untersuchungen gegen führende Abgeordnete, Verbot von politischen Versammlungen, Unterschriftensammlungen und überhaupt jeder Verbindung der Repräsentanten mit ihren Wählern (sie sollten ja das ganze Land repräsentieren, nicht bloß ihren Wahlbezirk!) – ließen ihn nur noch heftiger werden.

Die deutsche Öffentlichkeit, auch die Großmächte Österreich, Großbritannien/Hannover und Preußen mahnten Friedrich zum Nachgeben. Wieder wich er ein Stück zurück. Der Landtag wurde auf den 15. Oktober wieder einberufen und ein Vermittler bestellt, Karl August Freiherr von Wangenheim, ein Thüringer, den der König 1806 »entdeckt« und in seinem Dienst auf verschiedenen hohen Posten beschäftigt hatte. Wangenheim war ein geistreicher Mann – und wie manche seiner Art den Kollegen unbequem. Nach Stellungen als Präsident des Oberfinanzdepartements, der Regierung und schließlich des höchsten Gerichtshofs diente er jetzt als »Kurator«, also als Vertreter der Regierung bei der Universität Tübingen. Mit einem »Entwurf zur Erneuerung von Württembergs alter Landesverfassung« hatte er sich bei den alten Ständen ebenso missliebig gemacht wie beim König – wohl eben deshalb wurde er jetzt zum Vermittler ernannt. Auch dürfte ihn empfohlen haben, dass der Kronprinz und eine breitere, auch außerwürttembergische Öffentlichkeit ihn schätzte. Aber auch Wangenheim konnte den Knoten nicht lösen – noch nicht.

Die Wiederaufnahme der Verhandlungen wurde mit hohen Erwartungen begrüßt. Die erste Erklärung des Königs war versöhnlich. Aber die Stände, wohl auch bestärkt durch die Stuttgarter (die die Eröffnung und drei Tage später den Gedenktag der Leipziger Schlacht festlich begangen hatten) gaben nicht nach. Sie verlangten als Vorbedingung für alles weitere die feierliche

Anerkennung der altwirtembergischen Verfassung. Friedrichs Reaktion war taktisch klug. Er gestand die »innere Gültigkeit« der alten Verfassung zu und erklärte, sie dem Stammland »mit ihrer herkömmlichen Repräsentation« zurück-, den neuen Landen dagegen eine moderne Repräsentativverfassung geben zu wollen, falls eine Einigung auf eine gesamtstaatliche nicht zustande komme. Dass er das eigentlich nicht wollte, sagte er offen, ebenso deutlich war, dass er nicht bluffte. Denn kein größerer deutscher Staat hatte zu dieser Zeit schon eine moderne Verfassung für den ganzen Staat; Österreich und Preußen mussten noch bis zur Jahrhundertmitte darauf warten.

Sein Angebot – unter anderem gemeinsame Revision aller seit 1806 erlassenen Gesetze, unbeschränktes Recht, die Steuern zu bewilligen, eine von den Ständen kontrollierte Kasse für den Schuldendienst (was zugleich dem Kredit des Königreichs zugute kam) und Festlegung der Beamtenrechte und -pflichten – gewann dem König die öffentliche Meinung Deutschlands und spaltete die Opposition. Von Uhlands »Vaterländischen Gedichten« unterstützt blieben die »Altrechtler« und die von Waldeck geführten Standesherren unnachgiebig. Aber unter der Führung des großen Verlegers Cotta und des Stuttgarter Anwalts Griesinger zeigten sich mehr und mehr Neuwürttemberger und Vertreter der Ritterschaft, aber auch Teile des gebildeten und besitzenden Bürgertums offen für Wangenheims Vorschläge. Doch die Verhandlungen kamen ins Stocken, erst recht, als Wangenheim vorschlug, das Einkammersystem von 1815 durch zwei Kammern zu ersetzen – dem großen englischen Vorbild (und auch der französischen Verfassung von 1814) entsprechend, aber auch, um die bürgerlichen und bäuerlichen Abgeordneten dem Einfluss der Standesherren zu entziehen. Der Kampf wurde in der Hauptsache in der Öffentlichkeit geführt; auch auf Wangenheims Seite fanden sich politische Dichter – Friedrich Rückert etwa und Justinus Kerner.

Ein Ende war noch nicht abzusehen, als Friedrich am 30. Oktober 1816 plötzlich starb. Das Ziel, sein Land durch eine moderne Verfassung enger zusammenzufassen, hatte er nicht erreicht, aber auch nicht aufgeben müssen. Die Kämpfe der Jahre 1815 und 1816 zeigen, dass Friedrich auch mit feineren Instrumenten als mit der Brechstange umzugehen verstand. Dass seine Untertanen ihm nicht trauten, ist nach ihren Erfahrungen während der napoleonischen Zeit begreiflich. Ihm selbst dürften sein Temperament ebenso wie das Bewusstsein, für das bessere Recht zu kämpfen, mehr Konzilianz schwer gemacht haben. Dass die Altwirtemberger sie honoriert hätten, ist unwahrscheinlich. Seiner Größe tut dieser Misserfolg keinen Abbruch.

Würdigung Friedrichs

König Friedrich von Württemberg überragte alle deutschen Fürsten seiner Zeit – und das nicht nur körperlich. Selbstverständlich hatte auch er Helfer. Aber sein Königreich war doch vor allem sein eigenes Werk und nicht das tüchtiger Minister. Zwar war es nach Fläche und Bevölkerungszahl (und damit militärischem Potential) viel kleiner, als er es erstrebt hatte. Es ist keine Frage, dass er auch die Regierung eines doppelt so großen Landes gemeistert hätte. Von dem, was jetzt »Württemberg« war, unterschieden sich die Länder und Menschen, die er nicht unter seine Herrschaft hatte bringen können, nicht allzusehr. Das gilt für Baden, das Nachbarland im Westen, und für die hohenzollerischen Fürstentümer erst recht. Diese drei blieben für ein weiteres halbes Jahrhundert Objekte württembergischer Begehrlichkeit. Auch die Landstriche diesseits und jenseits der Grenze zu Bayern im Norden und Osten waren so gut wie überhaupt nicht zu unterscheiden. Die Grenzziehung, die »Schwaben« und »Franken« in einen bayerischen und einen württembergischen Teil schied, war aus historischer wie aus geographischer Sicht gleich willkürlich. Selbst die Schweiz unterschied sich zu Beginn des 19. Jahrhunderts noch nicht so sehr von ihren nördlichen Nachbarländern wie dann in seinem weiteren Verlauf und erst recht im 20. Jahrhundert. Das größere Königreich blieb ihm versagt, mit dem er eine »europäische« Rolle zu spielen gehofft hatte. Aber er hatte sein ererbtes Land doch auf etwas mehr als auf die doppelte Größe gebracht.

Seine alten und die neuen Lande wirklich zusammenzufügen war ihm nicht mehr gelungen. Er starb zu früh, und er hatte das Vertrauen seiner neuen Untertanen so wenig wie das seiner alten gewinnen können. Dabei war er kein Despot, auch wohl weniger zur Unaufrichtigkeit fähig als sein Sohn (der zudem das Glück hatte, dass der Vater die meisten »Grausamkeiten« schon begangen hatte, die zu begehen nötig erschienen war). Auch ist zu bedenken, dass die meisten von Friedrichs fast 19 Regierungsjahren Kriegsjahre gewesen waren und ihn vor unaufschiebbare Aufgaben gestellt hatten, die er nur lösen konnte, wenn er andere, weniger dringende, vernachlässigte. Die ganz schlichten Kapazitätsprobleme jeder Politik waren damals eher größer, die Grenzen der personellen und zeitlichen Möglichkeiten eher enger gezogen als heute. Verschlafen hat Friedrich jedenfalls nichts.

Getan hat er, was er rasch – und allein – tun konnte. Er hat die Verwaltung in der Fläche ebenso modernisiert wie ihre Regierung und dabei so gut wie alle überkommenen Irrationalitäten beseitigt. Frankreich als das damals modernste Staatswesen war sein Vorbild, wobei das alte Herzogtum manches für den »Unterbau« lieferte, was nur noch eingepasst werden musste. Sein nächstliegendes und nicht bloß temporäres Ziel war militärische Stärke. Mehr noch als heute war sie in der auswärtigen Politik der Staaten, für ihren Kampf um Selbstbehauptung und wenn möglich Machterweiterung das letztlich wichtigste Mittel. Selbst ein kleiner Bundesgenosse konnte damit auf Rücksichtnahme bei einem Großen rechnen. Für seine Rüstung brauchte er erstens Geld und zweitens Menschen, die nicht nur unter äußerstem Zwang dazu zu bringen waren, für ihr Land ihr Leben einzusetzen. Beides hat er in ausreichendem Maß zu organisieren verstanden.

Bescheidenheit im Auftreten war nicht Friedrichs Stärke und hätte ihm nicht genützt. »Wirklich« ist, was wirkt, und der Schein größerer Macht konnte ein Stück weit über ihr Fehlen wenigstens Unsicherheit hervorrufen. Aus diesem Grund war auch der königliche Rang mehr wert als der kurfürstliche. Bei alledem erscheint Friedrich als ein eher vorsichtiger, um nicht zu sagen ängstlicher Mensch, der nur ungern etwas riskierte. Dass er das Recht achten oder doch wenigstens den Schein seiner Missachtung meiden wollte, zeigt sein Bestreben, seinem Königreich so bald wie möglich eine geschriebene Verfassung zu geben. Mit Gewalt allein, das war ihm bewusst, lässt sich auf mittlere und längere Sicht nicht regieren. Wie »die Geschichte« weiter gegangen wäre, wenn Friedrich fast 65 Jahre alt geworden wäre wie sein Vater oder gar beinahe 83 wie sein Sohn, das können wir nicht wissen. Ganz unvorstellbar ist nicht, dass auch schon wenige weitere Jahre ausgereicht hätten, ihn und sein Volk zueinander finden und zu einer Konstitution kommen zu lassen. Als er am 30. Oktober 1816, nur eine Woche vor seinem 62. Geburtstag starb, war der Bau seines Königreichs doch schon so weit vollendet, dass sein Sohn und Nachfolger mehr um- und auszubauen als einzureißen und neu zu bauen hatte.

Friedrichs Königreich

Die Vorgeschichte

Die Vergrößerung und Rangerhöhung Württembergs war ein Ergebnis der großen Politik dieser Zeit, von der die württembergische nur ein Nebenschauplatz war. Im Großen war es um eine Intervention zunächst des alten Deutschen Reichs unter Führung seiner beiden Vormächte Österreich und Preußen gegen die Revolution von 1789 in Frankreich gegangen. Aus dieser war nach und nach ein mehr als zwei Jahrzehnte dauernder Krieg, geradezu ein »Weltkrieg«, entstanden. Denn bald waren auch das Russische Reich und Großbritannien in den Kampf gegen Frankreich eingetreten und hatten am Ende ganz entscheidend dazu beigetragen, dass es schließlich besiegt und zum Friedensschluss gezwungen wurde. Weil es Friedrich gelungen war, zuletzt doch noch auf der Seite der Sieger zu stehen, hatte er sichern können, was in der zweiten Hälfte dieses langen Krieges seinem Land zugewachsen war. Wie viel das war, zeigt die sehr vereinfachte Karte zu Beginn dieses Buches. Das alte Herzogtum ist auf ihr weiß gelassen, Hohenzollern und Wimpfen gehörten am Ende nicht dazu. Zu sehen ist, dass schon mit den Reichsstädten und den geistlichen Herrschaften große Gebiete an Württemberg kamen. Vorderösterreich, die Länder der anderen weltlichen Herrschaften und der Reichsritterschaft, schließlich die des Deutschen Ordens rundeten den neuen Besitz ab.

Das Land hatte ihn seinen Kampf lange allein kämpfen lassen. Seine Führungsschicht in der das Herzogtum Wirtemberg seit langem mitregierenden Landesvertretung (der »Landschaft«) ist vielmehr Friedrich mehrmals in den Rücken gefallen. Sie hat sogar mit dem Gedanken gespielt, diesen Fürsten überhaupt gegen einen anderen einzutauschen. So war es für ihn, der nicht kampflos nachgeben wollte, letztlich um Alles oder Nichts gegangen. Wie alle Fürsten seiner Zeit hielt der Herzog die Führung von »Außenpolitik und Krieg« für sein alleiniges Recht, seine »Prärogative«. Er hatte sich deshalb nicht gefallen lassen wollen, dass die »Landschaft« eine eigene Politik machte, mit der sie die seine zu durchkreuzen versuchte. Nach der Angliederung des altwirtembergischen, französisch sprechenden Mömpelgard (Montbeliard, zwischen Belfort und Besançon in der »Burgundischen Pforte« gelegen) an Frankreich 1793 hatte sie mit der Französischen Republik Verbindungen angeknüpft, um Wirtemberg neutral zu halten. Aber da sich Friedrichs Vorgänger Ludwig Eugen und Friedrich Eugen nicht von der antifranzösischen Koalition trennen ließen, war ihr Land im Ersten Koalitionskrieg 1796 von den Franzosen besetzt worden und hatte im August 1796 in Paris mit Frankreich einen Sonderfrieden schließen und ihm seine linksrheinischen Besitzungen (außer Mömpelgard noch Horburg und Reichenweiher im Elsass) definitiv abtreten müssen. Die »Landschaft« hatte diesen Frieden begrüßt, der 1797 zur Herrschaft gekommene Friedrich dagegen wollte sein Land nicht durch Nachgeben, sondern durch eine größere militärische Macht schützen. Der Konflikt darüber war so heftig gewesen, dass es zu einer doppelten Vertretung Wirtembergs auf dem Kongress gekommen war, der 1797 bis 1799 in Rastatt tagte, um über Entschädigungen rechts des Rheins für die im Linksrheinischen verlorenen Gebiete zu verhandeln. Der »Landschaft«, die innenpolitische Ziele verfolgte, war es darum gegangen, die alte Verfassung gegen den Herzog zu verteidigen und die Entschädigungsgebiete für sich zu sichern, statt sie in die herzogliche Machtsphäre fallen zu lassen. So hatte sie auch dagegen protestiert, dass sich der Herzog im Zweiten Koalitionskrieg 1799 Österreich angeschlossen hatte. Nach dem neuerlichen Sieg der Franzosen hatte dann der Herzog in das heute bayrische, altwirtembergische Weiltingen bei Nördlingen ausweichen müssen.

Im Weiltinger Exil, das immerhin ein Jahr dauerte, hatte Friedrich eine Wende seiner Politik beschlossen und fortan seinerseits die Verbindung mit Frankreich gesucht. Die Entfremdung zwischen ihm und der »Landschaft« war so stark geworden, dass in Paris darüber diskutiert werden konnte, den Herzog sozusagen nach Norddeutschland abzuschieben und ihn dort mit säkularisierten geistlichen Gebieten auszustatten. Das Herzogtum Wirtemberg wäre dann, zusammen mit Vorderösterreich, an den Kurfürsten von Bayern aus dem Hause Wittelsbach gekommen, dafür Bayern an den »Großherzog von Toscana«, einen Habsburger, der seinen Besitz in Italien hatte abgeben müssen. Für die »Landschaft« war solch ein Ländertausch sehr wohl denkbar gewesen, für Friedrich nicht.

So hat die Geschichte des Königreichs Württemberg nicht geendet, bevor sie anfing. Sie begann vielmehr jetzt erst. Gewiss war Friedrich nicht zum bedingungslosen Parteigänger Frankreichs geworden. So brüchig das alte Deutsche Reich inzwischen war – Preußen hatte schon 1795 in Basel mit Frankreich einen Frieden geschlossen, mit dem es praktisch aus ihm ausgeschieden war und gleich auch Norddeutschland neutralisiert hatte – rechnen musste Friedrich mit ihm weiterhin. Denn die Institutionen des Reichs funktionierten auch noch, als sein Geist wenigstens von den größeren Mächten bereits aufgegeben worden war. Doch zunächst ging Friedrich mit Frankreich. Nachdem mit dem Frieden von Lunéville zwischen diesem und Österreich 1801 der Zweite Koalitionskrieg beendet war, hatte 1802 auch Friedrich mit Frankreich einen geheimen Friedensvertrag geschlossen und sich darin Entschädigungslande zusichern lassen. Er hatte dabei darauf geachtet, dass sie der »Landschaft« nicht zugute kommen sollten, sie deshalb schon im November 1802 im Handstreich in

Besitz genommen, noch bevor eine »Deputation« des »Reichstags« in Regensburg seinen Erwerb förmlich bestätigt hatte.

Mit diesem »Reichsdeputationshauptschluss« vom 25. Februar
1803 war das »Reich« in der Form, in der es seit Jahrhunderten
existiert hatte, an ein Ende gekommen – auch wenn es danach
noch mehr als drei Jahre fortbestehen sollte. Denn die »Reichs-
deputation« (in der Wirtemberg vertreten war) hatte neben allen
andern geistlichen Gebieten, die weltlichen Herren als Entschädigungslande zugewiesen, also »säkularisiert« wurden, auch die
drei Kurfürsten- und Erzbistümer Mainz, Köln und Trier aufgehoben. Auch die »Reichsstädte« verloren ihre Unabhängigkeit
und wurden verschiedenen Ländern zugeschlagen. Einige Fürsten wurden jetzt zu »Kurfürsten« erhoben, also in den ersten
Rang der Reichsfürsten mit dem Recht, einen neuen Kaiser zu
wählen, wenn der Habsburger Franz II. das nicht mehr sein
würde. Zu diesen gehörte auch Friedrich – dessen Vorfahren das
schon lange erstrebt hatten und dessen Land schon seit dem 16.
Jahrhundert so stark wie die Kurfürstentümer zu den Umlagen
des Reiches herangezogen worden war.

Als Entschädigung für die verlorenen linksrheinischen Besitzungen hatte Friedrich damals die Fürstpropstei Ellwangen und
die Stifte und Klöster Comburg, Zwiefalten, Schöntal, Rotten-
münster, Heiligkreuztal und Margrethausen sowie das evangelische Damenstift Oberstenfeld erhalten. Dazu waren die neun
Reichsstädte Rottweil, Reutlingen, Esslingen, Weil (heute Weil
der Stadt), Heilbronn, Schwäbisch Hall, Schwäbisch Gmünd,
Aalen und Giengen an der Brenz gekommen, alles in allem etwa
2.200 qkm mit rund 120.000 Einwohnern. Diese Gebiete waren
von ihm als »Neuwürttemberg« mit der Hauptstadt Ellwangen
organisiert worden. Der neue Kleinstaat – an Einwohnern knapp
ein Fünftel Altwirtembergs (schon ohne Mömpelgard und die
elsässischen Besitzungen) umfassend – hatte zwar fast überall an
das alte Land gegrenzt, war aber ganz unabhängig von diesem

regiert worden, um der »Landschaft« kein Hineinregieren zu ermöglichen. Friedrich hatte vielmehr »Neuwürttemberg« zum Muster für den künftigen Gesamtstaat gemacht. Wie er diesen im Bündnis mit Napoleon weiter vergrößert hat, ist bereits berichtet worden.

Glückliche Zeiten waren es nicht, die Jahre der Französischen Revolution und der Herrschaft Napoleons über halb Europa, in denen Friedrich sein Königreich Württemberg gründete und ausbaute, nicht für ihn und erst recht nicht für seine alten und neuen Untertanen. Aber was hätte er tun sollen? Er hielt für seine Fürstenpflicht, das ererbte Land so zu regieren, wie seiner Zeit entsprach. Eine Mitregierung der Untertanen, wie sie im Herzogtum Wirtemberg seit mehreren Jahrhunderten und anders als anderswo in Deutschland noch immer in Kraft war, entsprach ihr nicht. Um Herr im eigenen Haus zu werden, durften sie von außen keine Unterstützung mehr suchen und finden können. Weder die Organe des Reiches (sie dienten damals vor allem Österreich) noch Frankreich sollten bestimmen, wer in Wirtemberg Herr sein und wie er herrschen sollte. Dem Reich gegenüber loyal hat er zunächst den »Reichskrieg« gegen die Revolutionäre in Frankreich mitgeführt. Die Stände setzten, doch wohl mehr im Interesse ihrer eigenen Vorrechte als aus Einsicht in die Machtverhältnisse, auf eine Neutralität von Frankreichs Gnaden. Da die Franzosen lange Zeit immer wieder Sieger blieben, befand sich Friedrich auf der falschen Seite. Zum Glück war er, obwohl ein eher zögerlicher Typ, bald genug in der Lage, das rasante Tempo seiner Zeit mitzuhalten. Aus seinem Land vertrieben und für längere Zeit mit der Tagespolitik weit weniger als normal beschäftigt, rang er sich zwar nicht zu einem definitiven Seitenwechsel, aber doch zu einer Schaukelpolitik durch. Nicht mehr Österreich allein - und Preußen noch weniger - bestimmte, was in Deutschland geschehen und wie es organisiert werden sollte. Frankreich und daneben die andern beiden Großmächte,

Großbritannien und mehr noch das Russische Kaiserreich, spielten kräftig mit. Mit ihnen mussten gerade die weniger mächtigen Mitspieler mehr als bisher rechnen. Friedrich kam zugute, dass er mit den Russen verschwägert war, auch das dortige System aus eigener Erfahrung kannte, und dass er sich in zweiter Ehe mit einer Prinzessin des in Großbritannien regierenden Hauses Hannover verheiratet hatte. So kam er nochmals auf die falsche Seite, bevor ihn Napoleon persönlich zwang, ganz auf die französische zu treten. Das im Oktober 1805 abgeschlossene Bündnis brachte ihm, nachdem Frankreich Österreich ein weiteres Mal besiegt hatte, die »Souveränität im Innern« und das Recht ein, sich König zu nennen.

Friedrich hat das dazu benutzt, seine neuen Länder (»Neuwürttemberg«) mit seinem alten zu vereinigen, dessen »Landschaft« aufzulösen und sein größeres Königreich so modern zu organisieren, wie Frankreich jetzt regiert wurde. Der dafür zu zahlende Preis war die Beteiligung Württembergs an den Kriegen Napoleons gegen schließlich alle vier anderen Großmächte. Konkret: Friedrich musste Soldaten stellen und brauchte viel Geld dafür. Das war neu und schmerzte die Untertanen schon deshalb. Es schmerzte umsomehr, als der neue König betont Härte zeigte.

Ein »Tyrann« war der nach der Ordnung zur Regierung gekommene Herrscher einer Erbmonarchie schon definitionsgemäß nicht! Er wahrte auch die Rechte seiner Untertanen, so gut das unter den damaligen Umständen möglich war. Denn er brauchte (und fand) »Staatsdiener«, und er organisierte den »Staatsdienst« nach den Prinzipien der Nachhaltigkeit – das Königreich wurde gewiss nicht schlechter regiert und verwaltet als das Herzogtum. Auch suchte er die Verständigung mit den Untertanen, sobald ihm das möglich schien. Das Maß der Rechte, die er ihnen verbriefen wollte, war eher größer als damals allgemein üblich. Am Anspruch, dass der Fürst »Souverän« in seinem Lande und möglichst auch nach außen sein müsse, hielt er allerdings fest. Der »Staat« Württemberg war sein Staat; nur bei seiner Regierung räumte er den Untertanen ein gewisses Maß an Mitwirkung ein. Er sollte Machtstaat, aber auch Rechtsstaat sein. Ist seine Bilanz also positiv? Man wird sie so bezeichnen können.

Land und Volk

Klein war das Königreich Württemberg verglichen mit Bayern, verglichen mit dem alten Herzogtum war es groß, und nicht nur der Fläche und Einwohnerzahl nach. Es umfasste jetzt Gebiete, die ihrer Landesnatur vom Kernland um die Hauptstadt Stuttgart deutlich verschieden waren. Das fällt noch heute gewiss im Süden, aber auch (etwas weniger) im Nordosten auf. Mit Tuttlingen und der Festung Hohentwiel im Hegau hatte schon das Herzogtum die obere Donau erreicht und überschritten. Aber jetzt erstreckte sich das Land bis zum Bodensee und umfasste – Hohenzollern ausgenommen – fast die ganze Alb und die Landschaften südlich der Donau, die in württembergischer Zeit zu »Oberschwaben« und zum »württembergischen Allgäu« zusammenwachsen werden. Dort lebten im großen und ganzen ebenso wie in den nordöstlichen Landesteilen (die heute etwas pauschal »Hohenlohe« heißen) Bauern, die deutlich reicher waren als die altwirtembergischen – auf die sie denn auch lange herabgeblickt haben. Die Bewohner Wirtembergs hatten jahrhundertelang ihren Besitz nach dem Prinzip der »Realteilung« unter die Erben verteilen dürfen und das auch getan. In den sogenannten »Anerbengebieten« herrschte die – meist von der Obrigkeit durchgesetzte – Sitte, dass der älteste oder der jüngste Sohn den Hof ungeteilt übernahm und die andern Erben »weichen« mussten.

Die Zersplitterung der Grundstücke in den »Realteilungsgebieten« war auch eine Sache von Böden und Klima. Das warme Neckarland erlaubte ausgedehnten Weinbau (der viel weiter verbreitet war und viel mehr Raum einnahm als heute). Der war und ist viel arbeitsintensiver als Getreide- oder Hackfruchtbau oder die Bewirtschaftung als »Grünland«. Man rechnete, dass die viele Arbeit in den Weinbergen und der höhere Verkaufspreis des Produkts vier Menschen je Hektar »ernährte« (wie ärmlich auch immer). Diese Landesteile waren deshalb seit langem dicht besiedelt. Auf der Schwäbischen Alb und im relativ hoch gelegenen Voralpenland – nur im Bodenseegebiet ist das anders – ist da Klima viel weniger günstig, so dass dort Getreidebau oder auch Wiesenwirtschaft und die großen Höfe überwogen. »Hohenlohe« ist dem Neckarland ähnlicher, aber auch dort waren die Höfe größer und das Land weniger dicht besiedelt geblieben als im Altwirtembergischen.

Statistisch gesehen gehörte Württemberg zu den am dichtesten besiedelten Gebieten von ganz Deutschland. Das Land ernährte schon lange nicht mehr alle Menschen, die dort aufwuchsen. Auch dann nicht, wenn sie – was in den Realteilungsgebieten die Regel war – ihren Lebensunterhalt durch gewerbliche Nebentätigkeit (meist in den ruhigeren Zeiten des Winters) aufbessern konnten. Die Auswanderung, damals noch ganz überwiegend nach Ost- und Südosteuropa, war schon im 18. Jahrhundert stark gewesen und wurde im 19. Jahrhundert (jetzt meist nach Amerika) noch viel stärker.

Aber es war auch ein »kleinkammeriges« Land, dessen Bewohner nicht leicht über die Grenzen ihrer Region hinaus zueinander fanden. Die Natur behinderte die Kommunikation: Berge und

Täler, auch größere Wälder trennten die »Kammern«, und die Wege zwischen ihnen waren noch wenig ausgebaut. Ein mindestens ebenso großes Hindernis war Verschiedenheit der Konfession. Zwei von drei Einwohnern des Königreichs gehörten der evangelisch-lutherischen Landeskirche an, die Katholiken lebten fast alle in den neuerworbenen Gebieten (und machten dort etwa zwei Drittel der Einwohner aus). Die so begründete »Fremdheit« wurde erst nach und nach überwunden und ist oft bis weit ins 20. Jahrhundert hinein spürbar geblieben.

Friedrich und seine Beamten haben die Verschiedenheit und wechselseitige Isolierung der Untertanen kaum als Problem empfunden. Schwierigkeiten bereitete eher die selbstgestellte Aufgabe, recht verschiedene Gewohnheiten und Stile der lokalen Verwaltung so zu vereinheitlichen, dass die Verwaltung überall »württembergisch« (und das hieß vor allem der altwirtembergischen ähnlich) wurde. Auch die Unterschiede im Menschenschlag waren weder für sie noch objektiv ein Problem. Man hat sie lange Zeit mit der Zugehörigkeit der Württemberger zu verschiedenen »Stämmen« erklären wollen und tut das vielleicht heute noch. Diese Erklärung wurde gewiss gestützt durch die Verschiedenheit der Sprache, der Dialekte, die in der Zeit vor Rundfunk und Fernsehen noch viel ausgeprägter war als heute. Da gibt es das Schwäbische, dann – nördlich einer »Sprachgrenze« irgendwo zwischen Marbach am Neckar und Heilbronn – das Fränkische, im Südwesten dann, dem südlichen Schwarzwald und der Schweiz zu das Alemannische. Aber unterschieden sich die Weingärtner in Heilbronn wirklich mehr von denen in Tübingen als von ihren fränkischen »Stammesgenossen«, die große und reiche Bauern waren? Hatte ein solcher Bauer im Hohenlohischen nicht mehr mit einem ähnlich großen oberschwäbischen gemein als beide mit »Schwaben« oder »Franken«, die auf kleinem Besitz mühsam ihr Leben fristeten?

Politisch sind die Stammesunterschiede als solche im Königreich nie zum Problem geworden. Da gab es eher die Trenn-
linien zwischen evangelisch und katholisch, auch zwischen
Zentrum und Peripherie, und natürlich die zwischen arm und
reich. Heute werden außerhalb des Landes und manchmal
auch in ihm Franken und Allemannen oft ebenfalls als »Schwaben« bezeichnet. Umgekehrt gilt vieles, was für evangelische
»Unterländer« typisch ist, für »typisch schwäbisch«. Lassen wir
das auf sich beruhen und begnügen uns mit der Einsicht, dass
das kleine Königreich ein alles in allem dichtbesiedeltes und in
sozialer Stellung, Beschäftigung und Mentalität seiner Bürger
sehr differenziertes Land war.

Die Wirtschaft

Zur Wahl eines Abgeordneten waren 1815 und 1819 nur die »Bürger« berechtigt, die ein Jahreseinkommen von wenigstens 200
Gulden zu versteuern hatten. Mit aller methodischer Vorsicht
können wir deshalb aus den erhaltenen Wahlakten zwar nicht
erkennen, wie der Wohlstand um 1815 in Württemberg wirklich
verteilt war, aber doch, welche Bezirke damals als wohlhabend
galten. Denn die Steuerlisten bildeten gewiss die Wirklichkeit
nicht korrekt ab. Unser Indikator ist der Prozentsatz der wahlberechtigten unter den erwachsenen Männern in den einzelnen
Oberamtsbezirken, die auch die Wahlkreise waren.

Es zeigt sich, dass mehr als den arithmetischen Mittelwert von
14,6 % vor allem süd- und ost-, also meist »neuwürttembergische«
Bezirke und einige wenige altwirtembergische im Neckarland
aufwiesen. Rund um Stuttgart, das selbst nicht dazugehörte, waren das die Oberämter Böblingen, Leonberg, Vaihingen an der

Enz, Besigheim, Marbach, Ludwigsburg, Waiblingen, Cannstatt, Esslingen und Nürtingen. Dazu das aus alten und neuen Gebieten zusammengesetzte Oberamt Rottenburg und dann der ganze Süden von Ulm und Blaubeuren über Ehingen, Riedlingen, Biberach, Waldsee, Leutkirch, Ravensburg, Wangen im Allgäu bis nach Tettnang. Nur Laupheim und Saulgau waren hier ärmer. Im ganz überwiegend »neuwürttembergischen« Osten gehörten die Oberämter Mergentheim, Neckarsulm, Künzelsau, Gerabronn, Hall, Crailsheim und Ellwangen zu den reicheren. Aber wirklich »reich« waren nur die Oberämter Ludwigsburg, Cannstatt und Nürtingen im alten Herzogtum, Ulm, Waldsee, Wangen und Tettnang im Oberschwäbischen, wo mehr als 22 % der erwachsenen Männer wahlberechtigt waren.

Weniger als die Hälfte des Mittelwerts, also weniger als 7,3 % wiesen dagegen Schorndorf, Geislingen an der Steige, Reutlingen und Laupheim auf. »Untermittel« (7,3 bis 14,6 %) waren Maulbronn, Brackenheim, Heilbronn, Weinsberg, Öhringen, Backnang, Gaildorf, Gmünd, Aalen, Neresheim und Heidenheim, Stadt und Oberamt Stuttgart, Kirchheim unter Teck und Göppingen, dazu der ganze Westen von Neuenbürg bis Balingen, Spaichingen und Tuttlingen, auch Tübingen, Urach und Münsingen. Wie wir heute wissen, musste das ebensowenig von Dauer sein wie die Verteilung des Wohlstands unter den Regionen von ganz Deutschland, wo Bayern, Baden und eben auch Württemberg, die »Armenhäuser« noch des frühen 20. Jahrhunderts, heute zu den »Reichen« gehören.

Zu erklären ist diese doch recht markante Verschiedenheit der Bezirke im damaligen Württemberg mit Unterschieden ihrer Wirtschaftsstruktur, vor allem im damals wichtigsten Bereich, der Landwirtschaft. Die kamen nicht allein von Bodenbeschaffenheit und Klima. Gewiss konnten dort, wo er möglich war, mit dem sehr arbeitsintensiven Weinbau auf gleicher Fläche ungefähr viermal so viele Menschen ihr meist sehr karges Leben fristen wie anderswo mit Ackerbau und Viehwirtschaft. Bei ungefähr gleicher Einwohnerzahl der Bezirke lebten hier also die Menschen dichter gedrängt, und es gab hier weniger »Reiche« als dort. Diese Verschiedenheit ist auch mit der der Erbsitten zu erklären. Wer heiraten und Kinder haben wollte, musste sie ernähren können, und das waren in den reicheren Bezirken, wo meist die Höfe ungeteilt vererbt wurden, nur die Erben. Wer beim Erben leer ausgegangen war, musste froh sein, wenn er anderswo unterkam – auf dem Land als Knecht oder Magd, in den Städten als Dienstbote, Tagelöhner oder als Handwerker, wenn er nicht überhaupt in fremde Länder auswanderte. Horizontale Mobilität war auch in der als »stabil« geltenden Welt von damals kein seltenes Phänomen. »Stabil« war diese Welt auch deshalb nicht, weil sich am Ende des 18. und zu Beginn des 19. Jahrhunderts die Landwirtschaft vielerorts deutlich veränderte. Verbesserte Anbaumethoden führten zu höheren Erträgen, die wirtschaftliche Ausdifferenzierung zu verstärktem Austausch von agarischen Überschuss- zu Zuschussgebieten. Oberschwaben war zur Kornkammer der Nordostschweiz und Teilen Tirols geworden, Mastvieh wurde bis nach Frankreich exportiert.

Wie es weitergehen müsse und könne, darüber stritten die Fachleute der Zeit. Schon das war strittig, ob eine große Bevölkerung von Vorteil oder ein Übel sei. Wem an einer zahlenmäßig starken Bevökerung lag, der sah in der »Realteilung« kein Übel. Mehr Einwohner, das hieß auch mehr Soldaten und eine größere Rolle im Spiel der internationalen Politik. Der damalige Finanzminister rechnete sogar genau aus, wie viele Menschen in Württemberg mehr leben könnten, wenn überall »Realteilung« herrschen würde: 217.742 – ein Sechstel mehr, als das Land tatsächlich zählte. Auch seien, so argumentierte er, diese Menschen – gezwungenermaßen – viel fleißiger. Dem widersprach ein schon betriebswirtschaftlich denkender und argumentierender Großgrundbesitzer, der Freiherr Varnbüler von und zu Hemmingen.

Er behauptete, auf der Fläche, auf der sich zur Zeit die 229 Familien der Gemeinde Oberesslingen ernährten, könne er mit 30 Arbeitern ebensoviel produzieren wie diese. Der Finanzminister hielt ihm die sozialen und politischen Folgen einer solchen »rationellen Landwirtschaft« entgegen: In ganz Württemberg würden »einige tausend Familien [...] im Überfluss« schwelgen, aber das Land würde nur noch einige hunderttausend Einwohner haben, »die Städte gewerblos werden, Industrie und Handel verschwinden, an die Stelle einer fortschreitenden Volksbildung Rohheit und Finsternis treten, die schönen Fluren Württembergs statt mit Menschen mit Kühen und Schafen bevölkert sein und Württemberg aus der Reihe der europäischen Mächte verschwinden.«

Die geringere Produktivität der Landwirtschaft auf zu kleinen Flächen war nicht das schlagendste Argument gegen eine zu starke Vermehrung der Bevölkerung. Das hatte vielmehr 1798 der Engländer Thomas Malthus in seinem »Essay on the Principle of Population« (er erschien 1807 auf Deutsch) vorgebracht. Während die Bevölkerung in geometrischer Progression (also wie 1-2-4-8-16 usw.) wachse, nähmen die Mittel zu ihrer Ernährung nur in arithmetischer (1-2-3-4-5 usw.) zu. Wolle der Staat nicht massenhaften Hungertod riskieren, dann müsse er die Vermehrung seiner Bevölkerung verhindern. Man musste weder Malthus folgen noch die Realteilung bejahen. Der junge Friedrich List war 1816 für die Vermehrung der Bevölkerung, vorausgesetzt, die des Wohlstandes halte mit ihr Schritt. Dafür müssten die Menschen zur gewerblichen und insbesondere auch zur Fabrikarbeit qualifiziert, »eine an landwirtschaftliche Arbeiten gewohnte Bevölkerung in eifrige und geschickte Fabrikarbeiter« verwandelt werden. Das könne allerdings viel Zeit kosten.

Die Frage war also, ob Württemberg bleiben sollte, was es 1816 eindeutig war – ein Agrarland. Oder ob es seine noch wenig fortgeschrittene »Industrie« (den damaligen Wortgebrauch über-

Der Reutlinger Friedrich List (1789–1846) war ein Mann
vieler zukunftweisender Ideen und Pläne, von denen bis
zu seinem Freitod nur wenige Wirklichkeit wurden.

setzen wir am besten mit »Gewerbefleiß«) kräftig ausbauen sollte.
Wie viele Menschen konnte ein schon relativ dicht besiedeltes
Agrarland wie Württemberg – es gehörte zu den am dichtesten
besiedelten ganz Deutschlands – überhaupt tragen? Sollte sich
auch der Staat »industriell« betätigen oder wie sonst konnte er
»Industrie« überhaupt fördern?

Die Antwort war nicht leicht. Manche Erfahrungen mit staatlichen Unternehmen waren nicht ermutigend. Auch wurde damals die wirtschaftsliberale Doktrin des Schotten Adam Smith
herrschend. Sein Hauptwerk »An Inquiry into the Nature and
Causes of the Wealth of Nations«, im Jahr der amerikanischen
Unabhängigkeitserklärung 1776 erschienen und sofort auch ins
Deutsche übersetzt, war binnen neun Jahren fünfmal neu aufge-
legt worden. Auch in Deutschland wurden seine Lehren alsbald
breit diskutiert – und rezipiert. In Württemberg produzierte die
1758/59 gegründete herzogliche Porzellanmanufaktur in Ludwigsburg gewiss Spitzenqualität, die wir noch heute in einem eige-

nen Museum bewundern. Aber sie hatte sich nie rentiert, auch nicht unter Friedrich, der sie nochmals kräftig in Arbeit gesetzt und subventioniert hatte. Sein Sohn wird sie 1824 endgültig aufgeben und schließen lassen. Obwohl das Land außer Salz und etwas Eisenerz kaum Bodenschätze hatte und Holz noch lange das wichtigste Brennmaterial auch für die gewerbliche Produktion war, betrieb der Staat noch in der Mitte des 19. Jahrhunderts sieben Hüttenwerke. Die wichtigsten waren im seit 1803 württembergischen Wasseralfingen und im altwirtembergischen Königsbronn. Dazu kamen fünf Salinen (darunter Friedrichshall in Jagstfeld).

Nichtstaatliche Manufakturen im Textilbereich mussten immer mehr gegen ausländische, vor allem englische Konkurrenz kämpfen, wie die Textilindustrie, die wichtigste des Landes, überhaupt. Nur das graphische Gewerbe blühte – Stuttgart war mit seinen Verlagen und Druckereien nach Berlin und Leipzig die drittgrößte deutsche Buchhandelsstadt. Aber auf diesem Gebiet waren die Grenzen des Wachstums doch eng gezogen.

Aufs Ganze gesehen waren diese und viele andere, zum größeren Teil private Betriebe und Branchen industrielle Inseln in einem landwirtschaftlichen Meer. Das Land exportierte Getreide, Holz (auf dem Wasserweg nach »Holland«), Rinder in die Schweiz und nach Frankreich, Wein, Dörrobst und andere Agrarprodukte mehr. Es lag daher nahe, diese Seite zu pflegen und zu stärken, die industrielle Produktion aber auf den heimischen Markt hin auszurichten. So oder so war eine Höherqualifizierung der in der Landwirtschaft Tätigen nötig. Dieser Aufgabe wird sich gleich nach 1816 König Wilhelm annehmen – ein »König der Landwirte«. Dass das nicht die Zukunft war, wusste man damals noch nicht.

Die Wenigen und die Vielen

Große Unterschiede gab es nicht nur zwischen den Regionen. Zwar war die anderswo, etwa in Preußen östlich der Elbe scharf ausgeprägte, auch rechtliche Verschiedenheit von »Stadt« und »Land« in Württemberg mindestens in den dichtbesiedelten Gegenden wenig spürbar. In den fast durchweg kleinen Städten trieben viele Handwerker nebenher auch etwas Landwirtschaft – noch hundert Jahre später konnte sich ein von auswärts kommender Professor über die vielen Misthäufen wundern, die er in der Universitätsstadt Tübingen vorfand. Umgekehrt gab es auf dem Land nicht wenig gewerbliche Betätigung – von Dorfhandwerkern, aber auch von Bauern und ihren ganzen Familien, die in den arbeitsärmeren Monaten Leinen und anderes verarbeiteten. »Verleger«, also Unternehmer, die ihnen ihre Produkte abkauften, brachten sie auf den Markt.

Viel größer waren die sozialen und kulturellen Unterschiede zwischen »den Wenigen und den Vielen«, ob sie nun auf dem Lande oder in der Stadt lebten. »Die Wenigen«, das war die schmale Schicht derer, die noch bis weit ins 20. Jahrhundert hinein als »die Herren« angesehen (und angeredet) wurden. (»Die Vielen« duzten sich oder wurden geduzt, allenfalls »geihrzt«, also mit »Ihr« angeredet.) Wer waren »die Herren«? Sehen wir vom alten und vom neuen Adel ab, der selbstverständlich zu ihnen gehörte, dann waren das vor allem »die Studierten«. Etwas unter ihnen standen, dank Ausbildung, Tätigkeit und Einkommen aber ebenfalls als »Herren« angesehen (und vielfach mit ihnen verwandt), die »Schreiber«. Nicht selten waren sie Söhne von Studierten, oder es gelang ihnen selbst oder ihren Söhnen der Aufstieg in der sozialen Pyramide durch ein Studium – der Theologie, aber bald auch der »Staatswissenschaften« oder anderer Fächer.

Schon gegen Ende des 15. Jahrhunderts (1477), hatte Graf Eberhard »im Bart« nach dem Vorbild anderer Landesfürsten in Tübingen eine eigene Universität gegründet. (Über sie an anderer Stelle mehr!) Sie diente in erster Linie der Ausbildung der herzoglichen Beamten und der sonstigen »Akademiker« – der Pfarrer, der Juristen, der Mediziner. Was später die »Philosophische Fakultät« war (aus der im Lauf der letzten 140 Jahre immer weitere Fakultäten abgespalten wurden, so dass in ihr heute nur noch die Philosophen im engeren Sinne und die Historiker forschen, lehren und studieren), das war damals so etwas wie eine »gymnasiale Oberstufe«. Man erwarb sich dort ein Grundlagenwissen für das Studium an den »höheren Fakultäten«. Die Meisten wurden, weil es für sie die meisten Stellen gab, Theologen. Auch hatte Herzog Christoph dafür gesorgt, dass dieser Fakultät und den evangelischen Pfarrern und Lehrern an den wenigen wirklich höheren Schulen der Nachwuchs nicht ausging. Stipendien für die Ausbildung an den altwirtembergischen Klosterschulen, die nach kursächsischem Vorbild in Wirtemberg eingerichtet wurden (und in Württemberg als »niedere Seminare« weiterbestanden) und dann für das berühmte Tübinger »Stift« ermöglichten den Pfarrerssöhnen, aber doch auch einigen wenigen begabten »Aufsteigern« eine Ausbildung und den Eintritt in den »Kirchen- und Schuldienst«.

Die »Herren Pfarrer« und oft auch ihre studierenden Söhne, das war die größte Gruppe der »Herren«. Aber dann kamen natürlich die Juristen – der »Herr Oberamtmann«, der »Herr Oberamtsrichter« (was die studierten Richter jetzt wurden) und die Angehörigen der städtischen Obrigkeit, dazu die als Mediziner auch theoretisch ausgebildeten Ärzte (die »Wundärzte« oder »Chirurgen« waren bloße Praktiker) und Apotheker. Schließlich die Lehrer an den höheren Schulen, von den »Lateinschulen« (die es in fast allen wirtembergischen und dann auch in vielen württembergischen Städten gab) aufwärts bis zu den Klosterschulen und dem Gymnasium in Stuttgart, dem heutigen Eberhard-Ludwigs-Gymnasium, und den wenigen Gymnasien in anderen größeren Städ-

Folgende Seite: Tübingen bekam ein ganzes neues Universitätsviertel, nicht nur die 1841–1845 von Gottlieb Georg Barth erbaute »Neue Aula« an der nach König Wilhelm I. benannten Straße.

Nach der Natur gez.

a. lith. v. C.Baumann.

ten. Auch sie hatten bis weit ins 19. Jahrhundert hinein Theologie studiert und sich danach aus Neigung oder auch Not beruflich anders orientiert, als Privatlehrer wie Hölderlin oder der Stiftler Karl Friedrich Reinhard, der von Bordeaux aus den Sprung in die französische Politik schaffte, 1799 sogar Außenminister der französischen Republik wurde und sein Leben als französischer Gesandter beim Deutschen Bund beschloss. Einige waren Hochschullehrer geworden wie der Philosoph Hegel in Jena, Heidelberg und schließlich in Berlin. Denn als württembergischer Theolog konnte man buchstäblich »alles« werden.

Normalerweise wurde »man« Pfarrer, und wer nach einigen Jahren eine feste Stelle bekam, der hatte wenigstens was den Lebensunterhalt für sich und seine Angehörigen betraf, ausgesorgt. Denn der König besoldete seine Beamten – und das waren auch die Pfarrer beider Kirchen – auskömmlich. Sie und die Ihren mussten und konnten ein »standesgemäßes« Leben führen. Das galt erst recht für die Mediziner und Juristen, ob sie nun Beamte waren oder nicht. Zusammen mit den wenigen vermögenderen Kaufleuten und Fabrikanten und einigen »Privatiers« bildeten sie die schmale Schicht derer, die leichten Zugang zur bürgerlichen Kultur hatten – und ihre Träger waren. Das war auch eine Kultur des Alltags, mit manchmal männlichen und meistens weiblichen Dienstboten, mit Kleidung, Wäsche und Möbeln, die heute manches Museum zieren, mit Theaterbesuchen und Musik, im Haus oder in der Öffentlichkeit. Es war vor allem eine literarische Kultur. Mit Büchern und Zeitschriften war – das zeigten Cotta und manche andere – nicht wenig Geld zu verdienen, weil »die Wenigen« nicht wenig Geld dafür aufwandten. Die Zeitungen waren noch nicht umfangreich und erschienen nicht alle täglich. Aber Cottas »Morgenblatt für gebildete Stände«, 1807 begonnen, berichtete sechsmal in der Woche (unter Ausschluss der Politik) über alle Regungen des kulturellen Lebens Deutschlands und des Auslands. Die »Allgemeine Zeitung«, ebenfalls ein Blatt Cottas,

Unermüdlich bei der Arbeit: der erfolgreiche Unternehmer,
Verleger (nicht nur der deutschen Klassiker) und Politiker
Johann Friedrich Cotta (1764–1832)

von König Friedrich aus Württemberg vertrieben und schließlich in Augsburg ansässig, war ebenfalls eine in Württemberg
viel gelesene Tageszeitung, daneben der »Schwäbische Merkur«
und manche andere. Dazuhin gab es viele Zeitschriften – und
die Einrichtung der so wichtigen Lesegesellschaften und Leih-
büchereien.

Wer »dazugehörte«, musste literarisch-politische Bildung zeigen und tat das auch. Diese Bildung war überwiegend, aber nicht
ausschließlich männlich. Das »Morgenblatt« hatte von 1817 bis
1822 mit Therese Huber, der Tochter des Göttinger Professors
Heyne, Witwe des Weltreisenden und »deutschen Jakobiners«
Georg Forster und dann des Literaten Huber, als erste deutsche

Zeitung eine Frau als leitende Redakteurin. Nicht wenige Frauen waren als Schriftstellerinnen tätig, sehr viele eifrige Leserinnen. Auch in der Musik spielten sie eine größere Rolle. Überhaupt wurde »Kultur« im Lauf der Jahre immer mehr zur Sache der Frauen, je mehr die Männern von ihren Geschäften aufgefressen wurden. Eine »höhere Bildung« mussten die Frauen sich freilich selbst verschaffen, denn der Eintritt ins Gymnasium oder gar in die Universität blieb ihnen bis zum Ende des 19. Jahrhunderts in der Regel verwehrt. Für die häusliche und Alltagskultur war die formale, mit Zeugnissen zu belegende Bildung nebensächlich. Gerade da haben die Frauen die größte Leistung vollbracht. Sie erzogen nicht nur ihre Söhne und Töchter, sondern auch ihre Dienstboten. Sie sorgten für Ordnung und Stil in der Wohnung und bei Tisch. Sie hielten ihren Männern den Rücken frei. Auf dem Land, wo die Frau des evangelischen Pfarrers oft die einzige Vertreterin der höheren Kultur war, waren sie für sein Amt so wichtig wie die Bäuerin für ihren Hof. Deshalb war es nur natürlich, dass auch die Frauen für ihren »Beruf« ebenso besonders ausgebildet wurden wie die Männer für den ihren. Auch die Schulpflicht bestand für Buben und Mädchen gleichermaßen. Doch gerade hier waren die Unterschiede zwischen »den Wenigen und den Vielen« besonders deutlich.

Die Kultur der Monarchie

Erst recht riesig waren die Unterschiede zwischen der »Kultur der Armut«, die von den Vielen gelebt wurde und die so viel weniger augenfällig ist, von der Prachtentfaltung, die der Monarch für nötig und angemessen hielt. Das war eine Kultur der Frömmigkeit, der täglichen Pflichterfüllung, der Übergangsriten Taufe, Konfirmation oder Kommunion, Hochzeit und Beerdigung, der Feste von der örtlichen Kirchweih bis zum pfingstmontäglichen

»Nebelhöhlenfest« nahe dem Lichtenstein. Von der Kultur der Monarchie zeugen ihre Bauten vor allem in den Residenzstädten Stuttgart und Ludwigsburg und ihrer Umgebung, Kunstwerke, Porzellan und Kostüme in Museen, die Musik- und Theatergeschichte.

Zwar hatte der Hofbaumeister Nikolaus Friedrich Thouret nicht das Format eines Friedrich Weinbrenner (dessen Schüler er war), und Stuttgart konnte niemals mit der »Königsstadt« München, aber auch nicht mit Karlsruhe oder Darmstadt konkurrieren. Dazu mag die schwäbische Neigung beigetragen haben, nichts umkommen zu lassen und deshalb auch ganze Gebäude von aufgegebenen Residenzen in die Hauptstadt zu versetzen. Aber es war auch eine Frage der künstlerischen Potenz seiner Planer und Architekten. Doch haben Thouret und seine Nachfolger Giovanni Salucci oder Georg Gottlob Barth gewiss Achtbares geschaffen – Württemberg muss sich nicht verstecken. Auch sie haben die Stile ihrer Zeit mit ausgeprägt, vor allem den eines repräsentativen Klassizismus. Nur die Neugotik eines Schinkel in Preußen sucht man hier so gut wie vergeblich. Der Italiener Salucci war ein Mann Napoleons und schon deshalb der gegebene Architekt, wenn es galt, dem Kaiser zu imponieren – wie gleich 1806, als dieser seinen kleinen König in Stuttgart besuchte. Württemberg war mit Recht stolz auf die Skulpturen des Schwaben Johann Heinrich Dannecker, der den deutschen Klassizismus in seiner reinsten Form vertrat. Johannes Klinckerfuß, ein Schüler des großen Ebenisten David Roentgen, schuf Möbel, die wir noch heute in den Schlössern und Museen bewundern. Auch die Porzellankunst diente der Repräsentation. Die Fürsten beschenkten sich wechselseitig mit Prachtvasen und anderen Produkten ihrer Manufakturen. Die von Karl Eugen in Ludwigsburg gegründete wurde deshalb von Friedrich nochmals stark gefördert.

Nicht nur für den König und seine Hofgesellschaft bestimmt waren die Anlagen und Gärten, die noch heute der Stolz Ludwigsburgs und Stuttgarts sind – auch nach den großen Verlusten, die in Stuttgart Eisenbahn- und Straßenverkehr und repräsentative öffentliche Bauten wie die beiden Häuser des »Königlichen Hof- (und heutigen »Staats-)theaters«, der neue Landtag und andere ihnen zugefügt haben. Schon am Ende des 18. Jahrhunderts hatten die Fürsten ihre Parks, die jetzt vollends im englischen Stil umgestaltet wurden, den Bürgern geöffnet. (Der Umschlag dieses Buches bezeugt es.) So boten sich jetzt Spaziergänge vom Stuttgarter Talkessel zum Neckartal bei Berg und Cannstatt an. Verglichen mit dem Schloss und diesen Anlagen waren Stuttgart selbst und seine »Königsstadt« (im engeren Sinne) eher enttäuschend. Die Gebäude an der Königstraße und in ihrer näheren Umgebung folgten keinem einheitlichen Plan. Vollends das, was für das Militär gebaut wurde, war bestenfalls zweckmäßig.

Auch Oper und Schauspiel in Stuttgart waren nicht berühmt und nicht zu rühmen. Die Zeiten, da der große Italiener Niccolò Jommelli die Oper Karl Eugens auf europäisches Niveau gehoben hatte, waren lange vorbei. Die jetzigen »Hofkapellmeister«, unter ihnen auch Conradin Kreutzer, hielten es nie lange in Stuttgart aus. Wie die Orchestermusiker und Sänger werden sie darunter gelitten haben, dass König Friedrich glaubte, auch »seine« Künstler wie Befehlsempfänger behandeln zu können. Sie ließen sich nicht gerne uniformieren, und das im wörtlichsten Sinne. Aber die Oper spielte, auch wenn die Stuttgarter sie nicht sehr frequentierten, sonntags und donnerstags, das Schauspiel am Montag, Dienstag und Freitag. Derlei gehörte einfach zum Glanz eines Hofes, und nun gar eines königlichen. Die Zukunft der Musik lag in Württemberg in andern Händen, denen des Bürgertums. Das Kunstlied eines Johann Rudolf Zumsteeg, die Lieder Friedrich Silchers, die Musikpflege durch die »Liederkränze« auch in kleineren Städten sind aus heutiger Sicht wichtiger als die repräsentativen Veranstaltungen des Staates.

Auch die Maler hätten von Aufträgen des Hofes und seiner

Angehörigen nicht leben können. Viele auch »bürgerliche« Porträts zeigen, dass Johann Baptist Seele, Philipp Friedrich Hetsch, Eberhard Wächter, Christian Gottlieb Schick oder der Architekt, Maler und Bildhauer Karl Alexander Heideloff das auch nicht mussten. Das Bürgertum musste sich vor dem Hof nicht verstecken. Berühmt war das Haus des Stuttgarter Kaufmanns und Kunstkenners Heinrich Rapp – Schiller und 1797 auch Goethe nahmen bei ihm Aufenthalt, Dannecker wurde sein Schwager, mit dem Verleger Cotta war er befreundet (und für sein »Morgenblatt« schrieb er über Kunst).

Für das gehobene Bürgertum gehörten die bildenden Künste und die Musik ebenso zur »Lebenshaltung« in der einen wie in der andern Bedeutung des Wortes wie die schöne, aber auch die historische Literatur. Auch wenn im Königreich viel mehr Adelige lebten als im alten Herzogtum und wenn Beamten ab einer bestimmten Position sozusagen automatisch der persönliche und manchen auch der erbliche Adel verliehen wurde, blieb das Land letztlich bürgerlich, was die Oberschicht anging, bäuerlich, kleinbäuerlich oder kleinbürgerlich die andern.

Regierung und Verwaltung

So wenig wie das alte Stuttgart und die neue »Königsstadt« waren 1816 Friedrichs ererbtes Land und seine Erwerbungen nahtlos zusammengewachsen, aber doch zusammengefügt unter einer einheitlichen und modernen Verwaltung. Sie war sein Werk, und auf dieser Grundlage wird wenig später sein Sohn dem Staatsapparat die für lange Zeit endgültige Form geben. Vorbild des Königs wie aller damaligen deutschen Reformer war die Rationalität des neuen Frankreich. Friedrich hob auch in Württemberg die rechtlichen Unterschiede zwischen Städten und Landgemeinden so gut wie ganz auf und setzte die ihnen übergeordneten »Ämter« ohne Rücksicht auf ihre geschichtliche gewordenen Unterschiede nur nach den Bedürfnissen der Verwaltung neu zusammen.

Nach dem Muster der französischen Departements baute er zwischen der Zentrale und den »Ämtern« eine Zwischenstufe ein: die zwölf »Landvogteien«. Auch sie hatten geographische Namen: ... »am Kocher«, »an der Jagst« und so weiter bis zur »Landvogtei am Bodensee«. So wichtig wie die französischen Präfekturen wurden sie nicht. Die Verwaltung in der Fläche war in den »Oberämtern« konzentriert. Mit ihren im Mittel nur etwa 20.000 Einwohnern waren sie von einem einzigen höheren Beamten mit wenigen Untergebenen effektiv zu regieren. Die Regierten empfanden die dazu nötige Zerschlagung älterer Verwaltungsstrukturen und die Zusammenfassung von Gebieten mit sehr verschiedenen Gewohnheiten des Verwaltens natürlich als hart. Nicht wenige Städte erlitten einen auch materiell spürbaren Zentralitätsverlust. Den Gemeinden wurden ihre Selbstverwaltungsrechte genommen. Auch das nahm nicht wenigen einen mehr oder weniger großen Teil ihres Einkommens. Die Steuern, die der König erheben ließ, um Napoleons und seine Kriege zu führen, waren hoch. Die Effektivität der Finanzverwaltung lag ihm besonders am Herzen; deshalb wurde sie unabhängig von der allgemeinen Verwaltung von besonderen »Kameralämtern« ausgeübt.

Seine »Staatsdiener« musste Friedrich rekrutieren, wo er sie nur finden konnte. Nicht wenige seiner höheren Beamten hatten seines Oheims »Hohe Karlsschule« durchlaufen. Andere fand er, der für Qualität immer einen Blick hatte, auch im »Ausland«. Natürlich konnte er auch Beamte aus dem Herzogtum und den neu erworbenen Gebieten übernehmen. Ohne Rücksicht auf ihren

Rang waren alle buchstäblich militärisch organisiert. Sie trugen Uniform, unterlagen einer strengen Disziplin, waren aber auch den andern Untertanen gegenüber privilegiert. Manchen Fehler und manche Härte entschuldigt die Neuheit der Organisation. Es brauchte Zeit, bis aus altwirtembergischen »Schreibern« und den unteren Beamten der neuen Gebiete – die höheren waren nicht das Problem – moderne Beamte geworden waren. Sein Sohn wird diesen Prozess weiter fördern. Systematisch durch häufige Versetzungen bekämpft wurde ihre lokale Verwurzelung. Auch das hat zur Vereinheitlichung des Landes beigetragen.

Wie die Verwaltung der unteren Ebenen wurde auch die in der Spitze ganz modern, »bürokratisch«, organisiert. Für jede Kategorie von Aufgaben bildete Friedrich ein eigenes Ministerium. Als der Staat im Lauf des 19. und frühen 20. Jahrhunderts immer mehr Aufgaben übernahm, wurden manche der damals gebildeten fünf oder sechs »klassischen Ressorts« geteilt. Auch sie kamen mit wenigen Beamten aus, ohne an Effektivität zu verlieren. Dafür sorgte schon der König, der sich auch um Einzelheiten selbst kümmerte. Nicht nur nominell stand er an der Spitze, er war die Spitze. »Friedrichs Königreich« war keine höfische Floskel, es war die Realität.

Zwischen Restauration und Revolution (1816–1848)

Wilhelm und Katharina

Der Thronfolger Friedrich Wilhelm war für die Württemberger, die sich überhaupt für Politik interessierten, kein Unbekannter. 1806, mit 25 Jahren, war er in das Land zurückgekehrt, das er im Streit mit dem Vater drei Jahre zuvor zusammen mit seiner schwangeren Geliebten verlassen hatte. Kronprinzenkonflikte sind nichts Ungewöhnliches. Dieser war es doch, weil die Geliebte die Tochter eines von Friedrichs schärfsten politischen Gegnern, des »Landschaftskonsulenten« Abel war, und weil der junge Mann sich sein Exil von der »Landschaft« finanzieren ließ, die er in ihrem Konflikt mit seinem Vater durch öffentliche Erklärungen unterstützte. Er war nach Paris gegangen, auch, um die Unterstützung des »Ersten Konsuls« der französischen Republik zu finden – des Napoleon Bonaparte, der sich im Jahr darauf zum Kaiser krönte. Der hatte ihn als eine kleine Schachfigur benutzt und bald wieder aus dem Spiel genommen, als er seinem neuen Verbündeten Friedrich die Annahme der Königswürde ermöglichte. Friedrich Wilhelm hatte das Mädchen und die Zwillinge, die sie ihm geboren hatte, im Stich gelassen, war nach Württemberg zurückgegangen und hatte sich mit seinem Vater und König arrangiert. Er hatte dann eine bayerische Prinzessin geheiratet, um keine Bonaparte heiraten zu müssen, und militärische Erfahrungen erworben: 1809 gegen die »Insurgenten« in Tirol und Vorarlberg, 1812 im Vormarsch gegen Russland. Dass er sich damals krank gemeldet hatte und zurückgegangen war, hatte

man ihm übelgenommen; bald darauf hatte er es nicht mehr zu
bereuen gehabt. Denn nach dem Übertritt seines Vaters auf die
Seite der »Alliierten« durfte er ein Armeekorps kommandieren
und sich in mehreren Gefechten – Épinal, La Rothière, Arcis-sur-
Aube und Montereau – als tüchtiger Soldat auch gegen Napoleon selbst bewähren. Auf dem Wiener Kongress, an dem er als
Vertreter seines Vaters teilgenommen hatte, waren gerade auch
seine militärischen Erfahrungen honoriert worden, Grund für
lebenslange Träume von einem deutschen Bundesfeldherrenamt
oder mehr – hatte nicht auch der Aufsteiger Bonaparte so begonnen? Noch mehr hatte das Interesse der Wiener und der dort
versammelten Politiker seiner sich anbahnenden Verbindung mit
der von mehreren andern Prinzen umworbenen jungen Witwe
des Prinzen Georg von Oldenburg gegolten, mi Katharina, einer
Schwester des russischen Kaisers Alexander. Sie, seine Cousine,
war eine ebenso intelligente wie politisch ehrgeizige Frau – und
auch der junge Württemberger schien nicht ungefährlich zu sein.
Und das nicht nur für Frauen wie zur Zeit seiner Brautwerbung,
als er eine »Affäre« mit einer andern zu beendete. Man rätselte,
was wohl der russische Kaiser als Bruder der Braut und dessen
Vetrauensmann, der Freiherr vom Stein, mit dem Prinzen vorha-
ben könnten. Wollten sie etwa das deutsche Kaisertum wieder
aufleben lassen? Welche Rolle dachten sie dem Württemberger
dabei zu?

Bald nach der Hochzeit in St. Petersburg im Januar 1816 übernahm das Paar eine andere. Seines Vaters Tod machte Friedrich
Wilhelm als Wilhelm I. (»Friedrich II.« wollte er offenbar nicht
sein) zum König von Württemberg, Katharina zur Landesmutter.
Den 35jährigen erwarteten große Hoffnungen. Man wusste von
seinen Verbindungen zum Freiherrn vom Stein und, näher noch,
zum Freiherrn von Wangenheim, den er seinem Vater als Vermittler im Konflikt um die neue Verfassung empfohlen hatte. Wenige
konnten schon ahnen, dass der zweite König genauso ehrgeizig

wie der erste war und keine anderen politischen Ziele verfolgte
als er. Allerdings war jetzt die Zeit vorbei, in der Gewaltmetho-
den nötig oder gar rätlich waren.

»Einer von uns« war Wilhelm so wenig wie sein Vater, aber doch
eine andere Persönlichkeit. Viel mehr als dieser war er »Politiker«, wie man damals einen Menschen nannte, der andern
gerne etwas vormachte, wenn es seinen Zielen diente. Mit seinem neuen Wappen jedenfalls demonstrierte Wilhelm Bescheidenheit: drei schwarze »Hirschstangen« links und drei schwarze
Löwen rechts auf in der Mitte geteiltem goldenem Schild (das
Schwarz–Gold wird einige Zeit später durch Schwarz–Rot ersetzt werden), gehalten von einem Löwen auf der Linken und
einem Hirsch auf der Rechten. Der stand für Württemberg, der
Löwe für den von Wilhelm nie aufgegebenen Anspruch auf das
Erbe der Staufer. Über dem Wappen die Königskrone, unter
ihm ein Band mit der Devise »Furchtlos und trew«. Diese hohen
Werte zu demonstrieren, konnte bestimmt nicht schaden.

Fortsetzung der Staatsgründung

Friedrich hatte vieles erreicht und doch dem Nachfolger nicht
wenig zu tun übriglassen müssen. In der Verfassungsfrage waren die Verhandlungen trotz (oder wegen?) seiner Konzessionen
festgefahren. Die dicke Mauer der Opposition hatte zwar breite
Risse bekommen – aber gerade das hatte die Hartnäckigkeit der
»Altrechtler« noch bestärkt. Nichts ging mehr: Im Juni 1816 hatte
der König damit gedroht, die Stände heimzuschicken, dann Wangenheims Vorschlag aufgegriffen, sie in zwei Häuser zu teilen,
um die Standesherren zu isolieren. Die Stände hatten demon-

Das von Nikolaus Thouret 1817 für König Wilhelm entworfene neue Staatswappen demonstriert seine Nüchternheit – und seinen Anspruch auf das Erbe der Staufer. Mit geringen Änderungen wurde es bis zum Ende der Monarchie geführt.

strativ den 302. Jahrestag der Magna Charta der Wirtemberger gefeiert, des »Tübinger Vertrags« von 1514.

Wilhelm versprach nun »eine dem Zeitgeiste und den Bedürfnissen unseres Volkes entsprechende und seinen Wohlstand erhöhende Verfassung«. Er stellte das alte Regierungsgremium, den »Geheimen Rat«, und die Pressefreiheit wieder her. Wangenheim wurde Kultminister, ein ehemaliger »Landschaftskonsulent« Präsident des höchsten Gerichtshofs. Aber der im März 1817 vorgelegte neue Verfassungsentwurf provozierte wieder harten Widerstand – gegen das Zweikammersystem, das Fehlen der ständischen Steuerkasse und des »Ständischen Ausschusses«, der in herzoglicher Zeit das Parlament permanent gemacht hatte. Die »Altrechtler« bestritten sogar, dass eine Mehrheit der Versammlung über die Sonderrechte des alten Landes entscheiden könne, stellten also die Einheit des Landes in Frage. Ihre Gegner – darunter der Großverleger Cotta – wurden von einem in das Sitzungsgebäude eingedrungenen wütenden Haufen körperlich bedroht. Die Lage war umso gefährlicher, als nach einer sehr schlechten Ernte 1817 im Land eine Hungersnot herrschte, die naturgemäß besonders die unteren Schichten des Volkes traf. Ende Mai verlangte der König von den Ständen ultimativ die Annahme seines Entwurfs. Andernfalls werde er die Verfassung einseitig von sich aus erlassen. Eine deutliche Mehrheit der Versammlung antwortete mit der Ablehnung seiner Vorlage. Die Minderheit hatte ihr Mandat meistens in neuwürttembergischen Bezirken erhalten, die Mehrheit wurde von den Altwürttembergern und den Standesherren gebildet.

Es kam zu Unruhen, Militär patrouillierte durch Stuttgart, der König selbst ritt durch die aufgebrachte Menge. Die Versammlung wurde aufgelöst, alle Abgeordneten außer den Stuttgartern wurden aus der Hauptstadt verwiesen, alle politischen Versammlungen verboten. Als Wangenheim bezweifelte, dass die ablehnende Mehrheit wirklich dem Willen des Landes entspreche, bestätigte ihn eine Art von »Volksabstimmung«. Befragt wurden die städtischen Obrigkeiten und die Amtsversammlungen der Ortsvorsteher. Das ergab zwar nur eine schwache Mehrheit, bestärkte aber den König darin, auf Zeit zu spielen und zunächst die mit der Verfassung zu bestimmende Organisation einseitig von sich aus einzuführen. Würde nicht eine gute Verwaltung dem Volk wichtiger als die Verfassung sein?

Eine wichtige Vorbedingung für eine gute Verwaltung waren und sind gut ausgebildete Beamte. Mit der Gründung der Universität Berlin hatte Wilhelm von Humboldt 1810 zunächst für Preußen ein neues Ideal der höheren Bildung institutionalisiert. Die Universität sollte keine Ansammlung von (modern gesprochen) Fachhochschulen für Theologen, Juristen, Mediziner und wen sonst noch sein. Alle Fakultäten sollten vielmehr »philosophisch« sein, nicht nur die nun »Philosophische« genannte, die ehemalige Vorstufe für die »höheren Fakultäten«. Württemberg ging noch eine zeitlang den alten Weg weiter. Die höchst moderne Universität Herzog Karl Eugens, Schillers »Hohe Karlsschule«, war nach seinem Tod der Eifersucht der Tübinger Konkurrenz zum Opfer gebracht und aufgehoben worden. Jetzt endlich wurde Tübingen modernisiert und vergrößert. Friedrich hatte 1812 für die Ausbildung seiner katholischen Theologen in Ellwangen eine katholische Universität gegründet; sie wurde 1817 nach Tübingen verlegt und als zweite neben die evangelische Theologische Fakultät gestellt. Für die Weiterbildung der »Schreiber« zu modernen Beamten wurde in Tübingen gleichzeitig eine »Staatswirtschaftliche« (später »Staatswissenschaftliche«) Fakultät gegründet und alle nach 1795 geborenen »Schreiber« gezwungen, sie zu besuchen. Diese Ausbildung von »Regiminalisten« und »Kameralisten« war eine württembergische Besonderheit; aber auch hier konkurrierte sie mit der überall sonst üblichen juristischen. Das Ansehen der Regininalisten war geringer als das der Juristen, von denen die volle humanistische Gymnasialbildung (also auch

Griechisch) verlangt wurde, während sie nur Lateinkenntnisse brauchten. Sogar die handwerksmäßig ausgebildeten »Schreiber«, die mit 14 Jahren die Schule verlassen hatten, konnten und mussten hier studieren. Dafür bot die Regiminalistenlaufbahn doch auch Aufsteigern gute Chancen. Vollends die Laufbahn der Kameralisten, also der Finanzbeamten, konnte noch lange vom gehobenen Dienst bis an die Spitze führen. Von den zehn Finanzministern Wilhelms waren sechs früher »Schreiber« gewesen; sie haben das hohe Amt zusammengenommen 40 Jahre lang ausgeübt.

So wichtig die Verwaltung in ihren oberen und mittleren Stufen war, im Alltag der meisten Württemberger viel wichtiger war die in der Fläche. Elf Edikte vom 18. November 1817 und fünf vom 31. Dezember 1818 stellten hier das Königreich auf neue – und wie sich herausstellen sollte – dauerhafte Grundlagen. Seine breite Basis bildeten die einzelnen Gemeinden, die allein nach ihrer Größe in drei Klassen eingeteilt waren, ob sie nun Städte, Pfarrdörfer, Dörfer oder bloße Weiler waren. Ihre Organe waren der »Gemeinde-« bzw. »Stadtrat« und der von den Bürgern gewählte »(Stadt)Schultheiß«. Sie zusammen bildeten die eigentliche Ortsobrigkeit und wurden von einem »Bürgerausschuss« kontrolliert. Die Gemeinderäte wurden auf zwei Jahre und bei einer Wiederwahl (wie die Schultheißen sofort) auf Lebenszeit bestellt. Das war bei der geringen Zahl der dafür geeigneten Männer realistisch und wurde doch immer heftiger kritisiert. Die Kritik war sehr berechtigt, denn naturgemäß begünstigte die Lebenslänglichkeit die »Vetterleswirtschaft«. Gemeindesache war die »Polizei« im älteren und im neueren Sinne, also die Sorge für Ordnung und Sicherheit wie für die Beförderung des Wohlstands. Die Staatssteuern wurden vom Staat auf die Oberämter, von diesen auf die Gemeinden und dort auf die einzelnen Bürger umgelegt. Auch erhoben Oberamt und Gemeinde eigene Umlagen, den »Gemeinde-, Stadt- und Amtsschaden«, die höher oder niedriger ausfielen, je nachdem, wie die Gemeinde wirtschaftete. Die Beliebtheit der örtlichen Machthaber wird nicht vergrößert haben, dass sie für die Ausübung ihrer Ehrenämter aus der Gemeindekasse entschädigt wurden, von allen andern Vorteilen, die sie sich verschaffen konnten, zu schweigen. In den meisten Gemeinden gab es nur wenige, die nicht der Kirche der jeweiligen Mehrheit angehörten; bürgerliche und Kirchengemeinde fielen also praktisch zusammen. Das dürfte den Filz oft noch verfestigt haben, umsomehr, als beide Gemeinden zusammen für die Verwaltung von Stiftungen und vor allem für die Unterhaltung und Beaufsichtigung der Volks-, Latein-, Bürger- und Sonntagsschulen zuständig waren.

Verständlicherweise unterlagen die Gemeinden, die so viele, darunter auch wichtige staatliche Aufgaben erfüllten, strenger staatlicher Kontrolle. Sie wurde vom Oberamtmann und in nächsthöherer Instanz von den »Regierungen« der vier »Kreise« ausgeübt, zu denen Wilhelm die zwölf »Landvogteien« seines Vaters vereinfacht hatte – des »Neckar-, Jagst-, Schwarzwald- und Donaukreises«. Doch es war in der Regel die Oberamtsstadt, wo der Bürger mit dem »Staat« und der eng mit dem Staat verbundenen Kirche zu tun bekam. Hier wurden die Rekruten ausgehoben. Hier war nach der gleichzeitig verfügten Trennung von Justiz und Verwaltung auch das Oberamtsgericht zu finden, bald auch das evangelische oder katholische Dekanatsamt und überhaupt alles, was es »auf dem Land« noch lange nicht gab. Die Oberämter waren die Landtagswahlbezirke, die Oberamtsstädte noch lange die einzigen Wahlorte auch für die Landbewohner. Das Zusammenwachsen des Landes begann deshalb dort, in relativ kleinen Bezirken, wo nicht viel verborgen bleiben konnte. In dem kleinen Königreich bildete sich so bald eine »Kultur der Nähe«.

Das galt auch für Stuttgart, das anfänglich kaum größer war als ein Oberamt, dann aber rasch wuchs. Hier war, wie üblich, die Kontrolle durch die Regierung noch strenger als draußen im Land. Ob das wirklich nötig war, kann man fragen. Wilhelm unterhielt, anders als sein Vater, keinen großen Hof, und auch das Personal der sechs Ministerien und der anderen obersten Behörden war nicht groß. Aber die Stadt war das auch noch nicht. Die Universität des Landes war in Tübingen, das deshalb von der Regierung immer etwas argwöhnisch betrachtet wurde. Auch so etwas wie Industrie oder ein Wirtschaftsbürgertum gab es in Stuttgart kaum, und die Unterschicht der kleinen Handwerker und Weingärtner hat nach dem Ende des Verfassssungskampfs nur noch selten Besorgnis erregt.

Wilhelms Hoffnung, dass die Zeit für seinen Verfassungsplan arbeiten würde, sollte sich bald erfüllen. Seine Verwaltungsedikte

Das Hungerjahr 1816/17 war in Württemberg nicht das erste und nicht das letzte, in dem die Armen nur durch öffentliche Wohltätigkeit vor äußerster Not bewahrt werden konnten.

ergänzte er wirkungsvoll durch die Aufhebung der »Leibeigen-schaft«, durch Erleichterung der grundherrlichen Abgaben und die Wiederherstellung von Auswanderungs- und Pressefreiheit. Er bemühte sich um die Förderung der Landwirtschaft; am 28. September 1818, seinem 37. Geburtstag, fand auf dem Cannstat-ter »Wasen« zum erstenmal das »Landwirtschaftliche Hauptfest« statt, das die Württemberger seitdem jedes Jahr als »Cannstat-ter Volksfest« feiern. Mit einer ausgeklügelten halbstaatlichen Organisation der Wohltätigkeit zur Bekämpfung der aktuellen Hungersnot und für die Zukunft, der Gründung einer Sparkasse für die kleinen Leute und anderen Maßnahmen gewann Königin Katharina viele Untertanen für sich als »Landesmutter« und für die Monarchie. Cottas publizistische Organe, auch die außer-württembergische »Öffentlichkeit« traten direkt oder indirekt für Wilhelm und seine neue Verfassung ein. Nicht eines von Uhlands »Vaterländischen Gedichten«, so populär sie noch lange blieben, sondern Justinus Kerners Lied »Der reichste Fürst«, am 25. Mai 1818 in Cottas »Morgenblatt« erstmals gedruckt, wurde bald zur inoffiziellen Hymne des Landes und ist das bis ins 20. Jahrhun-dert geblieben. Wenn Kerner die Treue der Untertanen zu Graf Eberhard im Bart feierte, lag die unausgesprochene »Nutzanwen-dung« für 1818 auf der Hand. Katharinas überraschender Tod im Januar 1819 mag dem Gemahl noch mehr Sympathie gewonnen haben. Dass sie sich den Tod geholt habe, als sie ihren Gatten einmal in flagranti der Untreue überführen wollte, war ein in en-gen Kreisen eingeschlossen bleibendes Gerücht.

Schließlich wurden nicht zuletzt die Verschlechterung des poli-tischen Klimas im »Deutschen Bund« und ihre befürchteten Aus-wirkungen auf Württemberg von Wilhelm politisch geschickt für seine Absichten genutzt. Zwar hatte er vom Bundestag keine Er-läuterung zur Durchführung von Artikel 13 der Bundesakte, die Einführung »landständischer Verfassungen« in den Bundesstaa-ten betreffend, erwirken und ihn damit direkt dafür einsetzen

Nro. 124.

Morgenblatt
für
gebildete Stände.

Montag, 25. Mai 1818.

. . . . Der Liebe
Ist treu seyn die schönste Pflicht.

Der Eid.

Der reichste Fürst.

Preisend mit viel schönen Reden
Ihrer Länder Werth und Zahl,
Saßen viele deutsche Fürsten
Einst zu Worms im Kaisersaal.

Herrlich, sprach der Fürst von Sachsen, —
Ist mein Land und seine Macht,
Silber hegen seine Berge
Wohl in manchem tiefen Schacht.

Seht mein Land in üpp'ger Fülle, —
Sprach der Pfalzgraf von dem Rhein, —
Goldne Saaten in den Thälern,
Auf den Bergen, edlen Wein!

Große Städte, reiche Klöster,
Ludwig, Herr zu Baiern, sprach, —
Schaffen, daß mein Land den euren
Wohl nicht steht an Schätzen nach.

Eberhardt, der mit dem Barte,
Würtembergs geliebter Herr,
Sprach: mein Land hat kleine Städte,
Trägt nicht Berge silberschwer.

Doch Ein Kleinod hält's verborgen: —
Daß in Wäldern noch so groß
Ich mein Haupt kann kühnlich legen
Jedem Unterthan' im Schooß.

Und es rief der Herr von Sachsen,
Der von Baiern, der vom Rhein:
Graf im Bart! ihr seyd der reichste!
Euer Land trägt Edelstein!

Justinus Kerner.

Benjamin Franklin's Selbstbiographie, herausgegeben von seinem Enkel, William Temple Franklin.

(Fortsetzung.)

Als Franklin in der Eigenschaft eines Beauftragten verschiedener unzufriedner Kolonien nach London kam, ward ihm von Seite eines unklugen und gewaltthätigen Ministeriums unwürdige Mißhandlung zu Theil. Weil man ihn nicht gewinnen konnte, so verfolgte man ihn. Die Oberaufsicht der Posten ward ihm entzogen, obgleich nur unter seiner Verwaltung ihr Ertrag sich bedeutend vermehrt hatte. Der Gehalt für seine Sendung ward ihm unterschlagen, und man verwickelte ihn auf die boshafteste Art in einen Prozeß. Einer von Franklins Biographen (Condorcet) hat hievon Anlaß genommen, zu bemerken, wie das brittische Ministerium bey dem Fortbestand der in der englischen Gesetzgebung herrschenden Verwirrung interessirt zu seyn scheint, indem sie ihm die Mittel an die Hand reicht, durch endlose Plackereyen seine Gegner zu verfolgen, zu quälen und zu Grund zu richten. Endlich ward der ehrwürdige Mann vor den geheimen Rath berufen, und hier, in Beyseyn einer großen Zahl angesehener Staatsmänner, trägt Herr Wedderburn, seither Lord Loughborough, als Vertheidiger der beklagten königlichen Bediensteten, statt einer Würdigung ihr Ertrag sich bedeutend vermehrt liegenden Dinge, eine leidenschaftliche Strafrede, voll bitterer Anschuldigungen und Verläumdungen, gegen Franklin vor. Von den beyden für können. Aber jetzt hatten Österreich und Preußen, schon früher durch das »Wartburgfest« der deutschen Studenten im Oktober 1817 alarmiert, in der Ermordung August von Kotzebues durch den Studenten Sand endlich den gesuchten Anlass gefunden, im August 1819 auf Konferenzen in Karlsbad die deutschen Regierungen zu Maßnahmen gegen »demagogische Umtriebe« einzuschwören.

Dass so etwas drohte, war schon zu erwarten gewesen, als der König zum 13. Juli nach dem alten Wahlgesetz eine neue Ständeversammlung wählen ließ. Von der alten Opposition wurden da nur wenige wiedergewählt, eine neue, die nach ihrem Zeitungsorgan benannten »Volksfreunde«, blieb schwach. Zu ihr gehörte der junge Reutlinger Friedrich List. Ein führender »Altrechtler« hatte sich mit dem zuständigen Minister auf die Grundzüge eines Kompromisses geeinigt und vereinigte seine Gefolgsleute mit den »Ministeriellen«.

Es förderte die Einigung, dass die von der Regierung in den »Festinbau« des Ludwigsburger Schlosses einberufene Versammlung nach der Wahl einer Verfassungskommission erst einmal pausierte. Das ruhige Ludwigsburg war nicht das aufgeregte Stuttgart. Anfang September trat die Versammlung wieder zusammen und konnte schon am 23. September die vereinbarte Verfassung verabschieden.

Am 25. tauschten König und Stände in Repräsentationsräumen der Monarchie, dem »Ordens«- und dem »Thronsaal« des Schlosses, die vom König einerseits, allen Ständemitgliedern andererseits unterzeichneten Annahmeurkunden aus. Die Veröffentlichung und Inkraftsetzung der »Karlsbader Beschlüsse« hielt König Wilhelm bis zum Ende des Monats zurück. Nach viereinhalb Jahren war der Verfassungsstreit beendet, das Königreich Württemberg endlich zur »konstitutionellen Monarchie« geworden.

Die Verfassungs-Urkunde von 1819

Der »Verfassungsvertrag« von 1819 hat mehr als 99 Jahre lang gegolten. Nicht alles, was damals festgesetzt wurde, hat sich bewährt, vieles wurde im Lauf der Jahrzehnte förmlich geändert oder aufgehoben. Aber die Württemberger waren auf ihre Verfassung stolz. Oder ist ein anderer Grund denkbar, weshalb man die des »Volksstaats Württemberg« bewusst nochmals auf den 25. September datierte – auf den Tag genau, nur hundert Jahre später: 1919?

1819 konnten König und Regierung mit ihr zufriedener sein als die »Altrechtler«. Uhland und seine Freunde trösteten sich damit, dass »das Wesentliche« gerettet sei, »vor allem jener Urfels unseres alten Rechtes, der Vertrag«. Die Verfassung war, anders als die der Nachbarländer Bayern und Baden (beide schon 1818), kein »Gnadengeschenk« des Monarchen. Daran lassen die ausführliche Präambel und die Schlussformel keinen Zweifel. In den fast fünf Jahren des Verfassungskampfes konnte man noch nicht wissen, wofür alles man einmal Regeln brauchen würde. Aber man wusste, wie das Spiel bisher gespielt worden war, für dessen Fortsetzung die neuen Regeln gelten sollten. Deshalb spiegelt – wie alle »geschriebenen Verfassungen« – auch dieses Dokument den Erfahrungsraum und den Erwartungshorizont der damaligen Mitspieler, aber auch die Kräfteverteilung zwischen ihnen. Sehen wir genauer hin!

Der Vorrang der »Krone«, also von Monarch und Regierung, ist klar ausgesprochen und bei genauerem Hinsehen auch an vielen unauffälligeren Stellen erkennbar. Schon die Gliederung des mit 205 Paragraphen sehr ausführlichen Dokuments (die Verfassung des Landes Baden-Württemberg kommt mit 94 Artikeln aus) zeigt das: »Von dem Königreiche«, »Von dem Könige, der Thronfolge und der Reichsverwesung«, »Von den allgemeinen Rechts-Verhältnissen der Staatsbürger«, »Von den Staats-Behör-

Stolz auf seine militärische Vergangenheit ließ sich König Wilhelm I.
nicht im Königsornat, sondern als hoher Offizier porträtieren.

den«, »Von den Gemeinden und Amts-Körperschaften«, »Von dem Verhältnisse der Kirchen zum Staate«, »Von der Ausübung der Staats-Gewalt«, »Von dem Finanzwesen«, »Von den Landständen«, »Von dem Staatsgerichtshofe« – das sind die Überschriften der sehr ungleich langen zehn Abschnitte. Schon im vierten Paragraphen wird das sogenannte »monarchische Prinzip« ausgesprochen: »Der König ist das Haupt des Staates, vereinigt in sich alle Rechte der Staatsgewalt und übt sie unter den durch die Verfassung festgesetzten Bestimmungen aus.« Eine »Gewaltenteilung« gibt es also nicht. Die Gesetze gibt der König, der Landtag wirkt bei der Gesetzgebung nur mit. »Im Namen des Königs«, nicht des Volkes, sprechen die Gerichte Recht – er ist der oberste Richter. Aber er wird nicht in den Gang der Justiz eingreifen und sein Recht der Begnadigung und der »Abolition«, also der Niederschlagung eines Strafverfahrens noch vor seinem Abschluss, nur in engsten Grenzen ausüben.

Der König verspricht, die Rechte der »Staatsbürger« zu achten, die in 23 Paragraphen formuliert sind. Vorrechte des Adels, etwa beim Zugang zu den öffentlichen Ämtern, soll es nicht geben, auch die Wehrpflicht soll für alle gleich sein. Alte Rechte, die im ersten Jahrzehnt des Königreichs vielfach eingeschränkt waren, werden erneut bestätigt: Freiheit der Person, Gewissens- und Denkfreiheit, Freiheit des Eigentums und der Auswanderung. Die »Leibeigenschaft« – der Name stand in Württemberg noch für bestimmte Abgaben, wo kein volles Grundstückseigentum bestand – soll für immer aufgehoben sein. Niemand darf seinem ordentlichen Richter entzogen werden, Verhaftung und Bestrafung sollen nur auf Grund der Gesetze möglich sein. Einige Freiheiten sind unvollständig: Nur die Mitglieder der evangelischen und der katholischen Landeskirche haben die vollen staatsbürgerlichen Rechte, das Wahlrecht vor allem, nicht auch die Juden oder die Glieder von Freikirchen. Gesetzlich beschränkt werden kann auch die verfassungsmäßige Freiheit der Presse und des

Buchhandels, der Berufswahl und des Besuchs ausländischer Bildungsanstalten.

Aber ohne Einschränkung und Vorbehalt hat jeder »das Recht, über gesetz- und ordnungswidriges Verfahren einer Staats-Behörde oder Verzögerung der Entscheidung bei der unmittelbar vorgesetzten Stelle schriftliche Beschwerde zu erheben, und nötigenfalls stufenweise bis zur höchsten Behörde zu verfolgen« (§ 36 und die folgenden). Ein solches Beschwerderecht ist in keiner andern Verfassung der Zeit so klar ausgesprochen wie hier. König und Regierung riskieren damit wenig oder nichts, im Gegenteil: So können sie erfahren, wie die Verwaltung der unteren Ebenen im Alltag funktioniert. Die Bürokratie ist noch jung, daher verdient sie größere Aufmerksamkeit, auch, was ihre Rechte und Pflichten angeht. Detailliert legen elf Paragraphen der Verfassung fest, was das Bonner Grundgesetz in seinem Artikel 35 die »hergebrachten Grundsätze des Berufsbeamtentums« nennt. Das liegt auch und gerade im Interesse der Beamten (die Pfarrer beider Kirchen eingeschlossen), die »diszipliniert«, aber auch »privilegiert« werden und die gerade in ihren höheren Rängen mit der den Landtag beherrschenden Schicht eng verbunden sind. Offenbar hat die Gemeinsamkeit der Interessen die Beilegung des Verfassungskampfs erleichtert.

Mit der Verankerung eines »Geheimen Rats« in der Verfassung haben die »Altrechtler« nur einen Scheinsieg errungen. Denn mit dieser Institution sichert sich der König die letzte Entscheidung in allen wichtigen Fragen. Hier werden nämlich die Chefs der sechs »Departements« sitzen, die Minister der Justiz, der auswärtigen Angelegenheiten, des Innern und, mit diesem bis 1848 vereinigt, des Kirchen- und Schulwesens (das in Württemberg »Kultministerium« hieß), des Kriegswesens und der Finanzen, und zwar zusammen mit einer nicht festgelegten Zahl von »Räten«, die, wie sie selbst, allein vom König ernannt werden. Ein »Staatsministerium« oder einen Ministerpräsidenten wird es nicht geben. Die – wie wir heute sagen – »Richtlinien der Politik« und, wenn er will, auch ihre Details bestimmt der König, auf Grund von Gutachten des Geheimen Rats, denen er aber nicht folgen muss. Dagegen hatten im »Geheimen Rat« des alten Herzogtums die Vertrauensleute der Landschaft fast gleichberechtigt mit dem Herzog die Regierung geführt. Hat man 1819 wirklich nicht gesehen, wie wirkungsvoll die neue Institution mit dem alten Namen künftig die verfassungsmäßige Verantwortlichkeit der Minister einschränken wird? In allen wichtigen Fragen können sie nur über den Geheimen Rat mit dem König verkehren, lediglich Einzelnes ihm unmittelbar vortragen, wenn er sie dazu auffordert. An seiner Zusammensetzung wird also viel liegen. Für die »Politische Kultur« des Landes zeugt, dass er nicht zu einem Instrument monarchischer Willkür wurde. Auch, dass ihm nach und nach immer mehr Funktionen entzogen und schließlich einem »Staatsministerium« übertragen wurden, so dass er zuletzt fast nur noch der oberste Verwaltungsgerichtshof sein wird.

Auch auf der Ebene der Gemeinden und der Oberämter kann der Wille von Monarch und Regierung leicht durchgesetzt werden. Die Gemeinden als »die Grundlage des Staats-Vereins« haben – etwas anderes wäre bei dem wenigen Personal der damaligen Bürokratie kaum möglich – nicht geringe Selbstverwaltungsrechte. Sie stehen allerdings unter der strengen Aufsicht des Oberamtmanns, und die ist bei der geringen Größe seines Bezirks intensiv.

Das Verhältnis von monarchischer Regierung und Volksvertretung kann man ein »entschiedenes Ja-Aber« nennen. Die Rechte des Parlaments bei der Gesetzgebung und bei der Festsetzung der Einnahmen und Ausgaben des »Staates« sind zwar groß. Wo es um »Freiheit und Eigentum« der Staatsbürger geht, spricht es mit – aber das letzte Wort hat auch hier der König. Erst mit seiner Zustimmung tritt ein Gesetz in Kraft. Auch hat er ein weitgehendes Verordnungs- und in dringenden Fällen auch ein

Notverordnungsrecht. Mit beidem kann das Gesetzgebungsrecht des Landtags klein gehalten oder gar zunichte gemacht werden. Auch die im Vergleich zu anderen deutschen Verfassungen der Zeit großen Rechte des Landtags bei den Staatsfinanzen machen die Regierung vom Parlament nicht unmittelbar abhängig. Den Geldhahn zudrehen kann es ihr schon deshalb nicht, weil die von ihm zwar für jede Etatperiode neu zu bewilligenden, also nicht wie später in Preußen einfach forterhobenen Steuern nur als Ergänzung zu den Einnahmen gelten, die »der Staat« aus seinem Vermögen – Domänen, Hüttenwerken, später der Eisenbahn und anderem mehr – erzielt. Zum Nachweis des Bedarfs legt die Regierung dem Parlament den auf drei Jahre berechneten Etat vor. Er ist noch wenig detailliert, weil so weit in die Zukunft eine genaue Prognose nicht möglich ist. Auch sonst behält sich die Regierung stillschweigend das Recht vor, von dem bewilligten Etat auch abzuweichen. Sie hat das selten und später immer seltener getan. In der Regel legt sie es nicht auf einen Konflikt an. Im Gegenteil werden die Minister auch danach ausgewählt, wie gut sie mit dem Parlament »können«. Deshalb werden auch gewesene Abgeordnete immer wieder einmal zu Ministern ernannt; eine »parlamentarische Regierung« entsteht dadurch nur ausnahmsweise einmal. Also auch hier ist der monarchische Charakter der Regierung kaum in Gefahr.

Vollends die »ständische Schuldenzahlungskasse«, mit der sich die Altrechtler politisch abspeisen ließen, kann nicht als Waffe gegen eine widerspenstige Regierung missbraucht werden. Im Gegenteil verbessert sie die Bonität Württembergs auf dem Geldmarkt, wie auch anderswo jede Garantie der Staatsschuld durch das Parlament.

Der vorletzte Abschnitt der Verfassung, »von den Landständen« ist mit 71 Paragraphen (§§ 124–194) ungewöhnlich umfangreich. Denn er enthält sozusagen das Wahlgesetz und selbst die Geschäftsordnung der beiden Häuser des Landtags. Dass

dieser aus einer (»Ersten«) »Kammer der Standesherren« und
einer (»Zweiten«) »der Abgeordneten« besteht, dass also auch
Württemberg das für größere Staaten übliche Zweikammersystem bekommt, haben die »Altrechtler als ihre größte Niederlage
empfunden. Vor und nach der Verabschiedung der Verfassung
haben sie immer wieder um »die reine Volkskammer« gekämpft
– vergebens: Die »Erste Kammer« wird noch zu Beginn des 20.
Jahrhunderts »berufsständisch« modernisiert werden und dann
bis zum Ende der Monarchie bestehen bleiben. Jetzt sollen ihr
(wie um 1819 üblich) »die Prinzen des königlichen Hauses«, die
»Standesherren« und vom König erblich oder auf Lebenszeit ernannte Mitglieder, aber höchstens ein Drittel der beiden andern
Kategorien zusammen, angehören. Das alles war normal, wenn
eine »Erste Kammer« sein sollte. Eine württembergische Besonderheit war, dass in der Zweiten Kammer neben den 63 in den
einzelnen Oberämtern und den sieben schon erwähnten »Guten
Städten« von den erwachsenen, männlichen und bestimmte Steuern zahlenden Gemeindebürgern Gewählten auch 23 »Privilegierte« saßen, kraft Amtes oder von einem sehr kleinen Gremium
gewählt: 13 Mitglieder der »Ritterschaft«, die sechs »General-Su-
perintendenten« (»Prälaten«) der evangelischen Landeskirche,
der katholische »Landesbischof« mit einem Mitglied des Dom-
kapitels und dem dienstältesten katholischen Dekan, schließlich
als Vertreter der Universität Tübingen deren Kanzler. Es war zu
erwarten, dass sie normalerweise die konservative Seite des Hauses nicht unbeträchtlich verstärken würden.

Das Wahlrecht ist 1819 noch unumstritten. Wegen seiner Bedeutung für die allmähliche Verwandlung von bloßen Landesein-
wohnern in »württembergische Staatsbürger« aber doch einige
Worte darüber! Gewiss unterscheidet es sich sehr von einem
modernen, demokratischen. Es ist ein Wahlrecht der Haushalts-
vorstände (und der Männer). Wer (wie die Frauen und Töchter
oder die Dienstboten) als unmittelbar abhängig, also als nicht

»selbständig« gilt, hat es nicht. Auch ist es ein Zwei-Klassen-Wahlrecht, wobei die Teilung der Klassen doppelt begründet werden kann: Wer mehr zu den Steuern beiträgt (die der Landtag bewilligte), oder aber von wem die für die Ausübung eines »Staatsamts« (und das ist das Wählen) nötige politische Bildung erwartet werden kann, darf (als »Wahlmann«) den Abgeordneten direkt wählen, alle andern nur indirekt. Die »Wahlmänner«, die von ihnen gewählt werden, wählen dann zusammen mit den Wahlmännern der ersten Klasse den Abgeordneten. Es ist nur konsequent, dass es auch kein Wahlgeheimnis gibt, denn ein selbständiger Bürger steht zu seiner politischen Überzeugung und gibt seine Stimme offen ab! Uhland wird das noch in der Frankfurter Paulskirche vertreten. Die Zahl der »Wahlmänner« setzt die Verfassung auf ein Siebtel der Bürger jeder einzelnen Gemeinde fest. (Ist es Zufall, dass auch 1815 und 1819 nur etwa jeder Siebte so viel zu versteuern hatte, dass er wählen durfte?) Zwei Drittel von diesen, also etwa 28% aller Bürger, die in der Reihenfolge ihrer Steuerleistung am höchsten Besteuerten, sind ohne weiteres »Wahlmänner«. Das letzte Drittel wird von den übrigen Bürgern gewählt. Diese Wähler zweiter Klasse (immerhin sieben von zehn Bürgern) konnten sich bei einem 14- oder mehrstündigen Arbeitstag und einem zu geringen Einkommen schwerlich ein fundiertes politisches Urteil bilden. Auch mag schon damals das Bedenken bestanden haben, den Repräsentanten der Besitzlosen die Macht über den Geldbeutel der Besitzenden zu geben. Dies umsomehr, als das passive nur das aktive Wahlrecht und ein Mindestalter von 30 Jahren voraussetzt, aber sonst kaum weiter beschränkt ist. Nur wer vorbestraft oder gerade in ein Strafverfahren verwickelt ist, über wessen Vermögen Konkurs eröffnet oder wer schon einmal wegen Vermögenszerrüttung bestraft worden ist, besitzt es nicht.

Von politischen Parteien spricht die Verfassung an keiner Stelle – zur Zeit der konstitutionellen Monarchie tut das keine.

Im Gegenteil legt die ja ebenfalls in die Verfassung aufgenommene Geschäftsordnung für den Landtag auch seine Sitzordnung fest: Die Ritter, Prälaten und so weiter bis herab zu den Abgeordneten der Oberämter sitzen je in der Reihenfolge teils des Lebens-, teils des »Amtsalters« zusammen und stimmen in einer bestimmten Reihenfolge ab. Eine zunächst informelle, später auch festere Parteibildung konnte dadurch allerdings niemals verhindert werden.

Die Verfassung von 1819 setzte für den Anfang die Regeln des Spiels fest, das in den kommenden Jahren und Jahrzehnten gespielt werden sollte und dessen jeweiliges Ergebnis der »Staat« Württemberg sein wird. Der König und seine Bürokratie hatten sich die besten Positionen zu sichern verstanden, weil ihre Gegner noch im Spiel von gestern und vorgestern waren und noch nicht gelernt hatten, das neue zu spielen. Auch waren »die kleinen Leute« noch nicht so weit, sich einzubringen. Doch die Überlegenheit von König und Bürokratie schwand, als es komplizierter wurde und als die Menschen lernten, ihre Interessen zu artikulieren und »mitzuspielen«.

Die 1820er Jahre

Wenige Tage nach der Verabschiedung seiner Verfassung hob Württemberg, den »Karlsbader Beschlüssen« folgend, die Pressefreiheit auf. Wilhelm als »Politiker« verstand es, angebliche »Sachzwänge« oder »Anweisungen von oben« für seine eigenen Wünsche zu nutzen. Ganz unrecht wird Wilhelm diese Einschränkung der verfassungsmäßigen Freiheit seiner Württemberger also kaum gewesen sein. Mit Blick auf seine Außen- und Deutschlandpolitik liebte er den Bund allerdings wenig. Das zeigen seine damals zuerst und dann bis zu seinem Tod immer wieder erneuerten Bemühungen um eine »deutsche Trias«. Darunter verstand und versteht man eine Politik, die durch ein Koordinieren der »Mittelstaaten« des Deutschen Bundes ein Gegengewicht gegen die beiden Großmächte Österreich und Preußen aufbauen wollte. Dafür konnte auch das immer wirkungsmächtiger werdende nationale Argument benutzt werden: Waren nicht, anders als die beiden Großen, die Staaten des »Dritten Deutschland« »reindeutsche Staaten«, ohne die Polen, Ungarn oder Italiener und alle andern Nichtdeutschen, die Österreichs oder Preußens Untertanen waren? Aus dieser Politik hätte vielleicht etwas werden können, wenn der mächtige bayerische Löwe sich vom schmächtigen württembergischen Hirsch am Leitseil führen lassen wollte. Aber in München kannte man den Ehrgeiz des Württembergers, war ihm vielleicht auch noch böse wegen seiner annullierten Ehe mit der Wittelsbacherin. Wie auch immer: Wilhelms »Triaspolitik«, bei der Vertretung der deutschen Staaten in Frankfurt am Main, dem »Bundestag« von Wangenheim betrieben, den er als Mann seines besonderen Vertrauens dorthin versetzt hatte, endete mit einem Fiasko. Zuletzt beriefen die beiden Großen ihre diplomatischen Vertreter aus Stuttgart ab; Württemberg musste klein beigeben.

In der württembergischen Innenpolitik lief es besser. Wir wissen nicht (und können nicht wissen), was »das Volk« über seine Regierung und über seine Repräsentanten im Landtag dachte. Umfragen der Meinungsforscher gab es noch nicht, die Presse enthält nichts darüber, was kritische Historiker heute benützen könnten, und auch die damaligen Wahlergebnisse können nicht »demoskopisch« gedeutet werden. Das beschränkte Wahlrecht mit offener Abstimmung, bei dem der größere Teil der Wahlberechtigten nur indirekt wählen konnte, auch das Wahlverhalten der damaligen Wähler lässt das nicht zu. Sie wählten Personen, nicht Parteien oder Programme, entzogen ihnen nicht gerne

das Vertrauen, wenn sie es ihnen einmal geschenkt hatten, und
ehrten sich selbst, wenn sie eine bekannte Persönlichkeit dafür gewinnen konnten, sich gerade von ihnen wählen zu lassen.
Und sie folgten ihren gewohnten Autoritäten (oder folgten ihnen auch nicht, wenn sie unzufrieden mit ihnen waren), wenn
die eine bestimmte Persönlichkeit vorschlugen. Vielleicht kann
man es so sagen: Noch mehr als heute waren Wahlen damals
Anerkennung oder Protest. Auch war das, was sich im Landtag
abspielte, recht fern im Vergleich zu dem, was in der eigenen
Gemeinde gespielt wurde.

Jedenfalls hatte die Regierung es einige Jahre lang leicht mit ihrem Volk. Die Verhältnisse wurden nach den langen Kriegs- und
Krisenjahren allmählich besser, und die Wähler waren offenbar
mit einer »Volksvertretung« nicht unzufrieden, die sich von der
Regierung führen ließ und klaglos mit ihr zusammenarbeitete.
Das ging so weit, dass sie 1820 selbst das zwar legale, aber alles
andere als faire Manöver der Regierung akzeptierte, den unbe-
quemen Friedrich List auszuschließen. Als er 1819 fünf Wochen
vor Vollendung seines 30. Lebensjahrs von seiner Heimatstadt
Reutlingen gewählt worden war, hatte ihm die Regierung – ganz
korrekt – die Wählbarkeit abgesprochen. 1820 wiedergewählt
und in den Landtag eingetreten, hatte er dort mit einem scharf
formulierten Antrag die Handelspolitik der Regierung angegrif-
fen. Er setzte noch eins drauf und formulierte weitere Anträge
auf eine andere Steuerpolitik und auf einjährige Etatperioden
und entsprechend jährliches Tagen des Landtags. Selbst angreif-
bar wurde er, als er während der Weihnachtspause eine sehr
schroffe »Adresse« seiner Reutlinger Wähler formulierte, die den
Kriminalsenat des Esslinger Gerichtshofs zu einer Anklage gegen
ihn veranlasste. Damit war er (nach den §§ 158 und 135 der Verfassung) »in eine Kriminal-Untersuchung verflochten« und hatte
eine der Voraussetzungen der Wählbarkeit verloren. Sah die
Mehrheit, die das akzeptierte, nicht, dass die Regierung damit

ein Mittel in der Hand hatte, das ihr fast beliebige »Säuberun-
gen« des Landtags erlaubte, oder sah sie angesichts des klaren
Wortlauts der Verfassung keine andere Möglichkeit, als nachzu-
geben? Sie hat sich gewehrt, auch List das Wort gegeben (der es
zu einem grundsätzlichen Angriff auf die württembergische Justiz benutzte und dadurch noch Öl ins Feuer goss), aber schließlich doch mit 56 gegen 36 Stimmen gegen List entschieden.

Auf Dauer gestört war das Verhältnis von Regierung und Parlament also nicht. Gemeinsam begannen sie, das anfänglich große
Defizit und die immensen Schulden abzubauen. Sie gaben 1822
mit einer Revision der Organisationsedikte von 1817/18 der Ge-
meindeverwaltung die bis ins 20. Jahrhundert bewahrte Form.
Sie verabschiedeten eine Finanzverfassung, nach der vor allem
Grundbesitz, Gebäude und Gewerbe besteuert wurden – Anlass
für die Anlage von Katastern und die Aufnahme von »Flurkarten«
im Maßstab 1:5000 für das ganze Land. Sie wagten eine vorsich-
tige Liberalisierung der Gewerbeordnung, die einige Gewerbe
vom Zunftzwang befreite. »Befreit« wurden 1828 auch die Juden.
Den Weg zur Emanzipation über eine bessere Bildung, den das
Gesetz wies, haben viele mit Erfolg beschritten. So waren am
Ende des 19. Jahrhundert nicht mehr, wie an seinem Anfang,
arme Landjuden für die württembergische Judenheit typisch,
sondern gebildete und engagierte Städter wie Eduard Pfeiffer,
langjähriger Vorsitzender des »Vereins für das Wohl der arbeiten-
den Klassen«, oder Kilian Steiner, Mitbegründer und Mäzen des
»Schwäbischen Schillervereins« und seines »Schillermuseums« in
Marbach am Neckar.

Bei aller Sparsamkeit konnte auch für die Kultur Geld auf-
gewandt werden; noch nach den Zerstörungen des Zweiten
Weltkriegs zeugen einige Bauten in Stuttgart und andern Orten davon. Friedrichs Baumeister Nikolaus Friedrich Thouret
war weiterhin tätig; Giovanni Salucci und später Gottlob Georg
Barth, Johann Michael Knapp und Christian Friedrich Leins wa-

Wilhelm Hauffs Roman »Lichtenstein« hat seit 1826 unzählige Leser gefunden. Unzählige Menschen besuchten seit 1842 das romantische Schlösschen am Albrand über dem Echaztal, das einer von ihnen, Herzog Wilhelm von Urach, von Victor Heideloff bauen ließ.

ren seine Nachfolger. Salucci hat 1824–29 Schloss Rosenstein (zwischen Stuttgart und Cannstatt) bauen dürfen, noch vorher das heute bekannteste seiner Werke, die 1824 vollendete Grabkapelle für Katharina auf dem Rotenberg. Sie war und ist für viele das Zeugnis der großen Liebe des verwitweten Gatten zu einer von allen Württembergern verehrten Frau. Aber wir dürfen doch fragen, ob es wirklich die Liebe war oder ob auch ein schlechtes Gewissen (und Rücksicht auf die russische Verwandtschaft seiner Frau) Wilhelm bewogen hat, die Stammburg seines Hauses abtragen und durch eine Grabkapelle im klassischen Stil ersetzen zu lassen.

Eine andere Deutung bietet Wilhelm Hauff an, der junge Dichter des »Lichtenstein«. Fast am Ende dieses seines 1826 erschienenen historischen Romans um den 1519 aus dem Land vertriebenen Herzog Ulrich lässt er den Herzog einen Traum erzählen. Er habe das Neckartal gesehen, in einen blühenden Garten verwandelt, auf einem Hügel am Fluss ein Schloss – der Leser erkennt leicht das noch nicht ganz vollendete Schloss Rosenstein. Gegenüber, wo seine Burg »Wirtemberg« stand (die 1519 wirklich und nicht nur im Roman von den Feinden niedergebrannt worden war) einen »Tempel [...] mit Säulen und Kuppel, wie man sie in Rom und Griechenland findet«. Wie er noch darüber nachgedacht habe, »wie das alles auf einmal so habe kommen können«, habe er »Männer in fremder Kleidung« erblickt, die »auf das Land hinabschauten«. Einer von diesen, der einem schönen Knaben an seiner Hand »das Tal zu seinen Füßen und die Berge umher und den Fluss und die Städte und Dörfer in der Nähe und Ferne zeigte«, habe seines Bruders Georg Züge getragen. Als er einen der Fremden gefragt habe, wer dieser Mann sei, habe der geantwortet: »Das war der König.« Um seine Leser auf die richtige Fährte zu bringen, erinnert Hauff hier in einer Fußnote daran, dass nach Ulrichs erbenlosem Enkel Ludwig der Sohn von Ulrichs Bruder Georg als Herzog Friedrich I.

zum »Stammvater des jetzigen Regentenhauses« geworden sei. Hauff muss seinen ersten Lesern nicht auch noch sagen, wer mit dem »König« und dem »Knaben an seiner Hand« gemeint ist: Pauline von Württemberg, seit 1820 mit ihrem Vetter Wilhelm verheiratet, hatte ihm 1823 den Nachfolger geboren, Kronprinz Karl. Der Traum soll also sagen: Das Königreich ist nicht mehr das alte Herzogtum, ist etwas Neues, neu wie die Grabkapelle auf dem Rotenberg, der vorher »Wirtemberg« hieß. Aber das Neue steht an der Stelle und auf den Grundmauern des Alten, erst 1819 Beseitigten.

Hauffs Best- und Longseller »Lichtenstein« ist nur eines von vielen literarischen Produkten des Landes in jenen Jahren; Uhlands und Kerners Gedichte wurden schon genannt, die des kranken Hölderlin, des jungen Mörike und der von ihrem Konkurrenten Heinrich Heine gnadenlos niedergemachten »Schwäbischen Dichterschule« wären neben vielen anderen zu nennen. Nur wenige dieser Bücher haben über eine so lange Zeit so interessierte Leser gefunden wie ein vielbändiges Werk ganz anderer Art: die württembergischen »Oberamtsbeschreibungen«. Herausgegeben vom 1820 gegründeten »Statistisch-topographischen Bureau« des Königreichs (das auch für die Flurkarten und die Statistik überhaupt zuständig war), verlegt von Cotta, erschien 1824 deren erster Band – der letzte der 64 nach sechs Jahrzehnten, 1885. Mit der Länge der Reihe wuchs der Umfang der einzelnen Bände – von unter 300 über mehr als 400 auf schließlich 600 bis fast 900 Seiten. Sie haben die von Wilhelm vorgegebene Aufgabe des »Bureaus« glänzend erfüllt: »Jede Behörde« und »überhaupt jeder Württemberger« sollte »fortdauernd eine umfassende Kenntnis« vom Lande erhalten. Für die Verwalter der Oberämter waren sie vor allem prosaisch-praktisch nützlich: Vieles, was sie bis nach 1848 und auch noch später brauchten oder zu wissen nützlich fanden, war nur historisch zu erklären. Jeder neue Beamte konnte sich, weil jeder einzelne Ort detailliert dargestellt wurde, schnell und doch fundiert mit seinem Bezirk vertraut machen. Auch so wuchs also das noch junge Königreich immer mehr zusammen.

Im Jahrzehnt der »Julirevolution«

Im ersten Jahrzehnt nach 1819 hatten der König und seine Minister wenig Ärger mit dem Landtag gehabt. Die Spielregeln gaben ihnen eine deutlich stärkere Stellung als ihm. Denn der Landtag war – etwas spitz ausgedrückt – nicht einmal in jedem Jahr versammelt, und dann in der Regel nur für sechs Wochen. Aber sie, die Bürokratie und an ihrer Spitze der König, arbeiteten jahraus, jahrein sechs Tage in der Woche (und zuweilen auch noch am siebenten). Wenn sie keinen neuen Etat für die nächsten drei Jahre brauchten, dann auch keinen Landtag. Gesetze konnten ohnehin warten. Denn es war allein Sache der Regierung, Gesetzentwürfe vorzulegen, der Landtag konnte sie nur darum bitten. Das war das eine. Ein zweites war wohl, dass »das Land« nach den langen Auseinandersetzungen um eine neue Verfassung eher ruhebedürftig als streitsüchtig war. Auch war es sozusagen medikamentös ruhiggestellt worden. Denn in der großen Politik – und das hieß in der Politik des von Österreich noch mehr als von Preußen beherrschten Deutschen Bundes – wirkten die Erfahrungen der langen Revolutionsperiode immer noch stark nach und ließen Maßregeln geboten erscheinen, mit denen neue Gefährdungen der mühsam genug »restaurierten« nachrevolutionären Ordnung abgewendet werden sollten. Das war der Grund für die »Karlsbader Beschlüsse« gewesen. Ihre Ausführung auch in Württemberg hatte Konflikte unter der Decke gehalten. Studentische Unruhen hatten die Regierung bewogen, Tübingen und seine Universität unter strenge Polizeikontrolle zu stellen. Die wenigen Zeitungen durften nicht frei schreiben und hüteten sich meist auch, das zu tun.

Aber war diese Ruhe nicht doch allzu künstlich herbeigeführt? Konnte man wirklich glauben, es nur mit ein paar Wirrköpfen zu tun zu haben, die nicht einsehen wollten, dass mit Napoleon auch »die Revolution« besiegt und damit »das Zeitalter der Revolution« beendet sei, als das wir heute die knapp hundert Jahre zwischen 1776 und 1871 sehen? Konnte das wirklich sogar den Württembergern so scheinen, aller Freiheitsbewegungen der 1820er Jahre in den europäischen Gebieten des Osmanischen Reiches und in Lateinamerika ungeachtet, die sie mit oft tätiger Sympathie zur Kenntnis nahmen? Die »Julirevolution« 1830 in Frankreich ließ diese Illusion – wenn sie wirklich bestanden hatte – verfliegen. Mit Hilfe der Arbeiter von Paris und Lyon besiegte die französische Bourgeoisie die »feudale Reaktion« des zweiten Königs nach 1814, Karl X., und zwang ihn zur Abdankung und ins britische, später österreichische Exil. Sie setzte Louis Philippe von Orleans, seinen Verwandten, auf den Thron. Als »Bürgerkönig« regierte er fortan das Land in ihrem Interesse.

Auch wenn damit »die Revolution« in Frankreich ein weiteres Mal besiegt war – in Europa war sie es nicht. In rascher Folge kam es hier zu Aufständen, der Italiener, der Polen gegen Russland, der Belgier gegen die Niederlande, oder doch zu Reformen (wie etwa in Großbritannien). Auch in Deutschland. In den Staaten der beiden deutschen Großmächte und in denen, die schon eine »Konstitution« hatten, blieb es ruhig. Aber dort, wo es noch keine gab, wurde sie nun eilends gewährt. Durch all das alarmiert, schob König Wilhelm einen schon angekündigten außerordentlichen Landtag zur Beratung eines neuen Strafgesetzbuches erst einmal auf. Die beiden Vormächte des Deutschen Bundes benutzten den erstbesten Anlass, um neue »Maßregeln« zur Unterdrückung von gefährlich erscheinenden Freiheiten beschließen zu lassen. Mit den »Sechs Artikeln« vom 28. Juni und den »Zehn Artikeln« vom 5. Juli 1832 sollten die Freiheit der

Presse, das Versammlungsrecht und auch die Universitäten unterdrückt werden – was alsbald ins Werk gesetzt wurde.

Von Form und Inhalt dieser »Maßregeln« fühlten die Liberalen sich – verständlicherweise – herausgefordert. Vor allem die Freiheit der Meinungsäußerung und in erster Linie der Presse war ihnen heilig. Als Nachfahren der Aufklärung glaubten sie an die Macht der rationalen Argumente und ihres freien Austauschs. Daran konnte unter damaligen Bedingungen »das Volk« nur teilnehmen, wenn eine »Öffentlichkeit« bestand, die ohne das Medium des Buch- und mehr noch des Zeitungsdrucks kaum herzustellen war. Auch das Recht, sich frei und in größerer Zahl zu versammeln, war den Liberalen wichtig. Aber doch nicht so sehr wie die Freiheit der Presse! Denn in Reden und Gegenreden einer großen Versammlung wirkt vieles überzeugend, was in Ruhe gelesen und erwogen kaum überzeugen würde. Auch die Liberalen misstrauten Demagogen. Sie hielten allerdings nicht alle dafür, die von den Regierungen unter diesem Vorwurf verfolgt wurden. Die »Bundesmaßregeln« von 1832 wurden deshalb von ihnen, und mit Recht, als schroffe Kampfansage empfunden.

Weil die Unterdrückung dieser Freiheiten für sie keine neue Erfahrung war, wurden die württembergischen Liberalen von diesen neuen »Maßregeln« aufs höchste alarmiert. Erst vor kurzem hatte die Regierung auf Drängen des »Ständischen Ausschusses« die in Befolgung der »Karlsbader Beschlüsse« eingeführten Beschränkungen der verfassungsmäßigen Pressefreiheit etwas gelockert, so dass viele neue Zeitungen entstanden waren, auch in den Oberamtsstädten. Die Liberalen hatten sich besser organisieren können. Bei den Landtagswahlen im Dezember 1831 hatte die Opposition nicht wenige Mandate erhalten. Wieder gewählt worden waren die früheren Führungsfiguren Uhland und Albert Schott, neu war Schotts Schwiegersohn Friedrich Römer, auch Paul Pfizer, Verfasser eines aufsehenerregenden »Briefwechsel zweier Deutschen«, der 1831 bei Cotta erschienen war.

Doch diese kleinen Siege waren bald wertlos geworden. Dass die Regierung den Landtag nicht einberief, empörte die Opposition. In § 167 der Verfassung stand, dass die Sitzungen der Abgeordnetenkammer öffentlich seien und dass beide Kammern »ihre Verhandlungen durch den Druck bekannt zu machen« hätten. Das hätte wenigstens den Abgeordneten ermöglicht, auch bei eingeschränkter Pressefreiheit und trotz dem schon Anfang 1832 erlasssenen Verbot von politischen Vereinen eine Öffentlichkeit zu erreichen. Gerade das wollte die Regierung in diesen unruhigen Zeiten verhindern. Auch hier erlaubten ihr die Regeln ein freieres Spiel als ihren Gegnern. Dagegen konnte sie mit einigem Recht als Regelverstoß bezeichnen, dass sich 46 zur Opposition bereite Abgeordnete im April 1832 in Bad Boll bei Göppingen, nicht am Sitz von Regierung und Landtag, versammelten und vehement die Einberufung des Landtags verlangten, für den sie schon über ein Jahr vorher gewählt worden waren. Einen Monat später, Ende Mai 1832, fühlten König und Regierung sich durch das »Hambacher Fest«, das die pfälzischen Liberalen veranstalteten, in ihrer Politik des Aussitzens erst recht bestätigt.

Eine so loyale Zusammenarbeit von Parlament und Regierung wie bisher war nach diesen Vorspielen nicht zu erwarten, als der Landtag am 15. Januar 1833 nach fast dreijähriger Pause endlich eröffnet wurde. In ihm saßen 27 entschiedene Oppositionelle und zehn Abgeordnete, die mit ihnen sympathisierten. Sie hatten ihre parlamentarische Arbeit schon im voraus gut organisiert. Die Regierung konnte auf etwas mehr als 30 Anhänger rechnen. Bei der Mitte – nach französischem Vorbild das »Juste milieu« genannt – lag also in allen kontroversen Fragen die Entscheidung. Der neue Innen- und Kultminister, Johannes Schlayer, ein Bäckersohn, der vom Schreiber zum studierten Juristen aufgestiegen war, ehemals von Wangenheim protegiert und von 1825 bis 1831 als Abgeordneter der Stadt Tübingen Mitglied des Landtags gewesen war, nahm den Kampf energisch auf – und hat ihn schließlich gewonnen. Er musste dazu die Verfassung nicht brechen; es genügte, zu nutzen, was sie erlaubte. Sie erlaubte den Ausschluss des nicht mehr in Württemberg lebenden, aber vom Oberamt Ehingen gewählten Wangenheim – und den von vier weiteren Mitgliedern der Opposition, darunter die beiden Herausgeber des führenden Blattes der Opposition, des »Hochwächters«, späteren »Beobachters«. Es war Sache des Königs, »unpässlich« zu werden, um den Landtag nicht in Person eröffnen zu können und dabei Pfizer die Hand geben zu müssen, der in dem erwähnten »Briefwechsel« dafür eingetreten war, Preußen die Führung in Deutschland zu übertragen, um so den – milde gesagt – Stillstand im Deutschen Bund zu beenden. Denn er hielt diesen Angriff auf seine »Souveränität« geradezu für Hochverrat.

Die Opposition verschleppte, was ihr Recht war, die Beratung des Etats, weil sie die nicht grundlose Sorge hatte, der Landtag könnte gleich nach seiner Verabschiedung wieder heimgeschickt werden. Keines der vielen von ihr zur Sprache gebrachten Themen hat schließlich so viel Aufmerksamkeit weit über Württemberg hinaus erregt wie Pfizers scharfe Abrechnung mit der Politik des Bundes, gegen die er die verfassungsmäßigen Rechte des württembergischen Landtags in Stellung brachte. Sein Antrag wurde von einer Mehrheit der Kammer so kompromisslos unterstützt, dass der König ebenso kompromisslos mit der »Erwartung« antwortete, »dass ihr [gemeint waren »seine treuen Stände«] diese Motion [Pfizers Antrag] mit verdientem Unwillen verwerfen werdet«. Eine große Mehrheit – nicht nur die Opposition – wies dieses in der Tat befremdliche Ansinnen zurück, worauf der König – übrigens gegen die Mehrheit des »Geheimen Rates« – die sofortige Auflösung des Landtags anordnete. Dass er den Namen »der vergebliche Landtag« (wie er nach dem Wort einer regierungsfreundlichen Flugschrift schon bald hieß), wirklich verdient, kann man bezweifeln; jedenfalls waren nun viele Württemberger problembewusster geworden.

Deshalb gelang es dem König zunächst nicht, die öffentliche Meinung mit einer gleich danach veröffentlichten Ansprache zu gewinnen. Er wies auf seine Absicht hin, durch verschiedene Maßnahmen den Wohlstand des Landes dauerhaft zu vermehren. Das habe eine Partei des Landtags verhindert, deshalb habe er Neuwahlen anordnen müssen. Er zielte damit auf den schwächsten Punkt der Opposition. Sie konnte nicht sicher sein, dass »das Land« die selben Prioriäten setzen würde wie sie, also die Freiheitsrechte für wichtiger halten würde als ökonomische Interessen. Schon der nächste und der übernächste Landtag deuteten darauf hin, dass die Regierung unter der so energischen wie geschickten Führung Schlayers am Ende Sieger sein könnte. Schlayer machte dem König klar, dass das Regierungssystem der konstitutionellen Monarchie nur dann funktionieren könne, wenn Parlament und Regierung Hand in Hand gingen, und bemühte sich mit Erfolg um ihr Zusammengehen. Der Preis, den die Regierung dafür zahlen musste, war eine größere Rücksichtnahme auf die Kräfte des Beharrens, als an sich ihrer Politik entsprach. Deren Bollwerke waren die Kammer der Standesherren und die evangelische Landeskirche. Weil im Volk stark verwurzelt, waren vor allem die Kirchen stark – die evangelische schon jetzt und die katholische bald und je länger je mehr.

Zunächst kam es nur darauf an, die Neuwahlen zu gewinnen. Dafür setzte Schlayer alle Mittel ein, auch ein so wenig feines wie die Drohung an die Tübinger Wähler, wenn nicht die Universität nach Stuttgart zu verlegen, so doch neue Bauten für sie aufzuschieben. Das ging den Tübingern denn doch zu sehr gegen die Ehre – Pfizer wurde von ihnen erneut gewählt. Auch sonst war die Opposition wenig geschwächt – doch immerhin so sehr, dass die Regierungsanhänger in der Kammer das Spiel in die Hand bekamen und auch der Etat verabschiedet wurde. Über die von einer überraschend großen Mehrheit beschlossene Kürzung der Ministergehälter ging die Regierung schlicht hinweg – sie veröffentlichte den Etat mit den ungekürzten Zahlen und wies in einer Fußnote darauf hin, dass die Kammer anderer Meinung gewesen sei. Auch das blieb im Rahmen des verfassungsrechtlich Möglichen, musste aber die große Ausnahme bleiben, wenn vernünftig weitergespielt werden sollte.

In der Tat kam die Regierung mit der Kammer alles in allem gut zurecht. Dem von der Opposition aus divergierenden Gründen abgelehnten Beitritt Württembergs zum Deutschen Zollverein stimmte eine Mehrheit zu. Dazu konnte sich selbst Pfizer nicht durchringen. Die Schwächung des Parlaments durch die zu erwartenden höheren Einnahmen aus den Zöllen, die parlamentarischer Bewilligung nicht unterlagen, war ihm ein zu hoher Preis für den von ihm gewünschten engeren Anschluss an Preußen. Prinzipienfestigkeit blieb eine württembergische Tugend, auch wenn sie unpolitisch und unpraktisch war. Der Pragmatiker Schlayer dagegen wusste, wo er nachgeben konnte und musste: in der Kammer der Standesherren, wenn es um die Fortsetzung der »Entfeudalisierung« – also die Aufhebung oder Ablösung alter nutzbarer Rechte des Adels – ging, beim neuen Strafgesetzbuch, das deutlich konservativer ausfiel, als die aufgeklärten Liberalen für richtig hielten, und schließlich beim Volksschulgesetz von 1836, das nur die Stellung der Lehrer etwas verbesserte, aber den Kirchen nichts nahm.

Dem zermürbenden Zweifrontenkrieg gegen Regierung und Erste Kammer war die Opposition auf die Dauer nicht gewachsen. Auch die öffentliche Meinung ließ sie mehr und mehr im Stich. So kehrten nach den Wahlen von 1838, die wiederum von der Regierung »gemacht« wurden, ihre Führer, Schott, Römer, Pfizer und Uhland, und viele ihrer Gefolgsleute – nicht alle freiwillig – nicht in den Landtag zurück. Die wegen ihrer Mehrheit aus Staats- und Gemeindebeamten spöttisch »Amtsversammlung« genannte Kammer vermisste sie nicht. Die Ergebnisse ihrer praktischen Arbeit konnten sich sehenlassen: die Steuern

weiter gesenkt, der Volkswohlstand weiter im Wachsen, kein
Wölkchen am Horizont. Die Kriegsgefahr von 1840, die im übrigen Deutschland zu einer nationalistischen Aufwallung und zur
Beschwörung der »Wacht am Rhein« führte, schien Württemberg
wenig zu berühren.

Das Bildungswesen

Die württembergischen Volksschulen waren allenfalls verglichen
mit denen anderer Länder gut. Im Land selbst waren viele unzufrieden mit dem, was die große Mehrheit der Kinder lernte, und
manche wohl auch mit den Bedingungen, unter denen »Schule«
stattfand. Der Schulpflicht bis zum 14. Jahr - mit der Konfirmation »kamen« evangelische Kinder »aus der Schule« - suchten
nicht wenige Eltern ihre Kinder zu entziehen. Verständlicherweise - sie waren auf deren Arbeitskraft angewiesen! In einem
bäuerlichen (und schon gar einem kleinbäuerlichen) Betrieb
mussten alle zusammenhelfen. Ein Kind, das nicht mehr gehütet
werden musste, konnte selber etwas hüten - oder sonst etwas für
den Lebensunterhalt tun. Das Bußgeld, das die Kirchenkonvente
für Schulversäumnisse verhängten, wog weniger schwer als die
Arbeit des Kindes. Bis nach dem Zweiten Weltkrieg war selbstverständlich, dass für den Besuch der höheren Schulen Schulgeld
bezahlt werden musste, noch lange nicht selbstverständlich war
unentgeltlicher Unterricht in der Volksschule.

Die Volks- und die mittleren Schulen waren Sache der Gemeinden. Sie sorgten für das »Schulhaus« (in dem oft der Lehrer und
seine Familie wohnte), sie stellten die Lehrer ein und bezahlten
sie. Da deren Gehalt bis 1836 noch nicht normiert war, wurden
die Stellen manchmal »im Abstreich«, d. h. an den vergeben, der
am wenigsten verlangte. Die Zahl der Lehrer, die ihren Beruf
statt »handwerksmäßig« bei einem »Schulmeister« (nicht selten

dem eigenen Vater) in einem »Lehrerseminar« gelernt hatten, nahm seit den Zeiten König Friedrichs langsam zu. Aber ihr Ansehen war oft so gering wie ihr Einkommen – die Rede von den »hungrigen Schulmeistern« bezeugte das noch lange. Eine eigene kleine Landwirtschaft, Mesner- oder Organistendienste mussten es oft aufbessern. Die dadurch verstärkte Abhängigkeit vom Pfarrer, der als »Studierter« die örtliche Schulaufsicht ausübte, erbitterte viele. Überhaupt wurde die Schule der Vielen, die Volks- oder »Deutsche Schule« noch weithin als Dienerin der Kirche betrachtet. Lesen, Schreiben, »Memorieren« und Rechnen waren ihre wichtigsten Gegenstände. »Memoriert«, auswendig gelernt wurden Bibel- und Gesangbuchverse und der Katechismus; als Lese- und Realienbuch diente die Bibel. Ganz abwegig war die Kritik nicht, die Kinder kannten sich in der Geographie des »Heiligen Landes« besser aus als in der Württembergs, von Deutschland und der übrigen Welt zu schweigen. Aber es gab auch nicht wenige Pfarrer, die das ändern wollten und etwa für die Einführung eines Lesebuchs eintraten.

Neben der »Deutschen« gab es in den meisten alt- und in immer mehr neuwürttembergischen Städten die »Lateinschule«. Sie machte ihrem Namen alle Ehre und war bei den Vertretern der »humanistischen« Bildung auch außerhalb des Landes hoch angesehen. Anders als die Volksschule, wo Buben und Mädchen in manchmal unvorstellbar großen Klassen gemeinsam unterrichtet wurden, war die Lateinschule eine von viel weniger Kindern besuchte Bubenschule. Einer ihrer größten Vorzüge dürfte gewesen sein, dass sie weiterführend war. Die meisten verließen sie zwar mit Ende der Schulpflicht, aber mit einem ordentlichen »Schulsack«; wer Latein konnte, drückte sich auch auf Deutsch gewandt aus. Es waren nicht viele, die versuchten, danach auf eines der wenigen Gymnasien oder nach Bestehen einer schwierigen Konkurrenzprüfung (des aus der Herzogszeit überkommenen »Landexamens«) mit einer »Freistelle« in eines der vier evangelischen

»Seminare« oder der beiden katholischen »Konvikte« zu kommen, die Eingangstore in das evangelische oder katholische Tübinger »Stift« und das Studium der Theologie waren. Die Lateinschule hatte ihnen dafür genügend Latein- und selbst Griechischkenntnisse mitgegeben. Deshalb wurden Lateinschulen auch von Kindern vom Lande besucht. Wenn ein »Präzeptor« (das waren Studierte, Theologen vor allem) im Ruf stand, seine Schüler gut auf das Landexamen vorzubereiten, schickten ihm die Eltern (oft Pfarrer) ihre Söhne. Die hatten dann meistens auch »Kost und Logis« bei ihnen, was ihrem Einkommen nur guttun konnte.

Viele Lateinschulen hinderte ihre Eigenschaft als potenziell »weiterführende Schule« daran, sich zu »Realschulen« zu entwickeln. Schlayer, der auch das Kultministerium leitete, bemühte sich sehr darum, konnte das aber nicht einfach anordnen und hatte deshalb nur wenig Erfolg. Die in den Städten, die ja die Schulträger waren, maßgeblichen Leute wollten ihren Söhnen den Weg nach oben nicht verbauen, zur Universität und damit zur Schicht der »Herren«, der sie manchmal auch selber schon angehörten. Immerhin scheinen nicht wenige Präzeptoren, wenn gewünscht, ihren Schülern auch »Realien«, Französisch etwa oder technisches Zeichnen, höheres Rechnen und dergleichen beigebracht zu haben. Gegen Ende des 19. und im frühen 20. Jahrhundert firmierten dann viele dieser Schulen als »Latein- und Realschule« oder waren zu reinen Realschulen geworden. Denn der Bedarf dafür wurde immer größer, je weniger das Land »Agrarland« blieb.

Realschulen wurden zunächst nur zögerlich, in Stuttgart und einigen andern Städten, errichtet. König Wilhelm hatte bald nach seinem Thronantritt für drei berufvorbereitende Fachschulen in Stuttgart gesorgt: für eine Landwirtschaftliche Schule in Hohenheim bei Stuttgart 1818 – heute Universität, für eine »Kriegsschule« in Ludwigsburg 1821 und im gleichen Jahr für eine Tierarzneischule in Stuttgart. Der Plan eines »Polytechnikums«, wie

1825/1832 eines in Karlsruhe gegründet wurde, blieb zunächst unausgeführt. Doch wurde 1829 von der Realschule in Stuttgart eine seit 1840 »Polytechnische Schule« genannte Fachschule abgetrennt, über die »Technische Hochschule« von 1876/90 Vorläuferin der heutigen Universität Stuttgart. Daneben wurde auch an der Universität Tübingen »Technologie« unterrichtet.

Diese verabschiedete sich nur nach und nach von ihrer alten Tradition einer »Familienuniversität«, in der die Söhne oder Schwiegersöhne die Professuren einnahmen, wenn sie frei wurden. Robert Mohl etwa dürfte neben seinen unbestreitbaren Fähigkeiten auch seiner Vewandtschaft mit der Dynastie der Autenrieth verdankt haben, dass er 1824 mit 25 Jahren außerordentlicher und drei Jahre später ordentlicher Professor der heimatlichen Universität wurde. Um die Mitte des Jahrhunderts gehörte Tübingen mit rund 750 Studenten nach Wien, München, Berlin, Prag, Bonn, Leipzig und Breslau zu den größeren deutschen Universitäten – der Mittelwert von nicht einmal 600 wurde von Bern, Kiel oder Rostock mit 100-200 oder gar von Basel mit nur 85 weit unterschritten. Tübinger Besonderheit war, dass es zwei Theologische und eine Staatswissenschaftliche Fakultät hatte. Für viele Institute seiner Universität hatte schon Friedrich gesorgt, der ihr ihren Besitz und ihre Privilegien genommen und sie zur Staatsanstalt gemacht hatte. Er räumte ihnen das Schloss ein; Wilhelm hat dann an der nach ihm benannten Straße ein ganzes Universitätsviertel bauen lassen.

Für die Söhne der »Herren« war in Württemberg alles in allem am besten gesorgt. Zwar gab es nur wenige Schulen, deren Abgangszeugnis den Besuch der Universität erlaubte. Aber in die konnte man kommen, als Bewohner der Hauptstadt, Ulms oder Heilbronns, Rottweils oder Ehingens (wo die »Konvikte« mit ihnen verbunden waren) ohnehin. Oder man musste auf sich nehmen (was in der Zeit der Pubertät nicht nur Nachteile hatte), mit vierzehn Jahren das Elternhaus zu verlassen und in einer fremden Stadt eine dieser Schulen zu besuchen oder in den Seminaren oder Konvikten das Internatsleben unter Gleichaltrigen zu genießen oder zu überstehen. Weil man danach meistens auch auf der Universität wieder beisammen war, bildete sich so eine recht homogene Oberschicht des Landes. Die Angehörigen des Adels gliederten sich ihr meistens ein, verbürgerlichten. Obwohl umgekehrt Beamten von einer bestimmten Rangstufe an der persönliche und manchmal auch der erbliche Adel verliehen wurde, blieb·auch das Königreich Württemberg ein im Kern »bürgerliches« Land.

Die Mädchen hatten weit geringere Möglichkeiten. Die Töchter der einfachen Leute, aber auch der städtischen Handwerker blieben bis zur Heirat daheim, wenn sie nicht »in Dienst« gingen, also als Dienstmädchen das lernten, was sie dann als Hausfrauen brauchten. Erst nach 1848 wird der Staat auch für ihre »berufliche Bildung« sorgen – davon wird noch die Rede sein. Neben einigen privaten Schulen für »höhere Töchter«, die sich übrigens nicht ganz selten auch im Elternhaus eine solide höhere Bildung erwerben konnten, gab es in Stuttgart das von Katharina gegründete und bis heute ihren Namen tragende »Königin Katharina Stift«. Eduard Mörike hat an ihm eine zeitlang »deutsche Literatur« unterrichtet.

Wilhelms Regierungsjubiläum 1841

1841, nach dem Ende der unruhigen 1830er Jahre, war Wilhelm ein Vierteljahrhundert König. Ihn und sich konnte und wollte sein Land feiern. Wie schon früher wirkten »Staat« und »Gesellschaft« (»Gesellschaft« als alles verstanden, was überindividuell, aber nicht »Staat« war) dazu eng zusammen. Schon Königin Katharina hatte die private Wohltätigkeit des Landes in Vereinen organisiert, in denen Beamte führende Positionen innehatten. In ihrer Spitzenorganisation ähnlich mit der staatlichen Bürokratie verbunden worden waren die Vereine der Landwirte und der Gewerbetreibenden. Aber Gedenktage und Feste hätte und hatte »die Gesellschaft« sehr wohl auch ohne und selbst gegen den Staat feiern können: so 1817 die Studenten auf der Wartburg bei Eisenach Luthers Reformation, so 1832 sächsische Kirchenleute, die zum Gedenken an den »Heldentod« des schwedischen Königs und »Retters der Reformation« Gustav Adolf vor 200 Jahren eine »Gustav Adolf Stiftung« ins Leben riefen, so im gleichen Jahr 1832 südwestdeutsche, vor allem pfälzische Liberale ohne historischen Anlass ein aufsehenerregendes Fest auf der Ruine Hambach bei Neustadt an der Weinstraße, so 1839 die Stuttgarter ihr »Schillerfest« mit der Enthüllung seines von Thorvaldsen

Auch scheinbar unpolitische Feste wurden vor 1848 leicht zu politischen. So auch die Enthüllung des Schiller-Denkmals von Bertel Thorvaldsen, eines Hauptwerks des Klassizismus, 1839 in Stuttgart.

entworfenen und durch Beiträge von »Liederkränzen« aus ganz Deutschland finanzierten Denkmals vor dem Alten Schloss.

1840 war die Stuttgarter Vierhundertjahrfeier von Gutenbergs Erfindung allerdings eine halb staatliche Veranstaltung gewesen, nicht bloß eine Leistungsschau des hier, in einem Zentrum des deutschen Buchhandels stark vertretenen Graphischen Gewerbes. Wegen dessen Wichtigkeit für die württembergische Wirtschaft hatten der König und seine Familie auf einem Balkon des Neuen Schlosses den Festzug sozusagen abgenommen; sie waren mit drei »Lebehochs« geehrt worden. Im Zug mitgeführt worden war aber auch die Verfassungsurkunde des Landes; am Abend hatte der Stuttgarter Stadtschultheiß die in ihr verbriefte, aber immer noch unterdrückte Pressefreiheit in einem Trinkspruch noch besonders gefeiert. Jetzt, 1841, suchte man den Eindruck einer staatlichen oder höfischen Veranstaltung möglichst zu vermeiden. Aber man nahm doch die »Amtshilfe« der Oberämter und der staatsnahen Landwirtschaftlichen Vereine reichlich in Anspruch. Der Vorsitzende des zentralen Festkomitees war gar ein Mitglied des »Geheimen Rats«, zugleich Direktor der Hofdomänenkammer (also der Verwaltung des königlichen Privatvermögens) und seit 1839 Präsident der (staatlichen) »Zentralstelle der landwirtschaftlichen Vereine«. Wir können also sicher sein, dass hier kaum etwas ohne das Wissen und gegen den Willen des Königs geschehen sollte. Ganz und gar von »oben« organisiert war das Herzstück des Festes, der Festzug durch Stuttgart trotzdem nicht. Sein Programm war, offenbar auf Initiative einzelner Teilnehmergruppen, nicht unerheblich verändert und verfeinert worden.

Ihm scheint ein Plan zugrunde gelegen zu haben, dem gemäß den Fahnen des Landes, der vier Kreise, der sieben »Guten Städte« und 15 anderer, dann den Veteranen aus den napoleonischen Kriegen (unter den Fahnen und Standarten der von Wilhelm als Kronprinz befehligten Einheiten), den Töchtern des Landes und dann den Abgeordneten der Oberämter »die geistlichen und weltlichen Behörden der Residenzstadt in Amtskleidung« und gleich hinter ihnen Stadtrat und Bürgerausschuss Stuttgarts mit einer »Darstellung des Gemeinde-Verwaltungs-Ediktes« folgten. In der anschließenden größten Abteilung stellten 2431 Menschen mit 472 Pferden und 13 Wagen die Land- und die Forstwirtschaft des Königreichs vor, »wie sich in einem von der Vorsehung so gesegneten Lande von selbst ergab, eine der reichsten, mannig-faltigsten, anziehendsten Darstellungen [...] des Bodens, den wir

Mit einem Festzug von 10.390 Menschen feierten fast 200.000 Württemberger – jeder Neunte – 1841 das 25jäh-rige Thronjubiläum ihres zweiten Königs und ihr Land.

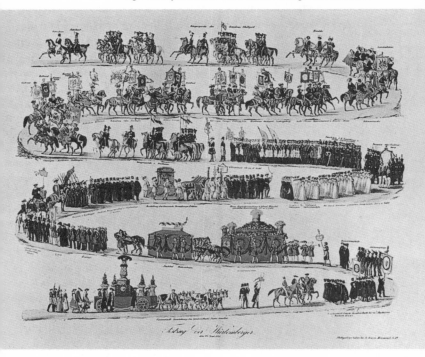

bewohnen, der Söhne und Töchter Schwabens«. Es folgten die Gewerbe und Handel, »Künste und Wissenschaften« (mit 344 Angehörigen der Landesuniversität), »Wohltätigkeit und Geistlichkeit« und (zusammen in einer und derselben Abteilung) die »K[öniglichen] Hofbeamten, Staatsdiener aller Branchen« und Mitglieder und Beamte des Landtags, vor allem aber »die Verfassungs-Urkunde in Urschrift auf einem rotsamtenen, mit Gold verzierten Kissen«. Als nächste Gruppe die Liederkränze, mehr als 2000 Personen, dann – als letzte – Schützengesellschaften der Hauptstadt und mehrerer anderer, auch kleinerer Städte.

Das Land präsentierte sich in den (wie danach zu lesen war) 10.390 Teilnehmern (darunter 640 Reitern) und den 23 Festwagen als innige Einheit. Alle Teile des Volkes, auch die Frauen, hatten ihren Platz und ihre Funktion. Die wichtigsten Elemente der realen wie der geschriebenen Verfassung Württembergs von der Landwirtschaft und den Gewerben über die Organe der Wohltätigkeit und die Träger der Bildung bis hin zur bewaffneten Macht wurden hier allen Beteiligten – und beteiligt waren auch die angeblich beinahe 200.000 Zuschauer – vor Augen gestellt. 200.000 – das wäre jeder Neunte der damals noch nicht 1,8 Millionen Württemberger gewesen, fünfmal mehr, als Stuttgart Einwohner hatte. Das war ein bemerkenswerter Wandel.

Friedrich hatte in seinen Festen sich und seine Monarchie gefeiert. Wilhelm ließ sein Land sich selbst und nur gleichsam nebenbei seinen König feiern. Sah er, dass aus bloßen Schachfiguren im Spiel der Politik nach und nach Mitspieler geworden waren? Selbst in Metternichs Wien oder in Berlin hatte man zu spüren begonnen, dass es nicht genügte, die »Öffentlichkeit« möglichst zu unterdrücken – im Gegenteil begannen die Regierungen mit dem, was wir heute »Öffentlichkeitsarbeit« nennen.

Früher als andere Monarchen hatte Wilhelm eingesehen, dass ein König in Gefahr war, zu einer schwachen Figur – sozusagen zu einem »König ohne Land« – zu werden, wenn sein Volk sich nicht mit seinem Königreich identifizierte, nicht stolz auf sein Land war.

Nicht alle feierten mit und nicht alles war über Kritik erhaben. Aber Fundamentalkritik übten doch nur wenige. Das wird wenige Jahre später in der größten Krise des Königreichs schon etwas anders sein. Auch da wird sich die Mehrheit der Württemberger nicht grundsätzlich von ihrem Land und seiner Verfassung abwenden. Aber ihre Zweifel werden stärker geworden sein, ob der König und seine Bürokratie ihre Arbeit wirklich richtig – und aufrichtig – tun.

Religiosität und Kirchen

War es das Pfeifen im Walde, wenn der Berichterstatter von den Geistlichen »aller Konfessionen« schrieb, sie seien im Festzug von 1841 »nicht geschieden, nicht nach Rangordnung, sondern alle in brüderlicher Eintracht untereinander« gegangen? Dem Ideal noch der 1830er Jahre hätte das gewiss entsprochen. Unter den Evangelischen wie unter den Katholiken gab es immer noch viele, die Unterschiede der Konfession für bloß »historisch«, also für rational nicht begründbar hielten. Konfessionsverschiedenheit der Ehepartner scheint damals in der Führungsschicht zwar nicht gerade häufig, aber doch viel weniger selten gewesen zu sein als wenige Jahre später. Jedenfalls wurde schon in den Wahlkämpfen von 1848 in überwiegend katholischen Wahlbezirken vor Kandidaten gewarnt, die mit einer »Protestantin« verheiratet, also keine »guten Katholiken« seien. Es gab eine Agitation gegen das Zölibat der katholischen Pfarrer. Aber es gab um 1840 auch eine immer kräftiger werdende Gegenbewegung. Die »Kölner Wirren« von 1837, der Streit zwischen dem preußischen Staat und dem Erzbischof von Köln gerade auch über die preußische »Mischehenpraxis« sind das bekannteste Beispiel dafür.

In Württemberg hat offenbar die Entscheidung, statt die katholischen Pfarrer an der eigens dafür 1812 gegründeten (katholischen) »Friedrichs-Universität« in Ellwangen ausbilden zu lassen, diese ganze Universität 1817 als »Katholisch-theologische Fakultät« der Landesuniversität Tübingen anzugliedern, entgegen der damit verbundenen Absicht zu einer beträchtlichen Stärkung des Bewusstseins spezifischer Katholizität geführt. Etwa gleichzeitig mit der evangelischen »Tübinger Schule« in der Theologie entstand hier unter Führung von Johann Adam Möhler auch eine katholische. Sie erneuerte in lebendiger wissenschaftlicher Auseinandersetzung mit dem Protestantismus und dem eher protestantisch-geprägten Zeitgeist die katholische Dogmatik sehr wirkungsvoll. Auch der von Frankreich her ausstrahlende »Ultramontanismus« (so nannten die Gegner die Neuorientierung des Katholizismus hin zum Papsttum in Rom – »ultra montes«) fand in Württemberg immer mehr Anhänger. Schon Anfang der 1830er Jahre hatte ein einsamer Abgeordneter im Stuttgarter Landtag gegen die staatliche Kirchenpolitik protestiert, war aber nicht unterstützt worden, auch vom Bischof nicht. Am Ende des Jahrzehnts hatten sich einzelne Pfarrer gegen die Mischehenpraxis aufgelehnt. Jetzt, im November 1841 zeigte ein Antrag, den Bischof Johann Baptist Keller im Landtag einbrachte (die »Motion Keller«), dass die ultramontane Strömung schon recht stark geworden war. Der Bischof machte deutlich, dass keineswegs alle württembergischen Katholiken – vielleicht nur noch die Minderheit – mit dem in den 1820erjahren etablierten Staatskirchentum einverstanden waren.

König Wilhelm war in den Jahren 1821 bis 1827, was schon sein Vater angestrebt hatte, die Gründung eines eigenen »Bistums Rottenburg« für alle württembergischen Katholiken gelungen. Der neue Bischof als katholischer »Landesbischof« (der evangelische Landesbischof war der König selbst) und seine Diözese waren damals fast völlig in den Staat und seine Verwaltung integriert worden. Das hatte bei der engen Verbindung von »Staat und Kirche« nahe gelegen. Die Volksschule – die Schule der großen Mehrheit – war seit je unter der Aufsicht derjenigen Kirche, der Eltern und Kinder der Schulgemeinde angehörten, die Ehen wurden vor dem jeweiligen Pfarrer geschlossen und die Standesregister von den Kirchengemeinden geführt. Überhaupt wurde von den Geistlichen beider Kirchen erwartet, dass sie »gute Denkungsart« verbreiteten und »Religion und Moral als die Grundpfeiler des Staats und des Menschenglücks« beförderten. Daher lag auch die Aufsicht über den Lebenswandel der Menschen zu einem guten Teil bei den Kirchen. Kurzum, »Religion« war alles andere als »Privatsache«.

Aber nun orientierte sich die katholische Kirche auch in Württemberg wieder entschiedener am Papsttum in Rom. Das setzte eine größere Unabhängigkeit vom Staat voraus, und eben darauf zielte Kellers »Motion«. Allerdings waren die im Interesse ihrer Wirkungsmöglichkeiten in den einzelnen Staaten auf eine geringere Abhängigkeit von Rom bedachten Anhänger eines »National«- oder »Staatskirchentums« noch nicht ausgestorben. Auch war – das ist für diese Jahrzehnte in Erinnerung zu behalten – bis zu den Entscheidungen des Ersten Vatikanischen Konzils 1870 noch keineswegs entschieden, wie weit die Unterordnung der Bischöfe unter die päpstliche Autorität gehen sollte. Das erklärt, warum damals der Kampf um »die Freiheit der Kirche« auch in Württemberg nicht nur zwischen der katholischen Kirche und dem prinzipiell »neutralen« Staat ausgefochten wurde, sondern auch unter den Katholiken selbst. In Württemberg ging der Riss

1841 mitten durch »Rottenburg« hindurch. Der Mann des »Staatskirchentums« dort war Domdekan Ignaz Jaumann, Stellvertreter
des Bischofs und wie dieser kraft Amtes Mitglied der Abgeordnetenkammer. Seinem vermittelnden Antrag stimmten im März
1842 80 Abgeordnete zu, darunter nicht wenige Katholiken. Nur
sechs unterstützten Kellers »Motion«.

Eher noch uneiniger waren die Evangelischen. Ein Produkt
ihrer »Tübinger Schule«, das Buch eines 27jährigen Dozenten
am Tübinger Stift, David Friedrich Strauß' »Das Leben Jesu, kritisch bearbeitet«, das noch nach mehr als hundert Jahren als
»das erregendste theologische Buch des (19.) Jahrhunderts« bezeichnet worden ist, spaltete von Anfang an die Evangelischen in
Württemberg und weit darüber hinaus. Strauß kritisierte die Be-
richte des Neuen Testaments grundsätzlich, indem er ihre Jesus-
Darstellung als Mythos bezeichnete, der die in Jesus zum Durch-
bruch gekommene Idee der Gottmenschlichkeit historisierend
veräußerliche. Der bekannteste Schüler von Ferdinand Christian
Baur, dem Schulhaupt der »Tübinger«, wurde mit diesem Buch
zu einem wichtigen Anreger der theologischen Wissenschaft; in
seiner Kirche konnte er nicht bleiben. Wenige ihrer Pfarrer dürften auch nur im Stillen so weit gegangen sein wie er, aber viele
beschäftigten die gleichen Fragen wie ihn.

Seine radikalen Gegner waren die »Pietisten« – und die waren
seit langem in Württemberg zahlreich und stark. Ihre bekannteste Persönlichkeit war der schon 1828 mit dreißig Jahren gestor-
bene Ludwig Hofacker, der bedeutendste und gerade auch seine
Amtsbrüder ansprechende Erweckungsprediger des Landes. Der
Pietismus des Landes hat auch und nicht zuletzt über die einzelne
Pfarrgemeinde hinaus gewirkt. Die 1815 gegründete »Evangelische Missionsgesellschaft in Basel«, die »Basler Mission« wurde
in erster Linie von Württembergern getragen; einer ihrer ersten
Direktoren war Christian Gottlieb Blumhardt, ein Großonkel von
Johann Christoph Blumhardt (»dem Älteren«), auch viele ihrer in

Afrika, Indien und China wirkenden Missionare kamen von hier. Unter dem Eindruck der Londoner Bibelgesellschaft von 1804 regte der in London wirkende württembergische Pfarrer Adolf Steinkopf 1812 die Gründung der »Privilegierten Württembergischen Bibelanstalt« in Stuttgart an, die bis heute (als »Deutsche Bibelgesellschaft«) mit der Verbreitung der Bibel in vielen Ausgaben und Sprachen tätig ist. In deutlicher Distanz zur allzu »weltlichen« Landeskirche, aber mit Billigung des Königs gründete 1819 Gottlieb Wilhelm Hoffmann nach dem Vorbild von Zinzendorfs »Brüdergemeine« Herrnhut in der sächsischen Oberlausitz die Gemeinde Korntal (bei Stuttgart) und 1824 ihre »Tochter« Wilhelmsdorf im Oberschwäbischen. Der Landeskirche hat sie sich, zuerst unter ihrem Prediger Sixt Karl Kapff (von dem noch die Rede sein wird), bald wieder und immer mehr genähert. Auch in dem Bereich, der später »Diakonie« heißen wird, waren Pietisten sehr aktiv. Um die Mitte des Jahrhunderts bestanden in Württemberg 21 meistens von Pietisten getragene »Rettungsanstalten«, in denen gegen 1200 »verwahrloste« Kinder »resozialisiert« und für das Leben gebildet wurden; Stetten im Remstal (seit 1831) ist wohl die bekannteste, heute eine große Anstalt der Diakonie für Behinderte aller Altersstufen.

Eine so starke Bewegung konnte auch ein »Voltairianer« wie König Wilhelm nicht ignorieren; er tat im Gegenteil gut daran, auf sie größere Rücksicht zu nehmen. Das bekam Strauß' Freund Friedrich Theodor Vischer zu spüren, als er 1844 in seiner Antrittsvorlesung als Professor für Ästhetik und deutsche Literatur an der Universität Tübingen den Pietisten als Feinden des freien Denkens seine offene Feindschaft erklärte. Schlayer als zuständiger Minister nahm ihn für zwei Jahre aus dem Spiel; er konnte erst 1847 seine Vorlesungen wieder aufnehmen. Wie lange mit solchen Mitteln der Streit zwischen »Aufklärern« und »Finsterlingen« unter der Decke gehalten werden konnte, war abzuwarten. »Die Linke« wurde immer stärker. Vor allem von Frankreich her kamen »frühsozialistische« Ideen ins Land und fielen hier auf einen nicht völlig unfruchtbaren Boden. Von der katholischen Kirche spalteten sich im Protest gegen die alle Aufgeklärten empörende Wallfahrt vieler Katholiken zu einem angeblichen Gewand Jesu, dem »Heiligen Rock« in Trier die »Deutschkatholiken« ab. Sie träumten von der Vereinigung der evangelischen Kirchen mit einer »nationalen« katholischen und fanden Anhänger auch unter württembergischen Katholiken und Sympathisanten unter liberalen Protestanten.

Nicht zuletzt wurde eine Bewegung immer stärker, die man nicht zu Unrecht als die stärkste Religion des 19. (und noch des 20.) Jahrhunderts bezeichnet hat – die des Nationalismus. Die Studentengenerationen, die seit den Freiheitskriegen von 1813/15 im Bekenntnis zur nationalen Einheit und Größe Deutschlands über alle Landesgrenzen hinweg aufgewachsen waren, rückten in immer mehr führende Positionen ein. 1848/49 werden sie ein erstes Mal mit Macht versuchen, ans Ziel zu kommen. Die Württemberger unter ihnen wollten nicht ihre Nachhut sein.

Die Eisenbahn

Die 1843 getroffene Entscheidung, auch in Württemberg Eisenbahnen – als Staatsbahnen – zu bauen, war eine der folgenreichsten in der ganzen Geschichte des Landes. Niemand konnte wirklich abschätzen, wohin die Reise gehen würde. Auch der Finanzminister nicht, der schließlich zurücktrat, weil er die jetzt beginnende Schuldenwirtschaft nicht verantworten wollte. Seine pessimistische Prognose erwies sich am Ende als eher optimistisch. Denn die Staatsschuld stieg im Lauf von beinahe 70 Jahren von umgerechnet 36 Millionen Mark 1845 auf 653 Millionen 1913, also das 18fache, 633 davon gingen auf das Konto der »Königlich Württembergischen Staatseisenbahn (KWStE)«. Ihr Anlagekapital von zuletzt (1914) 868 Millionen Mark hat sich nur wenige Jahre lang (1854–1867) befriedigend verzinst, in fast allen andern Jahren deckten die Überschüsse nicht einmal die Zinskosten. Wegen der für den Bahnbau ungünstigen Topographie des Landes baute man hier besonders teuer. Die Dampflokomotiven schafften noch lange keine größeren Steigungen, deshalb mussten Berge abgetragen und Dämme aufgeschüttet werden. Stuttgart, das selbstverständliche Zentrum auch des Eisenbahnnetzes, war aus allen Richtungen nur durch Tunnels zu erreichen, ein Flusstal wie das der Enz bei Bietigheim nur durch ein heute noch beeindruckendes Viadukt zu überwinden.

Zu den aufwendigen und bis heute bewunderten Bauten der »Königlich württembergischen Staats-Eisenbahn« gehört Karl Etzels 1853 errichtetes Viadukt über das Enztal bei Bietigheim.

Aus der Sicht fast aller Finanzminister war die Staatsbahn also ein schlechtes Geschäft, auch wenn die KWStE Jahr für Jahr viele Millionen zu den Staatseinnahmen beitrug, 1892 waren es fast 13, 1913 fast 25, mehr als ein Fünftel. Die »Verzinsung« von Investitionen in die Infrastruktur eines Landes kann freilich nicht in Mark oder gar auf den Pfennig genau berechnet werden. Schon durch die leichtere Kommunikation trug der 1845 begonnene Bahnbau erheblich zum rascheren Zusammenwachsen des Landes bei, auch deshalb, weil die zunächst eisenbahnfernen Gebiete durch neue Staatsstraßen sozusagen entschädigt wurden. Schon die erste Hauptlinie verband bei ihrer vollständigen Inbetriebnahme 1850 wichtige Zentren und ihr weiteres Umland mit der Hauptstadt: die »Nordbahn« Heilbronn und Ludwigsburg, die »Ostbahn« Ulm, Geislingen, Göppingen und Esslingen, die »Südbahn« Friedrichshafen, Ravensburg und Biberach. Bis zum Ende der 1860er Jahre kamen Tuttlingen, Rottweil, Horb, Rottenburg, Tübingen und Reutlingen, Heidenheim, Aalen und die Städte des Remstals dazu, Mergentheim, Crailsheim und Schwäbisch Hall wurden über Heilbronn angeschlossen, im Süden ging es von Ulm über Blaubeuren weiter nach Ehingen, Riedlingen und Saulgau. Der Anschluss an das »Ausland«, mit dem man noch lange um den Fern- und Durchgangsverkehr konkurrierte, wurde schon vor der Mitte der 1850er Jahre erreicht: über Mühlacker nach Bruchsal zur badischen Hauptbahn, die Württemberg mit Basel, Straßburg (und von dort mit Paris), dem Rhein-Maingebiet und dann (über die Wasserstraße des Rheins) mit Westdeutschland und dann Berlin verband, über Ulm nach Augsburg und München. Noch eine ganze Zeit lang war die Verbindung der Land- und der Wasserwege wichtig: Von Friedrichshafen ging es über den Bodensee in die Nordostschweiz, in Ulm wurde der Endpunkt der damaligen Donauschiffe (bis Wien und weiter) erreicht, von Heilbronn fuhr das »Neckardampfschiff« nach Heidelberg.

Das alles erleichterte das Reisen sehr, so umständlich es immer noch war. Schon 1848 konnte man von Stuttgart in einem einzigen Tag nach Frankfurt kommen, etwa, um sich selbst ein Bild von der Nationalversammlung in der Paulskirche zu machen. Man nahm frühmorgens den kombinierten Personen- und Güterzug nach Heilbronn, bestieg dort das »Neckardampfschiff« und kam von Heidelberg mit der Eisenbahn vollends ans Ziel – deutlich früher als noch kurz vorher. Manchen »Frommen« im Land war das eine große »Anfechtung« – das bekannte Bild »vom breiten und vom schmalen Weg« zeigt es.

Die Post war niemals wirklich langsam gewesen, aber nun beschleunigte sich die Nachrichtenübermittlung noch mehr, weil den Gleisen entlang Telegraphenlinien liefen, die bald auch dem allgemeinen Publikum dienten. Die Eisenbahn erleichterte auch das Zusammenkommen größerer Menschenmassen zu politischen oder kulturellen Veranstaltungen, die oft »nebenbei« ebenfalls »politische« waren (wie die Turner-, Schützen- und Sängerfeste). Sie fanden jetzt öfter außerhalb Stuttgarts statt, in Plochingen etwa oder in Göppingen.

Bald veränderte der Eisenbahnbau auch das politische Spiel. Das Zusammenströmen Tausender von fremden Arbeitern, die er ins Land zog (man arbeitete so gut wie ohne Maschinen), ließ jetzt auch in Württemberg viele »die Italiener« und das Gespenst »Proletariat« fürchten und deshalb die Polizei mit anderen Augen ansehen. Viel gravierender werden bald nach 1848 die Folgen für das Verhältnis von Parlament und Regierung sein. Städte und Bezirke hatten ein vitales Interesse, möglichst bald ebenfalls an das werdende Eisenbahnnetz angeschlossen zu werden. Der Zugang zum Markt, und sei es auch nur zu dem der jetzt rasch wachsenden Hauptstadt, hing davon ab, und damit der materielle Wohlstand sehr Vieler. Die Entscheidung, wo zuerst gebaut werden sollte, lag in erster Linie bei der Regierung, erst in zweiter beim Landtag, der wegen der meist rivalisierenden

Wünsche nicht leicht zu einer die Regierung beeindruckenden Willensbildung kam. Das ließ manche Abgeordnete oder doch ihre Wähler darüber nachdenken, ob es klug sei, die Regierung durch Opposition zu ärgern. Kurzum: Nicht mehr möglichst wenig Geld sollte »der Staat« ausgeben, sondern möglichst viel – an der richtigen Stelle!

»Vormärz«

Von »Vormärz« konnte man erst nach der Revolution des März 1848 sprechen. Konnte man sie vorher überhaupt schon kommen spüren? Selbst ein so guter Kenner der Pariser »Szene« wie Lorenz Stein hielt im Vorwort der 1848 erschienenen 2. Auflage seines Buches »Der Socialismus und Communismus des heutigen Frankreich« das Julikönigtum des Louis Philippe für ungefährdet. In Deutschland war der »Communismus« nach den berühmten Worten des »Kommunistischen Manifests« (1848) ohnehin eine Sache für Gespensterseher. Selbst wenn es einmal Fleisch und Bein annahm wie 1847 in den Hungerkrawallen von Ulm, Stuttgart und Tübingen, sahen manche Oppositionelle das eher als Chance, durch Zusammenarbeit mit der Regierung die Unruhen für ihre zwar weitreichenden, aber viel gemäßigteren Ziele zu instrumentalisieren.

Gewiss kündigte nicht nur die »Motion Keller« an, dass das politische Spiel wieder lebhafter werden könnte. Die Rückkehr der liberalen Opposition in den Landtag 1845 war nur eines der Symptome dafür. Der Geheime Rat hatte der Presse die Berichterstattung über und damit Einfluss auf die Wahlkämpfe erlaubt; nicht nur der Stuttgarter »Beobachter« und das »Neue Tagblatt«, das Heilbronner »Neckardampfschiff« (welch ein Name!) oder der im kleinen Oberndorf am oberen Neckar erscheinende »Schwarzwälder Bote« machten davon regen Gebrauch. Da auch die Regierung die schon übliche Wahlmache fortsetzte, kam es zu heftigen Wahlkämpfen, am Ende besetzte die Opposition mit alten und neuen Leuten etwa ein Drittel der Sitze des Landtags. Selbst der bedeutende Gelehrte und »politische Professor« Robert Mohl hatte einen höchst modernen Wahlkampf nicht gescheut und war selbst in die Wohnungen der Wähler gegangen. Seine durch eine Indiskretion bekanntgewordene Kritik an der Regierung bescherte ihm eine Versetzung von Tübingen weg auf eine hohe Richterstelle in Ulm; das vertrieb ihn – zunächst auf eine Heidelberger Professur und schließlich in den badischen diplomatischen Dienst – und ließ ihn Württemberg für immer verloren gehen.

Eine Veränderung des politischen Spiels kündigte auch die an vielen Orten heftiger werdende Agitation gegen die »Lebenslänglichkeit« der Ortsvorsteher und Gemeinderäte an. Die örtlichen Oligarchien wurden mehr und mehr angefochten, scheinbar unpolitische Organisationen wie etwa die Stuttgarter »Bürgergesellschaft« verbündeten sich mit der liberalen Opposition. Schon seit längerer Zeit hatten sich andere Vereine wie die der Turner oder der »Liederkränze« zu einer neuen Zeit bekannt. »Der Sturm«, der nach Uhlands berühmten Worten Anfang März 1848 »in die Zeit gefahren« kam, kündigte sich also schon eine ganze Weile an. Die Hungerkrawalle hatten eine politische, nicht nur wirtschaftliche und soziale Krise sichtbar werden lassen. Viele Spielteilnehmer glaubten deshalb, die wirtschaftlichen und sozialen Probleme politisch lösen zu können. Überzeugt von der fundamentalen Bedeutung einer »richtigen« (das hieß besseren) Rechts- und Verfassungsordnung des kleinen Württemberg wie des großen Deutschland setzten sie auf neue und bessere Gesetze, Verwaltungsreformen auf allen Ebenen, Verfassungsreform – und die deutsche Einheit, die auch in Württemberg zu einem Modernisierungsschub führen sollte.

Vor Beginn einer neuen Sitzungsperiode des Landtags wurden im Winter 1847/48 in jedem zweiten der 70 Wahlkreise die vordringlichsten Forderungen formuliert. Das bekannteste »Programm« war das Stuttgarter vom 17. Januar 1848. Es forderte »Einheit der Gesetzgebung für die Zollvereinsstaaten« (das waren inzwischen unter preußischer Führung so gut wie alle Staaten des Deutschen Bundes außer Österreich und den norddeutschen Küstenstaaten) »zunächst in Angelegenheiten des Handels«, Ausdehnung des Zollvereins auf ganz Deutschland (womit vermutlich vor allem Österreich gemeint war, dessen hohe Zölle den allermeisten Württembergern viel besser gefielen als die mäßigen, die Preußen durchgesetzt hatte), »Teilnahme des Volks an den Zollvereinsverhandlungen durch Abordnung einer Anzahl von den Ständen zu wählender Sachverständiger«, Reformen des Zolltarifs (also wohl seine Erhöhung), Errichtung deutscher Konsulate im Ausland. Im Lande selbst eine energische Verbesserung des Unterrichts in den Volksschulen durch den Staat, Gründung von Sparkassen und einer Landesbank zur Erleichterung des Kredits, Vereinfachung der Staatsverwaltung durch Abschaffung der Mittelbehörden und der »Vielschreiberei« – Bürokratieabbau! Alle direkten Steuern sollten durch eine Einkommensteuer – »die gerechteste Art der Besteuerung« – ersetzt werden, alle Steuerzahler, auch die vom Staat und nicht nur von der Gemeinde herangezogen wurden, sollten wählen dürfen. Nicht zuletzt sollte die Verhandlungen der Gemeinderäte öffentlich und die Lebenslänglichkeit der Gemeinderäte und Schultheißen abgeschafft werden.

Nichts von all diesen im Januar 1848 formulierten Forderungen war nur durch eine Revolution zu verwirklichen – sechs Wochen später war sie da, ausgelöst durch die Franzosen oder genauer: durch die Furcht vor einem französischen Angriff.

Revolution und Reaktion (1848–1864)

»Märzrevolution«

Die Ende Februar 1848 eintreffenden Nachrichten von einer neuen Revolution in Paris beunruhigten die Württemberger sehr. Ihr Land schien zwar so wenig wie noch vor kurzem Frankreich an der Schwelle zur Revolution zu stehen. Aber die frischen Erinnerungen an die Unruhen im Hungerjahr 1847, die historischen an den »Export« der Revolution von 1789 in Frankreichs Nachbarländer und die Sorge vor einer unberechenbaren Freiheitsbegeisterung des »einfachen Volkes« und der Studenten ließen dann doch dringende Mahnungen an die Regierenden und an die Volksvertretung geraten erscheinen. Anders als in Baden waren die württembergischen »Adressen« – an den »Ständischen Ausschuss«, an Monarch und Regierung – in Ton und Inhalt sehr gemäßigt. Was sie enthielten, war schon seit langem und oft entschiedener gefordert worden. Jetzt aber waren ihre Verfasser und Unterzeichner fast ängstlich vorsichtig. Eine Revolution im Sinne ihrer Geschichtsbücher, ein neues »1793« verabscheuten sie. Die Monarchie sollte so wenig gefährdet werden wie die bürgerliche Ordnung. Auch der Frieden schien wieder bedroht: Würde Frankreich nicht nochmals seine Revolution mit den Waffen exportieren wollen? Noch drei Wochen später wird die falsche Nachricht von einem französischen Einfall, der »Franzosenlärm«, überall im Land eine Panik auslösen.

»Der Sturm, der in die Zeit gefahren ist, hat die politischen Zustände Deutschlands in ihrer ganzen unseligen Gestalt, allen erkennbar, bloßgelegt« – mit diesen Worten begann die bekannteste, die Tübinger Adresse vom 2. März 1848. Mit 1012 Unterschriften – Tübingen hatte damals etwa 9000 Einwohner – ging sie noch am selben Tag an den »Ständischen Ausschuss« in Stuttgart ab. Ihr Verfasser war Uhland. Auch er, der in der Frankfurter Paulskirche mit der Linken stimmen wird (ohne einer ihrer Fraktionen beizutreten) suchte sehr bewusst alles zu vermeiden, was die Flammen anfachen konnte. Der Gefahr eines Krieges galt seine erste Sorge, auf den Deutschland als Ganzes militärisch und politisch so wenig gerüstet sei. Dem deutschen Volke fehle die nationale Einheit ebenso wie »die volksmäßige Grundlage, die freie Selbsttätigkeit des Volkes, die Mitwirkung seiner Einsichten und Gesinnungen bei der Bestimmung seines staatlichen Lebens«. Die Tübinger forderten deshalb eine »mitwirkende Vertretung der Nation an der Stelle, wo über die wichtigsten innern und äußern Angelegenheiten des Vaterlandes« und über die »wesentlichen Rechte« des Volkes entschieden werde, also ein deutsches Parlament. »Die allgemeine Volksbewaffnung«, Presse-, Vereins- und Versammlungsfreiheit, »Öffentlichkeit und Mündlichkeit der Rechtsprechung« waren die nächsten Forderungen – und speziell für Württemberg, was Uhland und seine Gesinnungsgenossen schon immer gefordert hatten, »eine reine, volkstümliche Wahlkammer«, also die Umbildung des Stuttgarter Landtags zum Ein-Kammer-Parlament ohne »Privilegierte«.

Uhlands »Adresse« kann als das Programm nicht der, aber doch sehr vieler Württemberger für die nächsten Monate und Jahre gelten. Eine »Revolution« wollten selbst die Bauern nicht, die jetzt in den Gebieten der Standesherren die Schlösser dieser ihrer Feudalherren stürmten, um aus deren Archiven die Schuldverpflichtungen zu ziehen. Sie überzeugten damit die »Herren« in Stuttgart, dass der Einsatz von Militär – so etwas wie Bereitschaftspolizei gibt es erst seit den 1920er Jahren – zwar die Unruhen stillen, aber die Probleme nicht lösen konnte. Regierung und Landtag beeilten sich also, die wegen des Widerstandes der Mediatisierten seit 1815 nur in der »königlichen Hälfte« des Lan-

Ludwig Uhland (1787–1862) galt zu seinen Lebzeiten als einer der größten deutschen Dichter. Seinen ersten Ruhm erwarb er sich im württembergischen Verfassungskampf 1815–1819 mit seinen »Vaterländischen Gedichten«.

des durchgeführte Bauernbefreiung nun auch in der standesherrlichen zu verwirklichen. Am 21. und 23. März verabschiedeten die Erste und dann die Zweite Kammer das »Gesetz, betr. die Beseitigung der auf dem Grund und Boden ruhenden Lasten« (vom 14. April 1848), das den Grundherren noch eine relativ hohe Entschädigung zusprach. Denn der Problematik von Enteignungen war man sich bewusst. Die Bauern gaben sich mit dem, was in Frankreich schon am 4. August 1789 gelungen war, zufrieden; man wird in den nächsten Monaten nichts mehr von ihnen hören.

Es war nicht mehr die Regierung Schlayer, die es durchsetzte, aber auch Schlayer hätte in dieser Situation kein anderes Gesetz eingebracht. Schon am 9. März hatte König Wilhelm, mehr als ungern, sein Ministerium zum alsbald »Märzministerium« genannten umgebildet, dessen starker Mann der Oppositionsführer Friedrich Römer war. Der König hatte selbst Pfizer zum Minister ernennen müssen. Sein Versuch, den Präsidenten des

»Katholischen Kirchenrats« und Führer der Konservativen in der Abgeordnetenkammer Joseph Freiherrn von Linden zum leitenden Minister zu machen, war an der Weigerung von Schlayers höchsten Beamten gescheitert, unter Linden weiter zu dienen. In den alten Händen blieben lediglich die Ressorts des Auswärtigen und des Krieges – Römer wollte sie ohnehin bald auflösen. Beides würde ja hoffentlich sehr bald Sache eines neuen »Deutschen Reiches« sein!

Die beiden ersten Proklamationen des Märzministeriums (vom 11. März) zeigten, dass es seine Doppelaufgabe resolut in Angriff nahm: der »Anarchie« zu wehren und Reformen durchzuführen. Es warnte die Urheber der »groben Exzesse gegen Personen und Eigentum« in den namentlich genannten Oberämtern Neckarsulm, Öhringen, Künzelsau und Gerabronn und gab sein Regierungsprogramm bekannt: Vereidigung des Militärs auf die Verfassung, Gesetze zur Herstellung von Versammlungsfreiheit und Volksbewaffnung (die Pressefreiheit hatte noch Schlayer Anfang März wiederhergestellt), dann Neuwahlen, um sich die bisher noch fehlende parlamentarische Legitimation zu verschaffen, und mit dem neuen Landtag dann die wichtigsten Reformen: Öffentlichkeit und Mündlichkeit in der Rechtspflege, Geschworenengericht, Revision des Strafgesetzbuchs und der Strafprozessordnung, Fortsetzung der Grundentlastung, Hebung der Gewerbe, »Schutz der Arbeit« (was vor allem Zollschutz meinte), Vereinfachung von Staatshaushalt und Staatsverwaltung, erhöhte Selbständigkeit der Gemeinden und »die weitere Entwicklung der Verfassung, wo eine solche im Bedürfnisse der Zeit begründet« erscheine. Das war ein großes Programm für eine gründliche Neufassung der Regeln, nach denen künftig das Spiel »Staat« gespielt werden sollte.

Die Märzminister hielten – wie ihnen die Erfahrungen von mehr als 30 Jahren mit dem Deutschen Bunde zeigten – für unmöglich, das alles allein für und in Württemberg zu verwirklichen. Deshalb legte die Erklärung Nachdruck auf die Zusage des Königs, »sich dem Rufe nach Vertretung der deutschen Nation am Bundestage«, dem Gesandtenkongress der deutschen Regierungen in Frankfurt am Main, anzuschließen. Den Weg zu Deutschlands Einheit, Freiheit und Größe zu gehen war ihnen noch wichtiger als die gewiss wichtige Landesgesetzgebung – auch um Württembergs willen. Sie wollten nicht länger nur defensiv die Verfassung des Landes gegen An- und Eingriffe des Bundes verteidigen. Umgekehrt sollte Deutschlands Verfassung so gestaltet werden, dass von dort starke Impulse für eine moderne Entwicklung Württembergs geradezu ausgehen mussten. Pfizer war hier schon seit 15 Jahren tätig; auch Römer hatte schon vor 1848 »gesamtdeutsche« Beziehungen gepflegt. Noch kurz vor seiner Ernennung zum Minister hatte er mit dem »Hallgarten-Kreis« des badischen Liberalen von Itzstein in Heidelberg den Anstoß zum Frankfurter »Vorparlament« Ende März/Anfang April und damit letztlich zur Nationalversammlung in der Paulskirche gegeben.

Der Weg zu einer deutschen Verfassung war allerdings viel länger, als anfangs angenommen. Denn das Vorparlament konnte sich nur darauf einigen, dass so bald als möglich in ganz Deutschland nach einem allgemeinen und gleichen Wahlrecht eine Nationalversammlung gewählt und »einzig und allein« von ihr die künftige deutsche Verfassung beschlossen werden sollte. »In ganz Deutschland« – auch in den zum Deutschen Bund gehörenden Teilen Österreichs (Prag und Triest waren damals »deutsche Städte«) und in den nicht zum Bund gehörenden östlichen Provinzen Preußens sowie in Schleswig. Denn mit Metternichs Sturz (noch vor den Märzereignissen in Berlin!) waren Wien und Österreich nach Deutschland zurückgekehrt. »Das ganze Deutschland soll es sein«, das war der Refrain der inoffiziellen Nationalhymne von Ernst Moritz Arndt und seine Antwort auf die Frage: »Was ist des Deutschen Vaterland?«. Auch das hatte

das Vorparlament beschlossen: Deutschland sollte keine uni-
tarisch-zentralistische Republik werden, seine Staaten sollten
– vielleicht nicht alle und vielleicht nicht für immer – erhalten
bleiben.

Die Wahlen zur Nationalversammlung

Das »Vorparlament« wollte das »deutsche Parlament« schon nach
vier Wochen, am 1. Mai in Frankfurt am Main – wo auch die
Vertretung der deutschen Staaten am Bund ihren Sitz hatte – zusammentreten lassen. Die Beamten des Stuttgarter Innenministeriums mussten sich also bei der Vorbereitung seiner Wahl sehr
beeilen. Denn natürlich konnte noch niemand wissen, dass die
meisten andern Regierungen diesen Termin nicht schaffen und
dass deshalb die Gewählten erst am 18. in der Paulskirche ihre
Arbeit beginnen würden. Auch war die Aufgabe nicht einfach zu
lösen. Denn das »Vorparlament« hatte lediglich vorgeschrieben,
dass jeder Staat des Deutschen Bundes durch mindestens einen
Abgeordneten vertreten sein und in den größeren auf je 50.000
Einwohner (nach dem Stand von 1823, dem aktuellsten »bundes-
amtlichen«!) ein Abgeordneter gewählt werden sollte. Außerdem
hatte es jegliche Abstufung nach dem Besitz oder Einkommen,
auch die Beachtung der Konfession oder irgendeines Standes-
unterschieds verboten. Damit hatte es zwar »demokratische Wahlen« beschlossen, also den Ausschluss ganzer Kategorien der erwachsenen Männer aufgrund von Besitz- oder anderen Kriterien
unmöglich gemacht, aber alles andere den einzelnen Staaten
überlassen: Ob direkt oder über Wahlmänner gewählt werden
sollte, ob jeder Abgeordnete einzeln oder mehrere zusammen
nach Listen. Selbstverständlich war nur das »Mehrheits«-, also
nicht das in Deutschland erst seit 1919 allgemein übliche »Verhältniswahlrecht«. Denn nicht Parteien waren zu wählen, son-

dern Persönlichkeiten, und das Wahlrecht sollte dafür sorgen, dass mindestens die Mehrheit der Abstimmenden hinter jedem Gewählten stand.

In Württemberg, wo ja schon seit 1819 die »Höchstbesteuerten« jeder Gemeinde direkt gewählt hatten, lag die Anordnung von Wahlen ohne Zwischenschaltung von »Wahlmännern« nahe. Die öffentliche Diskussion im Lande ging nur um die Frage, ob in jedem der vier »Kreise« nach Listen gewählt oder ob 28 Wahlbezirke (so viele Abgeordnete hatte Württemberg nach Frankfurt zu entsenden) ganz neu gebildet werden sollten. Eine naheliegende »Gefahr« der Listenwahl hatte man schon erkennen können, dass nämlich unter dem Mehrheitswahlrecht nur Kandidaten einer einzigen »Partei« gewählt werden würden, sobald sich irgendwie organisierte Gruppen der Kandidatenaufstellung annehmen und ihre Listen zur Wahl stellen würden. »Parteien« waren zwar bis jetzt verboten gewesen, aber da wirkliche Wahlen ohne Organisation schwer möglich sind, hatten sich nach der Freigabe des Vereins- und Versammlungsrechts sehr rasch »Politische Vereine«, also Parteien organisiert, denen man freilich vorwarf, die Wähler zu »bevormunden«. Gerade das »Vorparlament« hatte eine Listen-, also Parteiwahl mit weitreichenden Folgen durchgeführt. Um einer Zersplitterung der Stimmen bei der Wahl des 50 Köpfe umfassenden Ausschusses vorzubeugen, der bis zum Zusammentritt der Nationalversammlung die Interessen der erst zu organisierenden deutschen Nation vertreten und vor allem auch die Wahlen beaufsichtigen sollte, hatten die linke wie die rechte Seite (und diese war die stärkere) je eine Vorschlagsliste vorgelegt. Weil einige Namen auf beiden Listen standen, hatten sie die meisten Stimmen bekommen: Hinter diesen aber waren nur noch Männer der rechten Seite gewählt worden, während Friedrich Hecker, der charismatische Führer der entschiedenen Linken, nur auf Platz 51 kam. Damit hatte die Rechte Hecker und seinem Ideologen Gustav von Struve unmöglich gemacht, eine revolutionäre »Provisorische Regierung« für ganz Deutschland einzusetzen. Aber sie hatte auch den ersten, alsbald von Bundestruppen unterdrückten badischen Aufstand provoziert. Denn Hecker und Struve gingen nach Baden zurück und schlugen dort mit ihren Getreuen los.

Der neue Innenminister und seine Beamten wollten einer »Bevormundung« der Wähler vorbeugen. Schon am 14. April konnte eine »Verordnung« (vom 11./12. April) publiziert werden, die direkte Wahlen in 28 Einerwahlkreisen vorschrieb. Damit gehörte Württemberg mit Schleswig-Holstein und Hessen-Kassel zu den einzigen deutschen Staaten, in denen direkt gewählt wurde. Stuttgart ging noch einen Schritt weiter und bildete die 28 Wahlkreise ohne Rücksicht auf Oberamts- und selbst Regierungsbezirksgrenzen in der Art neu, dass die Einwohnerzahl von keinem um mehr als 2,5 % vom rechnerischen Mittelwert 62 928 abwich – beim heutigen Bundestagswahlrecht kann das Zehnfache toleriert werden.

Diese Einheitlichkeit täuscht. Die Bezirke waren eher Ellipsen als Kreise, wenn alt- und neuwürttembergische, also meist auch evangelische und katholische Gebiete zusammengespannt wurden, oder wenn sie – wie sehr oft – zwei politische Zentren hatten. Überall ohne Ausnahme war jedenfalls die überkommene Wahlorganisation außer Kraft, die Beherrschung der Wahlen durch die führenden Männer der Oberamtsstädte (vom Oberamtmann abwärts). Umso erstaunlicher ist, wie die Wähler sich in weniger als zwei Wochen neu organisierten und ein alles in allem sehr achtbares Wahlergebnis erzielten. Denn noch vor dem 1. Mai, schon am Osterdienstag (25. April) und den beiden folgenden Tagen wurde gewählt. An zwei oder drei Tagen, weil es in jedem Wahlkreis nur drei bis sechs Abstimmungslokale gab. Die Wähler kamen dorthin zu einem bestimmten Termin gemeindeweise anmarschiert und gaben unter den Augen ihrer Ortsvorsteher ihre Stimmzettel ab. Rasch erstellte Wählerlisten gab es, Personalausweise nicht, nur so konnte also verhindert werden, dass Unbefugte an der Wahl teilnahmen. Auch amtliche Stimmzettel gab es nicht – und hätte es kaum geben können, wenn die vor dem Ende des 19. Jahrhunderts überhaupt üblich gewesen wären. Denn die Kandidaten standen in vielen Wahlkreisen noch wenige Tage vor Ostern nicht fest.

Nur selten war von Anfang an unstrittig, wer gewählt werden sollte und würde: Männern wie Uhland (in Tübingen-Rottenburg), Römer (in Göppingen-Geislingen) oder Paul Pfizer (in Stuttgart) wurde kein anderer entgegengestellt. In einigen mehr gab es ein heftiges Ringen zwischen zwei politisch deutlich unterscheidbaren Kandidaten, in nicht wenigen gab es Favoriten, die aber nicht unangefochten blieben, und in einigen wenigen führte die Verteilung der Stimmen auf mehrere Namen zu geringen absoluten oder gar zu nur relativen Mehrheiten.

Die Aussicht, im »ersten deutschen Parlament« eine Verfassung für »das ganze Deutschland« zu erarbeiten, aktivierte manchen Ehrgeiz, auch den vieler »Professoren« von Universitäten oder höheren Schulen. Die meisten mussten eine Weile im Land herumreisen, bis sie einen Bezirk fanden, in dem sie Chancen hatten. Denn nun waren auch noch andere Qualitäten gefragt als die, von denen sich die Zirkel in den Nebenzimmern der besten Gasthöfe einer Oberamtsstadt überzeugen ließen. Die Wähler wollten in großen Volksversammlungen (im Freien oder im größten »Saal« einer Stadt – in Ulm dem Münster) ein »politisches Glaubensbekenntnis« der Kandidaten hören. Nicht selten war das auch ein religiöses, weil der Unterschied von evangelisch und katholisch, »liberal« und »ultramontan« oder »pietistisch« auch politisch trennte. So siegte in Ludwigsburg ein »Korntaler« über Strauß, Vischer konnte sich nur mit Hilfe »seiner Reutlinger« gegen die Frommen auf der Münsinger Alb durchsetzen, in Nagold unterlag Sixt Carl Kapff einem Veteranen der Landtagslinken. Aber auch sozusagen »innerparteiliche« Duelle kamen vor. So im katholischen Oberschwaben, wo ein »Standesherr«, der gut katholische Fürst von Waldburg-Zeil, gegen einen alten Vorkämpfer der »Freiheit der Kirche« vom Staat siegte. Als »der rote Fürst« wird der Zeiler mit der Linken für ein unitarisch-republikanisches Deutschland stimmen, doch wohl aus Hass gegen die württembergischen Vergewaltiger. Harte Gegner waren auch der Stuttgarter Professor und bekannte »Bauernkriegs«-Historiker Wilhelm Zimmermann und Gottlieb Rau, ein »Fabrikant« und zugleich Württembergs prominentester »Demokrat«. Rau hätte sich bestimmt in der Paulskirche der selben Fraktion der »äußersten Linken« angeschlossen wie Zimmermann, dem »Donnersberg«. Zwei »Badener«, die beide rechts der Mitte standen, traten in Mergentheim gegeneinander an: Robert Mohl und der Mannheimer Bassermann. Danach in Bayern gewählt, wird Bassermann ebenso wie der erste »Reichsjustizminister« Mohl der »Reichsregierung« von 1848 als »Unterstaatssekretär« im Innenministerium angehören.

Erstaunlich viele Neulinge und selbst Außenseiter stellten sich zur Wahl. Nur jeder zweite Gewählte hatte schon vor 1848 einem Parlament angehört. Der vielleicht interessanteste »Neuling«, übrigens der einzige Handwerksmeister in der Nationalversammlung, war Ferdinand Nägele, Schlossermeister in Murrhardt im »Schwäbischen Wald«. Das »demokratische Wahlrecht« gab dem politischen Interesse breiterer Schichten eine Chance. Die Wahlbeteiligung war fast überall, wo wir sie berechnen können, hoch – meistens näher an 80 als an 70%. Groß war auch die Beteiligung an den Volksversammlungen und den »politischen Vereinen«. Das Interesse an Zeitungslektüre nahm stark zu, die Presse lebte auf. Unverkennbar war – zumal in Altwirtemberg und in den ehemaligen Reichsstädten – ein starker Zug zu demokratischer Angleichung auch im Auftreten. Amt, Besitz und Bildung waren dort nicht mehr die Trümpfe, die allein stachen. Auch Außenseiter wie Deutschkatholiken oder die Israeliten Kallmann in Heilbronn und der Dichter der seit 1843 erscheinenden »Schwarzwälder Dorfgeschichten«, Berthold Auerbach, hatten echte Chancen. Die Angehörigen der bisher führenden Schichten hatten jetzt eher mit Misstrauen zu kämpfen, wenn sie sich nicht schon vor 1848 als »Volksmänner« bewährt hatten.

Alle Gewählten waren einig, dass »einzig und allein« die Nationalversammlung der Ort sein müsse, an dem die Entscheidungen fielen. Das können wir als Sieg der Idee der Souveränität des gesamten deutschen Volkes, aber auch als Aufschub der Entscheidung vieler kontroverser Fragen interpretieren. Die Einigkeit über den Weg war größer als die über das Ziel. Nach Februarrevolution und Vorparlament und angesichts des gleichzeitigen »Hecker-Putsches« in Baden überrascht nicht, dass das Thema »Republik oder konstitutionelle Monarchie« am meisten diskutiert wurde. Dabei erwies sich die Anhänglichkeit der einfachen Menschen an den König und mehr noch an die Verfassung als so stark, dass außer Rau kein Kandidat offen für die Republik einzutreten wagte. Für die künftige deutsche Verfassung war das allerdings für viele noch keine Festlegung.

Die Württemberger und die Nationalversammlung bis zur Septemberkrise 1848

Vor und nach dem 18. Mai 1848, dem Tag, an dem die deutsche Nationalversammlung in der Frankfurter Paulskirche zusammentrat, wurde in den Zeitungen und den politischen Vereinen eifrig diskutiert. Nach den Zeitungsberichten waren die Mitgliederzahlen dieser Vereine sehr hoch. Manches dürfte übertrieben sein, aber eine erhaltene Liste des Tübinger »Vaterländischen Vereins«

aus dem Mai 1848 enthält doch die Namen von 420 Bürgern, Professoren und Studenten. Vielleicht war anderswo als in der auch politisch lebhaften Universitätsstadt das Interesse nicht ganz so groß – klein war es wohl nirgends, wir wissen selbst von ländlichen Vereinen.

Wohl am häufigsten waren wirtschaftliche Sorgen und Nöte das Thema. Hilfe erhoffte und erwartete man von der neuen Regierung, aber auch und nicht zuletzt von der Nationalversammlung. »Einheit und Freiheit« – die Schlagworte des Jahres – meinten auch die Wirtschaft, aber nicht immer ihre Liberalisierung, oft das Gegenteil davon. Vor allem für höhere Zölle zum »Schutz der vaterländischen Arbeit« waren viele. Wenn nicht mehr preußische Interessen oder gar die Vorurteile der preußischen Bürokratie die Zollpolitik bestimmten, wenn die Österreicher und überhaupt die Süddeutschen ihr Gewicht geltend machen könnten, dann würde es besser gehen. Eine aktive gesamtdeutsche Handelspolitik gegen das Ausland, auch eine Förderung der Auswanderung und der Schutz der Auswanderer wurde gewünscht. Das Wirtschaftsrecht, Maß und Gewicht, Währung, Post und Eisenbahnen sollten Angelegenheiten des ganzen Deutschland werden. Weil gerade hier, gegen den Wortlaut der Bundesverfassung, der Bund versagt hatte, war es zum Zollverein und zur wirtschaftspolitischen Spaltung Deutschlands gekommen. Die sollte jetzt endlich beendet werden. Die eigene Regierung, die so viel (auch jetzt wieder) für die Landwirtschaft tat, sollte endlich auch etwas für die Gewerbe tun. Das forderte auch Gottlieb Rau, der sich noch vor einem Jahr, als seine »Glasfabrik« noch nicht vor dem Bankrott stand, radikal wirtschaftsliberal geäußert hatte. Damals hatte Nägele ihm – mit politischen Argumenten – widersprochen, jetzt verteidigte er gegen die ganz überwiegende Mehrheit der deutschen und der württembergischen Handwerksmeister die Gewerbefreiheit. Als sich in der Paulskirche »Fraktionen« bildeten, schloss Nägele sich – wie die meisten Württemberger – einer Fraktion der »Linken« an, trotzdem oder eben deshalb.

Unabhängig von der wirtschaftspolitischen Diskussion wurde das Verhältnis von Liberalen und Demokraten im Land immer gespannter. Der Streit ging letztlich darum, ob man durch Verhandeln und Kompromiss mit den Regierungen zu einem guten Ergebnis kommen würde oder dadurch, dass man sie zwang, dem Willen des »Volkes« zu gehorchen. Hier kam auch das Märzministerium bald in die Schusslinie, umsomehr, als sich für Römer, der noch am weitesten links stand, vom hohen Ministertisch aus vieles anders ansah als von den Bänken der Opposition. Die Arbeit »ihrer« Abgeordneten wie der Nationalversammlung überhaupt verfolgten die Württemberger mit großer Anteilnahme. Mit zustimmenden, bittenden oder warnenden »Adressen« versuchten sie, auf sie Einfluss zu nehmen. Die vor den Aprilwahlen gebildeten Vereine konsolidierten sich gerade in dieser Tätigkeit. Sie erreichte mit den Feiern zur Wahl des österreichischen Erzherzogs Johann zum »Reichsverweser« am 28. Juni einen ersten Höhepunkt.

Zwar hätte die Mehrzahl der württembergischen Abgeordneten in der Nationalversammlung als Haupt der am 28. Juni beschlossenen »Provisorischen Zentralgewalt für Deutschland« viel lieber einen bürgerlichen und vor allem »verantwortlichen« Präsidenten gesehen als einen nicht verantwortlichen Prinzen, der sich von einem »konstitutionellen Monarchen« nur dadurch unterschied, dass er das durch Wahl und nicht kraft Geburt geworden war. Aber dass es nun überhaupt eine »Zentralgewalt« gab, beruhigte viele angesichts der wieder sehr angespannten Lage. Denn in Paris drohte eben jetzt ein blutiger Konflikt zwischen der republikanischen Regierung und dem »Proletariat« der als Arbeitsbeschaffungsmaßnahme errichteten »Nationalwerkstätten« zu einer neuen Revolution zu führen. Ihr General Cavaignac schlug den Aufstand erst am selben 28. Juni nieder und wurde als

Retter der Republik zu ihrem verantwortlichen Staatsoberhaupt gewählt. In Prag hatten sich die Tschechen erhoben und waren von Fürst Windischgrätz niedergeworfen worden. In Berlin gab es Unruhen und Veränderungen in der Regierung. In Frankfurt tagte in Konkurrenz zur Nationalversammlung ein Kongress der Demokraten und ernannte ein Zentralkomitee, das seinen Sitz in Berlin nehmen sollte. Ihm gehörte auch Rau an.

Auch Württemberg hatte Unruhen erlebt, die gefährlichsten in Heilbronn, wo Soldaten der Garnison meuterten und entwaffnet werden mussten. Umgekehrt hatten in der Bundesfestung Ulm Reiter den Demokratischen Verein überfallen. Da beruhigte es etwas, dass endlich überhaupt eine Zentralgewalt bestand, wenn auch nicht die, die man für besser gehalten hatte. Immerhin galt Johann noch als die beste Wahl. Er war als Gegner von Metternichs Politik bekannt, mit einer Postmeisterstochter verheiratet und verstand sich überhaupt recht gut auf Popularität. Viele Katholiken hatten mit dem Angehörigen des alten Kaiserhauses ohnehin kein Problem.

Deutlicher noch als in den Aprilwahlen zeigte sich, dass eine Mehrheit der politisch aktiven Württemberger letztlich weiter links stand als die Mehrheit der württembergischen Nationalvertreter, die ihrerseits auf der linken Seite der Paulskirche Platz genommen hatte. Wenn das Märzministerium den gleich nach den Nationalversammlungswahlen gewählten Landtag, in dem es eine starke Mehrheit hatte, immer noch nicht einberief, dann wohl kaum aus Furcht vor dieser linken Grundströmung. Denn die Lage hatte es immer sicher im Griff. Vielmehr schien ihm Rücksicht auf die Arbeit der Paulskirche geboten. Zwar war von dort Ende Mai den Landtagen der Weg zu einem unabhängigen Vorgehen – unter Vorbehalt der künftigen Reichsverfassung – freigegeben worden. Aber gleichzeitig hatte man mit der Erarbeitung der »Grundrechte des deutschen Volkes« begonnen. Von diesen erhofften sich die verfassungsgläubigen Württemberger tiefe Eingriffe in ihr eigenes Staats- und Verfassungsleben. Wenn sich der junge, gerade 30jährige Abgeordnete Adolf Schoder, Regierungsrat in Schlayers Innenministerium, in der Paulskirche so sehr für die »Grundrechte« engagierte, dass man ihn geradezu ihren »Vater« nennen konnte, dann auch aus diesem »württembergischen« Motiv. Trotzdem war Römers Abwarten nicht unproblematisch, weil im Lande die Enttäuschung über die langsame Arbeit der Nationalversammlung und die Kritik an der wenig erfolgreichen Politik der im Juli gebildeten ersten Reichsregierung unter dem Standesherrn Fürst Leiningen wuchs.

Untätig war das Märzministerium nicht. Mit der Bildung einer »Zentralstelle für Gewerbe und Handel«, dem vielleicht weitreichendsten Ereignis der württembergischen Geschichte 1848, stellte es die nicht nur von Rau geforderte intensive Förderung der Gewerbe auf eine neue tragfähige Grundlage. Die mit der Einsetzung einer »Organisationskommission« aus Fachleuten und Politikern begonnene Reorganisation der Verwaltung endete dagegen – wie die Arbeit so vieler Kommissionen – mit der Vorlage von Vorschlägen, die weiter keine Folge hatten. Nicht ungern wird die Regierung den Auftrag des Reichsjustizministers Robert Mohl erfüllt haben, politische Vereine »mit communistischer Tendenz« zu unterdrücken; am 12. Juli wurde Gottlieb Raus »Demokratischer Kreisverein« in Stuttgart aufgelöst und damit, wie der »Beobachter« sarkastisch bemerkte, »eine tote Sache noch toter gemacht«.

War die Auflösung des »Demokratischen Kreisvereins« ein Signal an die immer mehr nach links gehenden andern politischen Vereine des Landes? Es wäre zu spät gekommen und hätte wohl auch nichts bewirkt. Schon am 8. Juli spaltete sich deren Zentrale. Nur wenige eher rechtsgerichtete Vereine blieben mit dem »Vaterländischen Hauptverein« in Stuttgart verbunden. Die »Volksvereine« auf der Linken schufen sich mit einem jeden Monat neu zu wählenden »Landesausschuss« eine eigene Organisation. Sie stand dem Märzministerium recht kritisch gegenüber. Auch die entschiedenen Katholiken organisierten sich seit Ende März von Mainz ausgehend in ganz Deutschland und auch in Württemberg gesondert. Ihre »Pius-Vereine für religiöse Freiheit« waren nach Pius IX. benannt, dem Papst seit 1846, der, zunächst als Reformer des Kirchenstaats begrüßt, nach dem Ausbruch des Kampfes der Italiener gegen die Österreicher in Oberitalien und ihre Satelliten mehr und mehr zum Gegner und Kritiker der nationalen Bewegungen geworden war. Die Vorstellungen von einer wünschbaren Zukunft des Landes gingen also weit auseinander.

Die Reichsverfassung

Die Regierung der Provisorischen Zentralgewalt enttäuschte nicht nur die Württemberger. Aber das Märzministerium unter Römer, der in der Nationalversammlung mit der rechten Hälfte seiner Landsleute für den Erzherzog gestimmt hatte, stand loyal zu ihr. Nicht so die Monarchen und Regierungen der beiden Großstaaten, nicht einmal die Österreichs. Als der »Reichskriegsminister«, ein preußischer General, die Vereidigung aller deutschen Truppen auf den Reichsverweser anordnete, folgte Württemberg, die Großen nicht. Zur offenen Krise kam es, als Preußen sich am 26. August im Vorfrieden von Malmö aus dem gegen Dänemark geführten »Befreiungskampf« für Schleswig-Holstein zurückzog. Die Märzrevolution hatte den schon langen schwelenden Konflikt um die Stellung der dänischen, »auf ewig ungeteilten« Elbherzogtümer, von denen Holstein zum Deutschen Bund gehörte, hell aufflammen lassen. Die dänischen Nationalisten wollten ihr übernationales Reich zum Nationalstaat machen und mindestens das zu einem nicht geringen Teil von Dänen bewohnte Schleswig nicht losgeben. In Kiel hatten die Deutschen eine »Provisorische Regierung« gebildet; zur deutschen Nationalversammlung war auch in Schleswig gewählt worden. Der dann entstandene Krieg war von den Deutschen kaum zu gewinnen. Sie waren zwar auf dem Land überlegen, aber eine starke Flotte hatten nur die Dänen. Mit dieser blockierten sie die deutschen Ostseehäfen und schadeten ihrem Handel sehr – das traf vor allem Preußen. Das konnte und wollte nicht so lange warten, bis der Enthusiasmus der Deutschen (auch der Württemberger) zu einer einsatzfähigen Flotte geführt haben würde. Es schloss in Malmö einen Waffenstillstand, der allenfalls das Gesicht wahrte und die Schleswig-Holsteiner mehr oder weniger preisgab.

Ihrer Schwäche bewusst wollte die Reichsregierung, für die Preußen mitgehandelt hatte, nach langem Überlegen »Malmö« nicht beanstanden. Als es den Vertrag der Nationalversammlung vorlegte, die ihn nach dem Gesetz über die Provisorische Zentralgewalt billigen musste, stellte sie zugleich die Kabinettsfrage. Nach einer hochemotionalen Debatte, in der auch die »rechten« Schleswig-Holsteiner sie im Stich gelassen hatten, wurde »Malmö« mit knapper Mehrheit abgelehnt, Fürst Leiningen und sein Kabinett traten zurück. Da sich keine Mehrheit für eine Regierung der Linken fand, billigte nach einigen Tagen eine ebenso knappe Mehrheit den nur kosmetisch etwas aufgehellten Vertrag. Schwere Unruhen in Frankfurt und ein neuer Putschversuch in Baden waren die Folge.

Württemberg drohte in die »Septemberrevolution« hineingezogen zu werden, als Gottlieb Rau von Rottweil aus einen Marsch aufs Cannstatter Volksfest unternahm, um die Württemberger für sein großes Ziel zu gewinnen. Ob ihm das gelungen wäre, ist fraglich. Die Regierung hatte Militär mobilisiert – und es regnete sehr unfestlich. Aber so weit kam Rau gar nicht. Nur wenige zogen mit ihm, schon auf dem halben Weg konnte ihn ein einzelner Oberregierungsrat des Innenministeriums verhaften. Der bekannteste Führer der württembergischen Demokraten kam nicht mehr frei; nach langer Untersuchungshaft wurde er 1850 verurteilt. 1853 zur Auswanderung nach Amerika »begnadigt«, ist er dort bald gestorben. Zum Mythos wie der charismatische Hekker ist Rau nie geworden. Das demokratische Potential Württembergs blieb in die »Volksvereine« eingebunden, und die verließen den Boden des Gesetzes nicht. Die Württemberger waren keine Badener, sie vertrauten auf andere Mittel.

Die »Septemberkrise« schadete Nationalversammlung und Zentralgewalt schwer. Unruhen in Frankfurt, bei denen auch zwei Abgeordnete ermordet wurden, schlugen preußische und österreichische Truppen der »Bundesfestung« Mainz nieder. Realisten war klar, dass sie auch der Nationalversammlung ein Ende gemacht hätten, wenn ihre Regierungen das befohlen hätten. Die wollten zunächst im eigenen Hause Ordnung schaffen. Im Oktober wurde in Wien »die Revolution« besiegt, im November in Berlin. Uneingestanden, aber merkbar gab eine Mehrheit der Nationalversammlung den Anspruch auf, die Verfassung für »das ganze Deutschland« »einzig und allein« beschließen zu können. Ihre Strategie war jetzt, den König von Preußen für die Führung Deutschlands zu gewinnen – der dafür die Einheit der preußischen Monarchie preisgeben müsse. Preußens Provinzen sollten das »Reichsland« des deutschen Kaisers bilden, zu dem sie seinen König machen wollten. Dafür mussten allerdings noch viele gewonnen werden, nicht zuletzt König Friedrich Wilhelm IV. von Preußen selbst.

Für Württemberg endete die »Septemberkrise« glimpflich. Das Land beruhigte sich, als nun auch der Landtag zusammentrat. Die Bewegung bekam eine legale Bahn gewiesen. Massenpetitionen an Reichsregierung und Nationalversammlung zeigen, dass auch hier die im weiteren Sinne »Konservativen« sich organisierten. Auf Initiative süddeutscher Spinnerei- und Webereibesitzer und westdeutscher Eisenhüttenleute wurde ein »Allgemeiner Deutscher Verein zum Schutz der vaterländischen Arbeit« gegründet. Das württembergische Engagement für ihn war lebhaft und groß. Vorsitzender des vorbereitenden Ausschusses war ein Fabrikant aus Hoheneck bei Ludwigsburg gewesen, Präsident wurde dann der gerade dreißigjährige Prinz Felix von Hohenlohe Öhringen, das »schwarze Schaf« der Familie. Die eigentliche Arbeit machte der Vizepräsident, der eigens dafür von der Stuttgarter Regierung abgeordnete Regierungsrat Ferdinand Steinbeis von der neuen Zentralstelle für Gewerbe und Handel. Er besorgte die »gleichsam fabrikmäßige Beschaffung« von Schemapetitionen, die »bataillonsweise und mit Sorgfalt gruppiert« die Paulskirche bestürmten, einmal neun Bände auf einmal, davon sechs aus Sachsen mit über 86.000 Unterschriften, drei aus 397 württembergischen Orten mit 34.489. Allein die württembergischen Weingärtner brachten binnen 14 Tagen 20.100 Unterschriften gegen die Senkung der Weinzölle zusammen. Auch die »Frommen« bestürmten die Nationalversammlung mit tausenden von Unterschriften – für »die Freiheit der Kirche« die Katholiken, für »die Erhaltung des kirchlichen Charakters der Schule« die Pietisten.

Der im Mai nach dem alten Wahlrecht gewählte »Lange Landtag«, wie er bald genannt wurde, der am 20. September 1848 eröffnet und nach fast elf Monaten am 11. August geschlossen wurde, sollte eigentich nur den Etat (ausnahmsweise nur für ein Jahr) und ein Wahlgesetz für einen neuen Landtag beschließen, der dann über alle weiteren Reformen entscheiden sollte. Aber seine sichere Mehrheit erleichterte dem Märzministerium die Arbeit doch sehr, und auch von Frankfurt waren noch andere Rahmenbedingungen zu erwarten. Der Etat brauchte schließlich ein halbes Jahr, in dem »nebenher« eine längere Reihe alter Wünsche befriedigt werden konnten: mehr Pressefreiheit, mehr Wehrgerechtigkeit, etwas mehr Gewerbefreiheit.

Im Dezember verabschiedete die Nationalversammlung einen größeren Teil der »Grundrechte des deutschen Volkes« und verkündete sie als Teil der künftigen Reichsverfassung vorab. Württemberg nahm sie sofort an und war dann damit beschäftigt, das Landesrecht an sie anzupassen. Denn die »Frankfurter Grundrechte« enthielten, erst recht in ihrer Endfassung, viel mehr als die des Bonner Grundgesetzes hundert Jahre später. Wir können sie geradezu als umfassendes Liberalisierungsprogramm für ganz Deutschland verstehen. Die Adeligen sollten alle ihre bisherigen Vorrechte verlieren, die letzten »feudalen« Rechte aufgehoben werden. Dass darunter auch ihre Vorrechte bei der Jagd waren, empörte viele besonders. Die Bürokratie sollte die »Verwaltungsrechtspflege« verlieren, die Justiz »über alle Rechtsverletzungen« entscheiden. Die Gemeinden bekamen umfassende Selbstverwaltungsrechte zugesprochen; die Minister sollten der Volksvertretung verantwortlich sein. Den Württembergern lag vor allem die Aufhebung der Adelsvorrechte am Herzen. Denn die würde den Stuttgarter Landtag endlich zum Ein-Kammer-Parlament machen, wie die Liberalen schon seit 1819 gefordert hatten. Schoder hatte in Frankfurt schon im September gerade darauf hingewiesen, auf sein Drängen war auch die Vorab-Inkraftsetzung der Grundrechte erfolgt. Die Hoffnung, die »Märzerrungenschaften« mit Hilfe der Reichsgesetzgebung landesrechtlich so absichern zu können, dass sie schlimmstenfalls auch dann Bestand hätten, wenn das Reich nicht zustandekam, war typisch württembergisch und typisch für ihn. Der Regierungsrat Schlayers wusste, dass die vormärzliche Bürokratie in vielen Punkten das gleiche gewollt hatte wie die Liberalen, und wie die meisten Württemberger glaubte er an die Kraft des positiven Rechts und die Macht der öffentlichen Meinung. Jedenfalls wurden die hier ab 14. Januar 1849 gültigen »Grundrechte« überall in Württemberg gefeiert wie vorher nur die Wahl des Erzherzogs zum Reichsverweser.

Was sonst in Deutschland und besonders in Frankfurt geschah, war für das »politische Württemberg« unerfreulich. Die immer klarer werdende Erkenntnis, dass ein starkes »Deutsches Reich« unmöglich war, wenn in ihm Österreich und Preußen einträchtig und gleichberechtigt zusammenwirken mussten, brachte eine Mehrheit des Verfassungsausschusses dazu, einen Paragraphen vorzuschlagen, der Österreich sozusagen den Stuhl vor die Tür setzte. Denn es war kaum zu erwarten, dass ein Staat, der eben jetzt sowohl in Oberitalien als auch in Ungarn um den Verbleib dieser Länder bei der Monarchie kämpfte, sich darauf einlassen würde, sie unter eigenen Regierungen und mit eigenen Parlamenten so gut wie selbständig zu machen. Nur noch eine »Personalunion« sollte erlaubt, also der Kaiser von Österreich ihr und Deutsch-Österreichs gemeinsames Staatsoberhaupt sein. Würde der sich dann auch noch dem König von Preußen als deutschem Kaiser unterordnen? Die nach dem Sieg über die Wiener Revolution eingesetzte Regierung des höchst energischen Fürsten Felix Schwarzenberg, die sich knapp zwei Wochen nach ihrem Amtsantritt mit dem jungen Franz Joseph I. einen neuen Kaiser gegeben hatte, signalisierte, darauf nicht eingehen zu wollen. Nun legte Heinrich von Gagern, der bisherige Präsident der Nationalversammlung, als neuer Reichsministerpräsident seinen Plan des »Doppelbundes« vor: Deutschland ohne Österreichs sollte ein Bundesstaat werden, der mit Österreich staats- wie völkerrechtlich zu einem »ewigen Bund« vereinigt bleiben sollte. Das konnte man als modifizierte Neuauflage des Deutschen Bundes sehen, den die meisten mit der Errichtung der Provisorischen Zentralgewalt für untergegangen hielten, oder aber als Spaltung Deutschlands. Jedenfalls gruppierten sich die bis jetzt die Mehrheit bildenden mittleren Fraktionen der Nationalversammlung und ihre Anhänger draußen im Land neu – als »Kleindeutsche«, wie ihr Schimpfname bald lautete, oder als »Großdeutsche«. Weil »Kleindeutschland« für die meisten auf ein vergrößertes Preußen hinauslief, schloss sich, wer das (aus was für Gründen auch immer) nicht wollte, den »Großdeutschen« an, oder blieb bei der Linken. Den allermeisten Württembergern vom König an abwärts fiel diese Wahl leicht. Sie liebten die Preußen nicht, und am allerwenigsten ihren König, den »Romantiker auf dem Throne der Caesaren«. (So hatte ihn David Friedrich Strauß 1847 genannt – Strauß, der wie sein theologischer Gegner Sixt Carl Kapff zu den wenigen im Lande gehörte, die jetzt – aus ganz verschiedenen Gründen – für das »preußische« Kleindeutschland eintraten.)

Der Kampf um die Reichsverfassung in der Nationalversammlung ist hier nicht im einzelnen zu schildern. Festzuhalten ist, dass sie ihr Zustandekommen wie ihre wichtigsten Bestimmungen (zu denen auch das nicht in sie aufgenommene Reichswahlgesetz gehört) wechselnden Abstimmungskoalitionen zwischen den drei großen Blöcken der Nationalversammlung verdankte, der liberalkonservativen »Erbkaiserlichen«, der meist konservativen »Großdeutschen« und der »Linken«. Ihre Strategien erklären ihre Taktik. Bei der Durchsetzung zentraler Positionen der Linken wie dem demokratischen Wahlrecht für den künftigen »Reichstag« (niemand ahnte, dass das erst der »Reichstag« des Norddeutschen Bundes von 1867 sein würde), dem bloß aufschiebenden Veto des Reichsoberhaupts und der Beseitigung des an den alten Bundestag erinnernden »Reichsrats« etwa hatte die »Großdeutsche Rechte« den Ausschlag gegeben, die gewiss nicht »mehr Demokratie wagen«, sondern dem König von Preußen die Annahme unmöglich machen wollte. Das letzte Bündnis, das die Institution des erblichen Kaisertums bestätigte und die Wahl Friedrich Wilhelms IV. zum »Kaiser der Deutschen« ermöglichte, hatte Gagern für einen größeren Teil der »Erbkaiserlichen« mit einer Gruppe der Linken unter Heinrich Simon von Breslau geschlossen. Die Verfassung wurde schließlich am 28. März 1849 angenommen, der König von Preußen am selben Tag von 290 Mitgliedern der Nationalversammlung zum Kaiser gewählt, 248 enthielten sich der Stimme. Zu den zehn württembergischen Abgeordneten, die Friedrich Wilhelm IV. wählten, gehörte auch Schoder, der als Mitglied der Linken seine Unterwerfung unter die beschlossene Verfassung demonstrierte.

Die Wahl König Friedrich Wilhelms IV. wurde in ganz Deutschland ohne Enthusiasmus aufgenommen. Genau genommen gab es nur Verlierer: Gagern, die eigentlichen »Erbkaiserlichen«, die Linke, die Großdeutschen, auch Römer, der sich der Stimme enthalten hatte. Solange Friedrich Wilhelm IV. nicht angenommen hatte, war das Spiel noch nicht aus. Ob die im ersten Viertel des Jahres 1849 so festgefügten Parteigruppierungen, ob gar das Zusammenwirken zwischen denen, die am 28. März den Kaiser gewählt und denen, die nicht gegen die Wahl protestiert hatte, erhalten bleiben würde, war mehr als zweifelhaft. Die kommenden Wochen mussten erweisen, wie groß die Macht der öffentlichen Meinung wirklich war, auf der die Stärke der nationalen Liberalen beruhte.

Der Kampf um die Reichsverfassung

Anders als die württembergische Verfassung von 1819 legte die Frankfurter Reichsverfassung vom 28. März 1849 keine Regeln für ein neues Spiel der Politik fest. Sie war auch keine Momentaufnahme der politischen Kräfteverhältnisse zur Zeit ihrer Fertigstellung. »Fertig« war sie ohnehin nicht, noch weniger als andere Verfassungen; mehr wichtige Aufgaben als normalerweise, nämlich rund 40 hatte die Nationalversammlung ungelöst lassen und der künftigen Reichs- oder Landesgesetzgebung überlassen müssen. Aber sie spiegelte auch die Stärke der politischen Kräfte im damaligen Deutschland nicht wider. Denn die stärksten waren an den Beratungen nur indirekt beteiligt, Österreich, indem Schwarzenberg Anfang März 1849 den von Wien nach Kremsier in Mähren verlegten österreichischen Reichstag nach Hause schickte, einseitig eine Verfassung für den Gesamtstaat erließ und damit prominente »Großdeutsche« in Frankfurt zur Kapitulation vor den »Erbkaiserlichen« veranlasste, Preußen durch die Unsicherheit, ob sein König auf das Angebot der Kaiserkrone überhaupt eingehen würde. Die andern deutschen Staaten glaubte man ignorieren zu können. Man konnte sogar bezweifeln, ob das seltsame Bündnis zwischen Heinrich Simon und Heinrich von Gagern, das in letzter Stunde für ihre Annahme gebildet worden war, viel länger als bis zum Tag der entscheidenden Abstimmung halten würde.

Zunächst einmal hing alles weitere davon ab, ob Friedrich Wilhelm IV. das Angebot annehmen würde oder nicht. Er hatte zwar einst im März 1848 angekündigt, dass »Preußen in Deutschland aufgehen« solle. Damals waren er und die Kräfte, auf die sich die preußische Monarchie in erster Linie stützte, schwach gewesen. Aber jetzt, seit »die Revolution« in Berlin nach dem Vorbild von »Wien« niedergeschlagen war (seit November war auch hier der Ausnahmezustand proklamiert), waren sie wieder stark. Der König hatte Gagern, der noch vor seiner Amtsübernahme als »Reichsministerpräsident« nach Berlin gereist war, um ihn für seinen Plan zu gewinnen, schroff abgewiesen, ja sogar mit dem Satan verglichen, der Jesus am Beginn seines Wirkens in Versuchung führen wollte. Wenn eine große Frankfurter Zeitung unter der Überschrift »Deutschlands Umgestaltung gelungen« schrieb, dass die Feinde Deutschlands auf die Weigerung des »deutschgesinnten« Königs ihre Hoffnung setzten und daraus schloss: »und darum ist sie unmöglich«, so zeigt das nur, dass noch hoffen konnte, wer eine mehr oder weniger veränderte Verfassung wollte.

In einem Punkt mindestens war die Frankfurter Reichsverfassung revolutionär. Sie war, wenn man die Erfahrungen der Nationalversammlung und der Provisorischen Zentralgewalt mit Österreich, aber auch mit Preußen bedachte, fast tollkühn in ihrer »unitarischen« Missachtung der realen Macht der einzelnen deutschen Staaten, besonders auch Preußens. Erwartete man etwa, dass entweder eine zielbewusste preußische Bürokratie gestützt auf die starke Stellung Preußens im Reichstag Politik für Deutschland machte oder aber die in Reichstag und Reichsregierung verkörperte »moralische Macht« des neuen Deutschen Reiches stark genug sein würde, um alle »partikularistischen« Widerstände zu besiegen? Die Mehrheit der Württemberger in der Nationalversammlung hoffte auf das letztere und fürchtete das erstere. Es musste sich bald zeigen, wie stark diese »moralische Macht« wirklich war.

Aller Enttäuschung ungeachtet war für Württemberg die Anerkennung der Reichsverfassung selbstverständlich. Von Anfang an hatte Römer seine Ministerkollegen und das Land hinter sich gewusst, als er die bedingungslose Unterwerfung unter die von der Nationalversammlung erst noch zu beschließende Verfassung erklärte. Als ihr und ihres Verfassungsausschusses Mitglied hatte er engagiert an ihrem Zustandekommen mitgewirkt. Aber seine Enthaltung bei der Wahl des kinderlosen Königs von Preußen zum ersten »Erbkaiser« der ganzen deutschen Geschichte zeigt, dass ihn die »kleindeutsche« Lösung der »deutschen Frage« nicht befriedigte. Uhland fand die glühendsten Worte gegen sie, 1853 wird er die auf ihn gefallene Wahl zum Mitglied des »Ordens Pour le Mérite« ablehnen, dessen »Friedensklasse« Friedrich Wilhelm IV. 1842 gestiftet hatte. Letztlich traten nur einige Angehörige des evangelischen Bildungsbürgertums des Landes für

Preußen ein – und das wird bis 1870 so bleiben. Dennoch schloss sich die ganze Führungsschicht der Politik der Verfassungskoalition der Nationalversammlung ohne Vorbehalt an. Die lief darauf hinaus, den preußischen Staat auch nach der Ablehnung der Verfassung durch seinen König mittels einer Kettenreaktion von Anerkennungen durch alle kleineren Staaten doch noch zum Aufgeben zu nötigen. Die Klein- und die kleineren Mittelstaaten spielten dieses Spiel, wie gern oder ungern auch immer, bald mit, nicht aber die Königreiche – mit einer Ausnahme: Württemberg!

König Wilhelm liebte Preußen so wenig wie Österreich. Seine »Souveränität« war nur dann einigermaßen sicher, wenn beide im Deutschen Bund so uneinig waren, dass sie die andern in Ruhe lassen mussten. Bis vor kurzem waren sie fast immer allzu einig gewesen und hatten in die kleineren Länder hineinregiert. Seit einigen Monaten war ihre Rivalität offenkundig. Das war für den Württemberger angenehm, wenigstens solange der Frieden bewahrt blieb. Aber jetzt half ihm ihre Rivalität nichts. Es half ihm auch nichts, dass er – wie es bei seinem Charakter nahelag und wie ihm die Not gebot – die Anerkennungspolitik seines Ministeriums durch eine eigene Geheimdiplomatie zu durchkreuzen suchte und schließlich sogar den Staatsstreich erwog. Er scheiterte an seinem Militär. Das hatte, von einigen Ausnahmen – Heilbronn im Juni 1848! – abgesehen, ihm und seiner Regierung bisher gehorcht. Kein Wunder, denn die Möglichkeit der »Stellvertretung« bei der Ableistung der nur »im Prinzip« allgemeinen Wehrpflicht hatte dazu geführt, dass fast nur Angehörige der Unterschicht Dienst taten, von denen sich nicht wenige (die »Einsteher«) für eine längere Dienstzeit verpflichteten. Aus ihnen rekrutierte sich das für die Disziplin einer Truppe letztlich entscheidende Unteroffizierskorps, das bei einer Meuterei alles, vor allem auch die Chance, später im »Zivildienst« weiterverwendet zu werden, riskiert hätte. Aber nun berichteten die höheren Offiziere ihrem König, dass die Truppe nur einer verfassungsmäßigen Regierung den verfassungsmäßigen Gehorsam erweisen wolle. Zu Römer aber fand der König Ende April 1849 noch keine Alternative.

Deshalb musste sich Wilhelm als erster und einziger deutscher König der Reichsverfassung förmlich unterwerfen. Römer und seine Kollegen, die ihren König Zug um Zug mattgesetzt hatten, waren allerdings nicht willens, auch alle weiteren Wege der »Reichsverfassungskämpfer« mitzugehen, Wege, die – was nicht sicher, aber auch nicht unwahrscheinlich war – in Sachsen, in der bayerischen Pfalz und im benachbarten Baden in den offenen Aufstand und nach militärischer Intervention der Preußen in eine mehr oder weniger große Katastrophe zu führen drohten. Konnten sie hoffen oder gar annehmen, für die Verfassung ihres Landes die Früchte der Reichsverfassung ernten zu können, wenn sie nur unbedingt an ihr festhielten, auch dann, wenn die Welt außerhalb der schwarz-roten Grenzpfähle einen ganz andern Gang ging? Auch jetzt hatten sie immer noch die Mehrheit des Landes oder doch des Landtags hinter sich. Es waren nur Einzelne oder kleinere Gruppen, die schließlich nach Baden gingen. Die große Mehrheit nahm Römers abwartende Politik hin oder billigte sie.

Das war die Lage, als Ende Mai eine Mehrheit der inzwischen durch Austritt der Österreicher und vieler Preußen sehr geschwächten Nationalversammlung beschloss, vor den vorrükkenden Preußen Frankfurt zu verlassen und nach Stuttgart zu gehen. Viele, die dagegen gestimmt hatten, traten jetzt aus. Von den Württembergern blieben Römers Schwiegervater Schott, Uhland und mehrere andere, die ebenfalls mit Nein gestimmt hatten, bei den andern. Die nur noch etwas mehr als hundert (von einst rund 500) Abgeordneten, die nach Stuttgart kamen, waren, wie ihre Gegner sagten, zum »Rumpfparlament« geworden. Sie selbst legten Wert darauf, immer noch die deutsche Nationalversammlung zu sein und die Nation zu repräsentieren. Auch Römer erkannte sie noch an, so ungern er diesen Besuch sah. Denn auch er dürfte eine nach den Umständen naheliegende Vermutung geteilt haben, dass Schoder, der bei dem Beschluss eine wichtige Rolle gespielt hatte, darauf zielte, die württembergischen Regierung und dadurch auch die Aufstände in Baden und der Pfalz in die Hand zu bekommen, nicht, um die Revolution weiterzutreiben, sondern um sie zur von der Nationalversammlung verkörperten Legalität zurückzuführen. Ihn oder die Nationalversammlung dabei auch noch aktiv zu unterstützen war Römer nicht bereit. Sein König war es natürlich erst recht nicht, noch weniger als zwei Wochen vorher, als die braunschweigische Regierung angeregt hatte, dass Württemberg die Leitung der gemeinsamen Politik aller Staaten, welche die Verfassung anerkannt hatten (also ausnahmslos aller kleineren) übernehmen sollte. Er hatte einmal Visionen von einer führenden Stellung in Deutschland gehabt, aber ein Phantast war er nie gewesen. Mit Recht meinte er, dass es »eine traurige Rolle wäre, an der Spitze eines Kleindeutschlands, das kaum den vierten Teil des gesamten deutschen Vaterlandes ausmachen würde, den übrigen drei Vierteilen gegenüber[zu]stehen«.

Römers und seiner Regierung Lage war gefährlich, aber doch nicht mehr so sehr, wie sie Ende Mai, kurz bevor die Nationalversammlung nach Württemberg gekommen war, gewesen war. Am 27. Mai, Pfingstsonntag hatte der »Landesausschuss der Volksvereine« in Reutlingen eine große und hochbrisante Delegiertenversammlung von 202 Vereinen aus 49 Oberämtern veranstaltet. Die Forderungen der »Reutlinger Pfingstversammlung«, Baden und die Pfalz mindestens dadurch zu unterstützen, dass sie ihren Gegnern keine Hilfe leistete, das Volk zu bewaffnen und alle Beamten und das Militär auf die Reichsverfassung zu vereidigen, hatten Regierung und Abgeordnetenkammer abgelehnt. Letztlich hatte aber erst die Verlegung der Nationalversammlung nach Stuttgart die Lage etwas entspannt. Denn deren Beschlüssen wollten sich die Volksvereine unterwerfen; sie warteten also erst einmal ab. Als die Nationalversammlung gegen die Stimmen auch von Uhland, Schott und Römer (der danach sein Mandat niederlegte) eine fünfköpfige Reichsregentschaft einsetzte und deren erste Proklamationen die Einwohnerschaft mehrerer Städte spalteten, statuierte das Ministerium in Heilbronn ein Exempel, ließ die Stadt militärisch besetzen, löste die Bürgerwehr auf und verhängte dort den Belagerungszustand. Anders als im benachbarten Baden verweigerte das Militär den Gehorsam nicht.

Einen Tag später verlangte die Reichsregentschaft von Württemberg für den Einsatz in Rastatt und Landau Truppen; Römer forderte sie auf, das Land zu verlassen, da sie »Ruhe und Ordnung« gefährde. Natürlich blieb sie da. Als wieder einen Tag später Preußen in scharfer Form drohte, auch in Württemberg einzumarschieren, wenn es nicht endlich wirksame Maßnahmen gegen Nationalversammlung und Regentschaft ergreife, und der französische und der britische Geschäftsträger in einer gemeinsamen Demarche den »guten Rat« erteilte, es nicht zu einem den europäischen Frieden gefährdenden preußischen Eingreifen kommen zu lassen, verlangte der empörte König von seinen Ministern, jetzt endlich den Gefahrenherd zu beseitigen. Das Ministerium machte ihm klar, dass es dafür einen für alle erkennbaren dringenden Grund brauchte, um nicht den Aufstand zu provozieren. Den lieferte die Nationalversammlung am 16. Juni mit dem Aufgebot aller Waffenfähigen, was nur noch die Württemberger betreffen konnte. Römer forderte sie auf, das Land zu verlassen, wenn sie nicht dazu gezwungen werden wolle. Als Schoder am 18. Juni in einer erregten Sitzung der Abgeordnetenkammer erklärte, die Versammlung werde als Antwort am Nachmittag nochmals zusammentreten, gab Römer die vorbereiteten Befehle. Ihr Tagungsort wurde militärisch abgesperrt.

Uhland veranlasste nun deren Präsidenten zu dem bekannten Demonstrationszug, dessen irreführender Name »Sprengung des Rumpfparlaments in Stuttgart« aus den Geschichtsbüchern nicht mehr herauszubringen ist. An seiner Spitze gingen der Präsident, Uhland und Römers Schwiegervater Schott, dahinter die Abgeordneten. Ein hoher Beamter trat ihnen in den Weg und erklärte, dass sie keine Sitzung mehr abhalten dürften. Der Zug rückte weiter vor, die aufmarschierten Soldaten wichen nicht zurück; zuletzt räumte Kavallerie die Straße. Außer einem Zuschauer, der einem Offizier den Säbel zu entreißen versucht hatte, wurde niemand verletzt. Die Stuttgarter verhielten sich passiv, was bei dem starken Militäraufgebot nur klug war. Die Nationalversammlung war an ihr Ende gekommen. Ihr Präsident berief sie noch am selben Tag auf den 25. Juni nach Karlsruhe ein – aber da waren inzwischen die Preußen. Die hatte Römer Württemberg erspart – das Land dankte es ihm nicht.

So endete am 18. Juni 1849, tragisch genug, im liberalsten Königreich des damaligen Deutschland auf Anordnung eines liberalen Märzministers, der sich wie wenige für sie eingesetzt hatte und bis fast zum Schluss ihr Mitglied gewesen war, die deutsche Nationalversammlung und mit ihr der liberale Versuch einer deutschen »Reichgründung« schon 1848/49. Für ihr Konzept einer nationalen Einigung ohne Bürgerkrieg hatten in den wichtigsten deutschen Staaten Voraussetzungen gefehlt, die nur in Württemberg vorhanden waren – nicht zuletzt Politiker, die sowohl im Lande Rückhalt hatten als auch willens waren, die freiheitlichen Bestimmungen von Reichsverfassung und Reichswahlgesetz in die Wirklichkeit zu führen.

Das Ende des »Märzministeriums« und die drei Landesversammlungen

Die Vertreibung der Nationalversammlung aus Stuttgart und die Rolle, die Römer und die Führer des »Landesausschusses der Volksvereine« dabei spielten, machten den Riss zwischen der Linken und dem »Märzministerium« unheilbar. Aber es war eine Spaltung des Ministeriums selbst, die schließlich sein Ende herbeiführte. Ganz und gar uneinig waren die Linke und Römer immer noch nicht, indem beide auf dem von den Grundrechten und dem Reichswahlgesetz vorgezeichneten Weg zur seit langem gewünschten Reform der württembergischen Verfassung weiter vorgehen wollten. Da wäre es sehr riskant gewesen, den Versuch einer »Reichsgründung« zu unterstützen, zu der sich der König von Preußen durch die Frankfurter Reichsverfassung und die Kaiserwahl, die er beide abgelehnt hatte, berufen glaubte. Seine Ende Mai veröffentlichten Verfassungsvorlagen und das »Dreiklassenwahlrecht« (das die preußisch-deutsche Verfassungsgeschichte bis 1918 mit bestimmen wird) gefielen nicht wenigen Liberalen besser als das, was sie selbst im März in Frankfurt ungern genug mitbeschlossen hatten. So erklärten die dann sogenannten »Gothaer« auf einer Versammlung im thüringischen Gotha, die preußische Politik mitmachen zu wollen. Für die meisten Württemberger war das nicht einmal erwägenswert. Wie die Linke lehnte der König eine preußische Führung kategorisch ab, und Römer und seine Anhänger wollten den durch die Frankfurter Entscheidungen gewonnenen neuen »Rechtsboden« ebensowenig räumen wie ihre ehemaligen Parteigenossen und jetzigen Todfeinde.

Mit seiner Mehrheit im »Langen Landtag« brachte das Märzministerium noch wichtige Gesetze zuwege. Das wichtigste war das Wahlgesetz vom 1. Juli 1849 für die vorgesehene verfassungrevidierende »Landesversammlung«. Nach allem, was vorhergegangen war, konnte es nur noch »demokratisch« sein. Es sah einen Ein-Kammer-Landtag mit 64 in den Oberamtsbezirken von allen Steuerzahlern, also praktisch allen »selbständigen« Männern direkt zu wählenden Abgeordneten vor, Rechtsnachfolger der bisherigen »Ständeversammlung«.

Die nach diesem Gesetz am 1. und 2. August 1849 veranstalteten Wahlen für die erste von schließlich drei »Landesversammlungen« endeten bei einer Beteiligung von etwas unter 60 % mit einer verheerenden Niederlage Römers. Bei der Hochachtung der Württemberger für das positive Recht – und das war die Frankfurter Reichsverfassung nach ihrer Anerkennung für Württemberg – kann man vermuten, dass die meisten, die zur Wahl gingen, nur ihre Missbilligung des »18. Juni« demonstrieren wollten, während die andern resigniert hatten. Jedenfalls erlebte das Land im Juli 1849 einen Wahlkampf, wie er nicht nur hier unerhört war – in den Mitteln modern und in der Sache überaus heftig. Es kam zu einer klaren Polarisierung zwischen den »Konstitutionellen« Römers und der Volkspartei, die als das eigentliche Thema der Wahl die Anerkennung der Reichsverfassung durchsetzen konnte. Es gelang ihr, Römers Anhänger überall in die Defensive zu drängen und schon im ersten Anlauf 45 von 61 Sitzen zu gewinnen, also fast drei Viertel. Römers »Partei« war auf 16 Abgeordnete reduziert. Seiner »konstitutionellen« Überzeugung gemäß bat er um seine Entlassung; der König verweigerte sie ihm. Gegen die Linke zu regieren fühlte sich Wilhelm offenbar noch nicht stark genug, mit ihr gehen wollte er erst recht nicht. Wenige Wochen später ließen Römer seine Ministerkollegen im Stich – sie hielten seine Politik für gescheitert. Da war er nicht länger zu halten.

Nach dem Ende der Nationalversammlung wurde die württembergische Politik so stark von der Außen- und Deutschlandpolitik bestimmt, dass man von ihrem »Primat« sprechen kann. Dem König als dem Inhaber der Richtlinienkompetenz ging es in erster Linie um die Erhaltung der Selbständigkeit seines Landes. Dafür war gewiss die alte Bundesverfassung zu modifizieren; die in Frankfurt beschlossene viel zu unitarische »Erbkaiser-Verfassung« aber war höchst gefährlich dafür. Indem Wilhelm sich jetzt den künftigen Siegern anschloss, bekam er bald auch in der Innenpolitik das Heft wieder in die Hand. Denn auch in Württemberg selbst war ein beträchtlicher Teil des Volkes vor allem in den katholischen Landesteilen mit der ihm von Römer und der Mehrheit des Landes abgezwungenen Anerkennung der Reichsverfassung so wenig einverstanden wie mit ihrer preußischen Variante. Für beide gab es jetzt eine Alternative, als Schwarzenberg Österreich wieder ins deutsche Spiel zurückführte.

Seine letzten Ziele legte der Österreicher nur nach und nach offen. Er wollte die Klein- und kleineren Mittelstaaten von allen Königreichen, nicht nur von Preußen allein, praktisch mediatisieren lassen, wobei Bayern, Sachsen, Hannover und Württemberg relativ mehr gewinnen mussten als die immer noch zweitstärkste deutsche Großmacht. Der Zollverein sollte ein Instrument der österreichischen statt der preußischen Politik werden. Österreich sollte durch engen Zusammenschluss aller seiner Länder – auch der nichtdeutschen – so konsolidiert werden, dass es schließlich die Führung in einem »Vierzig-Millionen-Reich« übernehmen konnte.

Diese Alternative war für Wilhelm interessant genug und hätte das auch für nicht wenige Württemberger sein können. Dem »Dreikönigsbündnis«, das Preußen zur Realisierung seiner eigenen »Reichsgründung« am 26. Mai 1849 mit Sachsen und Hannover abgeschlossen hatte, trat der Württemberger (wie Bayern) nicht bei, mit guten Gründen. Erstens wurde Österreich nach seinen Siegen in Oberitalien und Ungarn seit August 1849 immer stärker. Ihm selbst winkte zweitens die Chance, dem ererbten Fernziel einer württembergischen Herrschaft über ganz Südwestdeutschland etwas näher zu kommen. Schwarzenbergs Österreich genoss jetzt die Unterstützung der übrigen Großmächte, vor allem Russlands, gegen Preußen. Für Wilhelm, der immer ein gutes Gespür für reale Macht hatte, war das ein Grund mehr, sich Österreich anzuschließen. Es war nicht untypisch für ihn, dass er Schwarzenberg gleichzeitig dringend riet, der deutschen Nationalbewegung die Konzession einer parlamentarischen Vertretung im neuen Deutschen Bund zu machen. Ein Parlament – und selbst ein »deutsches« – fürchtete er nicht, wenn es nur richtig organisiert war.

Schwarzenbergs Politik bestimmte fortan in hohem Grad auch die württembergische. Als er am 30. September von Preußen in einem »Interim« die Zustimmung zu einer bis zum 1. Mai 1850 befristeten Bundeskommission als neuem Zentralorgan erreichte, verlangte Wilhelm von seinem Märzministerium den Beitritt. Der Innen- und der Finanzminister erklärten sich im Gegenteil für die preußische »Union« und traten zurück. Als Römer keinen Ersatz für sie fand, konnte ihn Wilhelm entlassen und durch seinen Vorgänger Schlayer ersetzen.

Die Mehrheit der Landesversammlung, die jetzt zusammentreten sollte, konnte realistischerweise kaum damit rechnen, dass unter diesen Bedingungen die Frankfurter Reichsverfassung bald oder überhaupt einmal Wirklichkeit werden könnte. Aber das war für sie unerheblich. Auf den Grundrechten und dem von ihnen legitimierten württembergischen Wahlgesetz vom 1. Juli beruhte ihre Arbeit und die von ihnen angestrebte Totalrevision der Verfassung. Deshalb setzten sie Wilhelms »Primat der Außenpolitik« zur Selbstbehauptung des Königreichs einen »Primat der Innenpolitik« zur Rettung der Grundrechte entgegen. Das war so aussichtslos, dass wir vermuten können, es sei ihnen nur darum gegangen, so zu unterliegen, dass in einer besseren Zukunft eine Wiederaufnahme des Kampfes möglich blieb. Als Schlayer aufs Ganze ging und durch königliche Notverordnung aus dem Eid der Abgeordneten zur Landesversammlung den Bezug auf die

Reichsverfassung strich, hatten sie nur die Wahl zwischen völliger Verweigerung oder Protest. Sie wählten den Protest – und sollten nicht mehr daraus herauskommen. Der von der Regierung vorgelegte Verfassungsentwurf beschränkte sich auf den Landtag und sah zwei Kammern und als Ausgleich für die Abschaffung der Adelsprivilegien eine noch stärkere Bevorzugung der Besitzenden als im Zweiklassenwahlrecht von 1819 vor. Als Schlayer dann auch noch erklärte, dass die Regierung sowohl die Verfassung von 1819 als auch den Deutschen Bund als fortbestehend betrachte, war das Maß voll. Die Landesversammlung konnte nur noch den Bruch provozieren. Nach nur drei Wochen löste Schlayer sie auf.

Auch die Regierung taktierte. Ende Januar 1850 ließ sie, nochmals nach dem Gesetz vom 1. Juli 1849, zu einer zweiten Landesversammlung wählen. Die Zahl ihrer erklärten Gegner stieg auf 48, drei Viertel. Der König selbst eröffnete am 16. März die Beratungen mit einer nach innen wie nach außen provozierend schroffen Thronrede. Er rechnete scharf mit der preußischen Unionspolitik ab, erklärte den Deutschen Bund für fortbestehend und drohte für den Fall einer Nichtverständigung über die Verfassungsreform kaum verhüllt mit dem Staatsstreich. Die folgenden Verhandlungen zeigten, dass es hier nur um verbesserte Ausgangspositionen für künftige Kämpfe, nicht um konkrete Ergebnisse ging. Die Landesversammlung klagte den Außenminister wegen der ohne Beteiligung des Parlaments vollzogenen Rückkehr zum Deutschen Bund vor dem in der Verfassung vorgesehenen Staatsgerichtshof an – das erste und einzige Mal, dass er zusammentrat. Das einzige, was sie erreichte, war die Ablösung Schlayers, der sie aus Gründen der Ehre erst nach dem von ihm erwarteten Freispruch seines Ministers auflösen wollte. Sein Nachfolger wurde der Freiherr von Linden, der diesmal nicht, wie im März 1848, nur »zwei Stunden«, sondern 14 Jahre lang Minister blieb.

Die zweite Landesversammlung wurde unmittelbar nach der Erhebung der Anklage gegen den Außenminister aufgelöst. Aber wider Erwarten ließ Linden eine dritte wählen. Die Wahlen zeigten, dass die Württemberger des Streites müde geworden waren – nur noch jeder dritte Wahlberechtigte ging zur Wahl, bei der Wahl zur zweiten Landesversammlung hatten das noch zwei von dreien getan. Die der Versammlung von Linden und von der Linken vorgelegten Verfassungsentwürfe aber zeigten, dass beide Seiten das Schwarze-Peter-Spiel beherrschten, mit dem sie sich günstige Voraussetzungen für die Fortsetzung schaffen wollten. Oder wollten sie sich wirklich beide so weit entgegenkommen, wie es scheinen konnte? Jedenfalls unterschieden sie sich nur in – gewiss nicht unwesentlichen – Nuancen. Beide sahen zwei Kammern mit ausschließlich gewählten Mitgliedern vor. Allerdings wollte Linden beide indirekt und nach (»Zensus«-)Klassen wählen lassen, die nach der Steuerleistung abgestuft waren, die Linke nur die Erste. Während sie jedes Jahr einen Landtag abhalten wollte, schlug die Regierung zwei Jahre vor. Beide wollten den Geheimen Rat abschaffen und durch ein vom König zu ernennendes und zu entlassendes »Staatsministerium« ersetzen. Linden wollte auch einen großen Teil der Grundrechte in der Verfassung verbriefen.

Auch wenn die zu seiner Vorberatung gewählte Kommission der Versammlung den Regierungsentwurf fast vollständig ablehnte, wurde der definitive Bruch doch wieder auf dem Feld der »Deutschlandpolitik« herbeigeführt. Die Mehrheit der Landesversammlung verlangte eine klare Distanzierung Württembergs von dem Versuch, den Deutschen Bund zu restaurieren. Eine Landesverfassung, die nicht von der gesamtdeutschen abgesichert war, hielt sie für wertlos. Der Freispruch ihres Außenministers erleichterte der Regierung, auf ihrem Weg weiterzugehen. Seit Juli waren die Staaten, die Österreichs Politik unterstützten, die Mehrheit. So konnte Schwarzenberg offen die Restauration des

Bundes gegen Preußen betreiben. Das passende Konfliktfeld war Hessen-Kassel, wo der Kurfürst mit dem Land im Verfassungsstreit war. Ihm wollten Österreich und seine deutschen Verbündeten helfen, Preußen, das Kurhessen wegen preußischer Etappenstraßen durch dieses Land als sein Einfluss- oder auch als Gebiet seiner »Union« betrachtete, das nicht dulden. Österreich einigte sich im Oktober in Bregenz mit Bayern und Württemberg auf eine bewaffnete Intervention des Bundes gegen Preußen. Württemberg sollte sich mit 20.000 Mann beteiligen; die Landesversammlung weigerte sich kategorisch, die Kosten dafür zu bewilligen. Sie wollte weder bei der Unterdrückung der Kurhessen mitwirken noch die Wiederherstellung des Bundes befördern, der auch nach 1849 den Rechten der Einzelstaaten so gefährlich zu werden drohte, wie er es bis 1848 gewesen war.

Daraufhin wurde auch die dritte Landesversammlung unverzüglich aufgelöst. Wenn Linden sich für die Rückkehr zur Verfassung von 1819 auf deren Notverordnungsparagraphen berief, so war das rechtlich höchst problematisch. Aber politisch hatte Württemberg kaum eine andere Wahl. Nachdem es schon zu einem ersten Schusswechsel zwischen Preußen und Bayern gekommen war, hatte Russland sich auf die Seite Österreichs gestellt. Preußen musste am 29. November 1850 im mährischen Olmütz (Olomouc) fast bedingungslos vor Schwarzenbergs überlegener Politik kapitulieren; kurze Zeit später kehrte es zum Deutschen Bund zurück. Sein erster Bundestagsgesandter wurde der noch nicht 35jährige Parlamentarier Otto von Bismarck-Schönhausen. Das war eine reine »Parteibuch-Ernennung«: Der junge Mann brachte für diesen derzeit schwierigsten Posten der preußischen Diplomatie nicht die geringste diplomatische Erfahrung mit, aber er hatte in einer großen Landtagsrede »Olmütz« verteidigt.

War die liberale und nationale Bewegung in Württemberg Ende 1850 auf den Stand von 1830 zurückgeworfen? Wohl kaum!

Was die Konservativen bis zur Februarrevolution von 1830 nur befürchtet hatten, war nun doppelt bestätigte geschichtliche Erfahrung: Der von Liberalen, Demokraten und – was beide waren – Kämpfern für die staatliche Einheit der deutschen Nation betriebene Umsturz der 1815 mühsam genug restaurierten Ordnung hatte nur mit Gewalt und ganz knapp abgewehrt werden können. Fürs erste waren die Truppen der Habsburger in Wien, Oberitalien und Ungarn und in der Folge die preußischen in einem größeren Teil Deutschlands, auch im benachbarten Baden, Sieger geblieben. Aber der Sieg war zu knapp gewesen, als dass König Wilhelm und seine Regierung hätten beruhigt oder ihre Gegner entmutigt sein können. Die Rivalität Österreichs und Preußens kam offenbar doch nicht den mittleren und kleineren deutschen Staaten zugute. Die französische Politik betrieb noch offener als bisher die Beseitigung der europäischen Ordnung von 1815. Allenfalls der gewachsene Einfluss Russlands konnte als Plus verbucht werden: Der württembergische Kronprinz war seit 1846 mit einer Tochter des russischen Kaisers verheiratet. Wenn die Bewahrung der Selbständigkeit Württembergs und wo möglich gar eine Vergrößerung seiner Macht das Ziel sein sollte, waren eine Stärkung des Deutschen Bundes in Zusammenarbeit mit Bayern, Österreich und auch Russland, aber Misstrauen gegen Preußen und Frankreich angezeigt. In der Innenpolitik waren potentielle konservative Bundesgenossen möglichst zu fördern, nicht die Standesherren, die 1848/49 versagt hatten, aber die Kirchlich-Konservativen auf evangelischer wie auf katholischer Seite, dazu die Bestrebungen der kleinen Gewerbetreibenden, deren Ablehnung des Wirtschaftsliberalismus 1848/49 deutlich geworden war. Die Beamtenschaft war von demokratischen und selbst liberalen Elementen zu säubern, die kommunale Selbstverwaltung noch mehr unter oberamtlich-staatliche Kontrolle zu bringen. Aber da »die öffentliche Meinung« nicht wirklich unterdrückt werden konnte und noch stärker als vor 1848 geworden war, musste das alles so rechtlich unanfechtbar wie irgend möglich bewerkstelligt werden.

Die Gegner waren besiegt, aber nicht vernichtet, desillusioniert, aber voll Zuversicht, dass die Zukunft ihnen gehören werde. Sie hatten gelernt, wie man durch Organisation an Stärke gewinnt, überhaupt viel politische Erfahrung gewonnen. Die Grundrechte, die Reichsverfassung und das württembergische Wahlgesetz vom 1. Juli 1849 waren als Rechtstitel nicht verloren. Erhalten geblieben waren auch die Verbindungen mit den Freunden außerhalb Württembergs – selbst in der Emigration, in die jetzt nicht ganz wenige württembergische Politiker von 1848/49 hatten gehen müssen. Der Buchstabe der Verfassung von 1819 war unverändert wieder in Kraft, die reale Verfassung aber war eine andere geworden. Der Anspruch des Königs und seiner Bürokratie auf politische Führung war viel schwerer durchzusetzen als noch vor wenigen Jahren. Auch die wieder gezähmte Volksvertretung begnügte sich je länger je weniger damit, die Rolle der Volkstribunen zu spielen und die Arbeit der Regierung nur im Nachhinein zu kontrollieren und zu kritisieren. Sie erhob den Anspruch auf echte Mitbestimmung, ja Führung. Deshalb konnte die Politik der Regierung nicht bloß gegenrevolutionär bleiben, sie musste postrevolutionär, ja nach französischem Vorbild »bonapartistisch« werden.

Das Ministerium Linden und die Lehren der Revolution

Joseph Freiherr von Linden, Geheimer Rat, Präsident des »Katholischen Kirchenrats«, ritterschaftliches Mitglied des Landtags seit 1838 und Mitglied der 3. Landesversammlung 1850 war ein

Politiker, dem Wilhelm ohne Bedenken die württembergische Innenpolitik überlassen konnte. Anders als in der Außenpolitik, die ohnehin seine »Prärogative« war, brauchte der König für »das Innere« einen Mann, der statt seiner den Kopf hinhalten, das heißt vor allem den Landtag zur Räson und Kooperation bringen musste. Nicht, dass jetzt mehr als schon von Schlayer vor 1848 »parlamentarisch« regiert werden sollte. Aber gegen eine Mehrheit des Parlaments regieren wollte Wilhelm aus mehr als einem Grunde auch nicht. Gerade in Württemberg war es klug, mindestens den Schein juristischer Korrektheit zu wahren, auch wo die Opposition über das Gegenteil klagte. Das Notverordnungsrecht durfte als höchst effektives Instrument nicht dadurch abgenutzt werden, dass es allzu oft benutzt wurde. Und die Erfahrungen des Jahres 1850 zeigten, dass gegen eine Mehrheit der Volksvertretung wenig oder nichts »ging«. Um in ihr genügend Anhänger zu haben, musste die Regierung noch mehr als vor 1848 die Wahlen steuern. Das war immer noch eine wichtige Aufgabe ihrer Beamten. Der jetzt gegründete »Staatsanzeiger« informierte sie in seinen Leitartikeln darüber, was die Regierung wollte. Im Hinblick auf die Massenwirkung war diese Tageszeitung wohl keine Konkurrenz für die führenden Blätter der Linken und der »rechten Mitte«, den »Beobachter« und den »Schwäbischen Merkur«. Aber es war nicht wirkungslos, die Beamten richtig zu »orientieren«, sie auszurichten.

Was die Mehrheit der Württemberger nach 1849/50 politisch wollte, wissen wir nicht. Die Presse war wieder sehr vorsichtig geworden, die Ergebnisse der offenen Zwei-Klassen-Wahlen können nicht »demoskopisch« gedeutet werden, und nicht wenige Wahlberechtigte gingen nicht zur Wahl. Der Wille der großen Partei der Nichtwähler ist noch schwerer zu erkennen als der der Wähler. Waren sie wirklich »politikmüde«, oder waren sie so sehr mit ihren materiellen Nöten beschäftigt, dass sie sich nicht auch noch um Politik kümmern konnten und wollten? Dass es sehr vielen nicht gut ging, zeigt die Zahl der Auswanderer, die um die Mitte der 1850er Jahre hoch war wie nie zuvor. Schon die Stockung von Handel und Wandel 1848/49 hatte die Schwäche der Gewerbe gezeigt, deren Produkte nicht zu exportieren waren und auch bei anspruchsvolleren Kunden im Lande einen schweren Stand hatten. Die stark parzellierten landwirtschaftlichen Betriebe im Kern des Landes waren von der Landwirtschaftsförderung des »Königs der Landwirte« wenig berührt worden. Ihre Inhaber waren nicht wirklich »Landwirte«, sondern meist kleine Bauern, deren Familien nur dadurch überlebten, dass alle – die Frau sowieso, aber auch die Kinder – draußen und in vielen Wochen des Jahres auch in einem Nebengewerbe drinnen ungemein fleißig waren. Den städtischen Handwerkern ging es nicht besser. Selbst bei Schlossermeister Nägele, Stadtrat und »Stiftungspfleger« und in der kleinen Stadt Murrhardt mit ihren nicht einmal 4.500 Einwohnern der einzige von nicht weniger als sieben Schlossern, der nicht »Alleinmeister« war, musste die ganze Familie bei der Produktion eines »Putzpulvers« helfen, das dann bis nach Stuttgart abgesetzt werden konnte.

Vielleicht war es also für Linden als den für die Wahlen zuständigen Minister (des Innern) gar nicht so schwer, eine gefügige Abgeordnetenkammer zu bekommen. Dies umso weniger, als seine Regierung nicht mehr nur, wie schon vor 1848, auf die evangelischen »Frommen« Rücksicht nahm. Auch gegenüber der katholischen »Landeskirche« verstand der Katholik das streng staatskirchliche Regiment zu lockern, das er selbst bislang praktiziert hatte. 1849 hatte sich ihre Mehrheit gegen die Gefahr einer Herrschaft des »protestantischen Preußen« über Deutschland gestellt. Das dankte ihnen jetzt ihr König, für den Religion ohnehin kein Herzensanliegen (wie etwa dem König von Preußen), sondern nur eine Sache der Politik war. Auch die meisten bewussten Glieder der evangelischen Landeskirche – die ja weiterhin »Staatskirche« war – bekannten sich zum »Königtum von Gottes Gna-

Niemand hat die evangelische Landeskirche Württembergs im 19. Jahrhundert so geprägt wie der dem Pietismus verbundene Prälat und Stuttgarter Stiftsprediger Sixt Carl Kapff (1805–1879).

den« als der ihnen von Gott gesetzten Obrigkeit, wie der Apostel Paulus und ihm folgend Luther gelehrt hatten. Aber auf sie war gegen Preußen nicht ebenso zu rechnen, umsoweniger, als auch der preußische König Maßnahmen gegen die Verbreitung ungläubiger Aufklärung durch die Schulen ergriffen hatte und als jetzt die pietistischen Junker dort an Einfluss gewannen. Überhaupt war es mit dem Protestantismus so eine Sache. Auf der einen Seite tendierten viele in die gleiche Richtung wie Strauß oder Vischer, auch Pfarrer, die allerdings nicht so weit gingen wie jene. Luther galt ihnen als Vater des »protestantischen Prinzips«, das oft von dem der »Aufklärung« (und des Liberalismus) nicht zu unterscheiden war. Auf der andern Seite spaltete er sich in immer mehr Freikirchen und Sekten, die gerade auch in Württemberg über mangelnden Zulauf nicht klagen konnten.

Es ist deshalb nicht weiter erstaunlich, dass im evangelischen Kirchenregiment Sixt Carl Kapff, Prälat zunächst in Reutlingen und dann Prälat und Stiftsprediger in Stuttgart, maßgeblich wurde. Er stand den Pietisten nahe, war aber politisch aktiver als sie. 1851 veröffentlichte er im Verlag des »Rauhen Hauses« in

Hamburg, einer Einrichtung dessen, was seit 1848 »Innere Mission« heißt und damals eindeutig konservativ war, eine »preisgekrönte Schrift« über »Die Revolution, ihre Ursachen, Folgen und Heilmittel«, in der er den vielen »verweltlichten« Pfarrern ins Gewissen redete, aber auch der Politik den richtigen Weg zu weisen suchte. Wirkungsvoller bis heute war ein anderer, der den Dienst der Landeskirche verlassen und sich dem an den Armen verschrieben hatte, Gustav Werner, der Stifter und Leiter des »Bruderhauses« in Reutlingen. Seine Analyse der Ursachen der sozialen Krise der Zeit erinnert an die von Marx und Engels. Bekämpfen und beseitigen wollte er sie durch die christliche

Als Unternehmer ist der Gründer einer der größten »Rettungsanstalten« Gustav Werner (1809–1887) gescheitert. Aber sein Werk wie sein Andenken lebt bis heute in der »BruderhausDiakonie« fort.

Die Werner'sche Anstalt bei Reutlingen.
a. Neues Wohnhaus. b. Küche. c. Älteres Wohnhaus. d. Oekonomiegebäude. e. Papierfabrik. f. Mechanische Werkstätte und Schreinerei
g. Magazin. h. Gießerei. i. Wagnerei.

Nächstenliebe, gegen gefährdete Kinder zunächst, bald gegen die Armen überhaupt. Ohne Rückhalt an einer kirchlichen Organisation, aber in einer heute kaum mehr vorstellbaren Weise unterstützt von Frauen und Männern, die ihm und seiner Sache bedingungslos vertrauten, überwand er mit übermenschlichem persönlichen Einsatz schwerste Krisen gerade auch seiner Wirtschaftsunternehmen, einer Papier- und einer Maschinenfabrik. Auch wenn das nicht zu verallgemeinern war, Leuchtfeuer und Hoffnungszeichen war es für viele doch.

Die strukturelle Rückständigkeit und Krise der württembergischen Wirtschaft wurde anders, mit einer entschieden liberalen Politik durch eine staatliche Stelle überwunden. An ihren Leiter erinnert heute in fast jedem größeren Gewerbegebiet ein Straßenname: Ferdinand Steinbeis. 1848/49 hatte er eine Massenbewegung zugunsten von »Schutzzöllen« organisiert, jetzt überzeugte er als Leiter der neuen »Zentralstelle für Gewerbe und Handel« Linden und den König von der Notwendigkeit, die württembergische »Industrie« fit für den Weltmarkt zu machen. In Belgien, erklärte er ihnen, habe es 1848 deshalb keine Revolution gegeben, weil die Belgier Arbeit und Brot gehabt hätten. In Württemberg habe man die Menschen gebildet, jetzt müsse man sie auch beschäftigen, um sie von destruktiven Gedanken abzubringen. Der nach der Logik der Sache dritte Schritt seiner Strategie war der, mit dem er begann: Auf der größten industriellen Leistungsschau der Zeit, der ersten »Weltausstellung« 1851 in London, setzte er durch, dass die Produkte des »Kingdom of Wurtemberg« nicht in der Masse des zollvereinlichen Angebots verschwanden. Um auf dem Weltmarkt bestehen zu können, mussten sie besser und ansehnlicher werden. Deshalb sorgte er zweitens dafür, dass seine »Zentralstelle« vorbildliche Muster sammelte und den Produzenten zur Verfügung stellte. Er schickte Experten in »ausländische« Gewerbelandschaften, auch scharfe politische Gegner wie Nägele, der über die Kleineisenindustrie in Solingen berichtete und Vorschläge machte, wo derlei in Württemberg möglich sein könnte. Gleichzeitig mit diesen sozusagen »späteren« Schritten war der erste zu tun: die Württemberger so zu bilden und auszubilden, dass sie überhaupt zu einer derartigen Produktion fähig waren. In dem von ihm redigierten und zu großen Teilen auch selbst geschriebenen – damals waren solche Behörden sehr klein – »Gewerbeblatt aus Württemberg«, das jede Woche erschien, konnten die Leser sich über neue Erfindungen und bessere Produktionsmethoden informieren. Er ersetzte den obligatorischen Abend- und Sonntagsunterricht für den gewerblichen Nachwuchs durch einen freiwilligen, für den die Schüler bezahlen mussten. Das reduzierte die Klassen auf die wirklich Interessierten, die nun besser und intensiver unterrichtet werden konnten. Ein französisches Buch, das in erzählender Form die Vorzüge liberalen Wirtschaftens darstellte, ließ er übersetzen; sein Preis wurde mit staatlichen Mitteln herabsubventioniert; die besten Absolventen der Kurse bekamen es als Anerkennung geschenkt. Da Steinbeis sah, wie wichtig die Arbeit der Frau eines Handwerksmeisters für seinen Betrieb war, kümmerte er sich auch um die Ausbildung der Mädchen. Die »Frauenarbeitsschule« in Reutlingen, eine der ersten, wenn nicht die erste in Deutschland, unterrichtete unter anderem in Buchführung und Handelskorrespondenz.

So wurde Württemberg aus einem rückständigen Agrarland ohne größere Rohstoffvorkommen in nicht sehr langer Zeit ein aufstrebendes Industrieland, dessen Handwerker sich nicht selten in kleine Unternehmer verwandelten und dessen Produktion sich nach und nach von der vorher dominierenden Textilindustrie auf den Maschinenbau ausweitete. Eine neue, nun liberale Gewerbeordnung beförderte das; sie enthielt auch Vorschriften zum Arbeiter- und Arbeiterinnenschutz und über Krankenkassen.

Lindens Repressionspolitik und ihre Grenzen

Wir können nicht wissen, ob die Württemberger durch das alles für Linden gewonnen wurden. Er selbst hat das lieber offen als die Wähler frei entscheiden lassen wollen. Er hat im Gegenteil alle Wahlen seiner Regierungszeit »gemacht« und sich im übrigen gehütet, den Landtag öfter als unbedingt nötig tagen zu lassen. Wie sich zeigen sollte, war das klug, wenigstens auf kürzere Sicht. Gescheitert ist seine Regierung nicht daran, sondern an der Außenpolitik, aber die war Sache des Königs selbst.

Wilhelm musste hier auf die öffentliche Meinung nur wenig Rücksicht nehmen. Groß war sein Spielraum trotzdem nicht. Denn Österreich, mit dem er zunächst ging, war nicht fähig, die »deutsche Frage« so zu beantworten, dass die besiegten, aber nicht überwundenen liberalen Nationalisten zufrieden gewesen wären. Auch die angestrebte wirtschaftliche Modernisierung verlangte auf mittlere und längere Sicht wieder eine stärkere Orientierung an Preußen als dem auf diesem Gebiet stärkeren Staat. Zunächst aber konnte sich Wilhelm auf die dynastische Verbindung mit dem Schwiegervater seines Sohnes, Kaiser Nikolaus I. von Russland stützen. Sie war auch nach 1855 unter dessen Sohn Alexander II. eine Basis der württembergischen Außenpolitik. Als sich die Österreicher im Krimkrieg sehr undankbar für die russische Hilfe bei der Unterwerfung der Ungarn 1849 den Westmächten anschlossen und nur von Preußen und den ihm folgenden andern Staaten des Deutschen Bundes daran gehindert wurden, gegen den Verbündeten von 1849/50 auch militärisch vorzugehen, wandte sich Russland wieder Preußen zu. Das erleichterte auch Wilhelm die langsame Reorientierung seiner Politik auf diese Macht hin. Zunächst, 1857 konnte er sogar ein Gipfeltreffen arrangieren: In Stuttgart trafen sich die Kaiser von Russland und von Frankreich, Alexander II. und Napoleon III. Das wertete ihn so weit auf, dass er zu beiden deutschen Großmächten eine zeitlang etwas Distanz halten konnte. Als 1859 mit dem Krieg des von Napoleon III. unterstützten Königreichs Sardinien-Piemont gegen Österreich für die italienische auch für die deutsche Nationalbewegung eine neue Etappe begann, wurde sofort auch wieder Württembergs Lage prekär. Militärisch geschützt konnte Deutschland nur von Preußen werden. Handelspolitisch musste ihm das Mitglied des Zollvereins sowieso folgen. Wie sich im folgenden Jahrzehnt immer wieder zeigen sollte, gab es dazu keine Alternative.

Den ersten nachrevolutionären Landtag von 1851/55 hat Linden schon bald nach seinem Amtsantritt wählen lassen. Dass die Opposition trotz aller seiner Bemühungen, »gute Wahlen« zustande zu bringen, stark bleiben würde, kalkulierte er ein. Tatsächlich waren seine Anhänger im Landtag in der Minderheit. Aber die Opposition war mehr als uneinig, sie war verfeindet. Die Demokraten wurden von Schoder geführt, die Liberal-konstitutionellen von Römer – und keiner konnte den 18. Juni 1849 vergessen. Linden trug dem Rechnung, indem er für die Wahl des Kammerpräsidenten Römer unterstützen ließ, der 67 Stimmen erhielt, Schoder nur 26. Danach kam es fast regelmäßig zu mehr oder weniger großen Abstimmungsmehrheiten für die Regierung. Selbst die förmliche Aufhebung der von vielen als das kostbarste Erbe der Revolution betrachteten Grundrechte von 1848/49 ging am 15. März 1852 mit 53:33 Stimmen durch. Der Minister der Reaktion musste also nicht gegen das Parlament regieren.

Von Dauer war das nicht. Nach Schoders frühem Tod im November 1852 übernahm sein Freund Julius Hölder die Führung der Gruppe, der letzte noch politisch aktive hohe Beamte aus Schlayers Ministerium. Seit 1854 konnten sich Liberale und Demokraten wieder nähern und bei der Abwehr von Lindens Versuch zusammenarbeiten, das kommunale Wahlrecht durch ein Dreiklassenwahlrecht zu ersetzen und gar den Adel für erlittene Verluste bei der Grundlastenablösung von 1848/49 mit Nachzahlungen in Höhe von mehr als fünf Millionen Gulden zu entschädigen. Als der Landtag im Mai 1855 mit großer Mehrheit demonstrativ eine Erhöhung der Ministergehälter ablehnte, wurde er aufgelöst. Bei den Neuwahlen im Dezember gewann Linden mit wenig feinen Mitteln eine Mehrheit von etwa 5:4; die offen abstimmenden Wähler waren dem Druck nicht gewachsen, den das Oberamt gleichsam als Wahlorganisation der Konservativen auf sie ausübte. Trotzdem wagte Linden nicht, den Landtag mit anderem als bloßen Formalien zu beschäftigen. Erst als 1858 ein neuer Etat zu verabschieden war, schlug die Stunde der sich seit 1855 formierenden »Fortschrittspartei« unter Hölders Führung. Die ungeliebte Adelsentschädigung war schon 1855 das Thema gewesen, das den Wahlkampf beherrschte. 1857 hatte die Opposition sie zum Gegenstand einer großen Adressenbewegung gemacht. 1858 konnte Linden sie nochmals vertagen lassen, 1861 war sie tot. Mit 61:24 Stimmen lehnte die Kammer Lindens Vorlage ab.

Im Spätjahr 1858 übernahm der preußische Kronprinz für seinen Bruder Friedrich Wilhelm IV., der regierungsunfähig geworden war, die Regentschaft. Das leitete dort im Spätjahr 1858 eine »Neue Ära« ein. Die Niederlage der Österreicher in Italien 1859 ließ die Liberalen erst recht Hoffnung schöpfen. Vollends die Feiern von Schillers 100. Geburtstag im Spätjahr 1859 zeigten die neue Stärke der liberalen, demokratischen und nationalen Bewegung in Deutschland und natürlich auch »in Schillers Heimat«. Der Deutsche Bund jedenfalls war so gut wie lahmgelegt und konnte für die Mediatisierten nichts mehr tun.

Nicht allein dem erstarkten Liberalismus fiel auch ein schon 1857 mit Rom abgeschlossenes und in der Hauptsache als gültig zu betrachtendes, aber vom Landtag in einigen Punkten noch zu bestätigendes Konkordat zum Opfer. Den evangelischen Württembergern war, obwohl sie doppelt so stark waren wie die Katholiken, die katholische Erneuerung unheimlich, die sich auch in einem seit 1848 erscheinenden gut gemachten »Deutschen Volksblatt« und in der Gründung von Gesellenvereinen mit letztlich anti-liberaler politischer Tendenz äußerte. Die Katholiken schlossen sich immer enger zusammen, die Evangelischen zersplitterten sich mehr und mehr! Vermutlich spielte Linden mit Rücksicht auf die heftige Diskussion im Land auf Zeitgewinn. Erst Anfang 1861 kam das Konkordat auf die Tagesordnung des Landtags, der vom Herbst 1858 bis zum Winter 1860/61 nicht einberufen worden war. Aber nun war eine andere Zeit gekommen. Auch in Baden hatte der Landtag eine entsprechende Vereinbarung mit der Kurie verworfen. Im März 1861 lehnte die Kammer in Stuttgart das Konkordat mit 63:27 Stimmen ab.

War es ein Zeichen der Zeit, dass daraufhin der federführende Kultminister Gustav Rümelin – in der Paulskirche ein »Erbkaiserlicher« – zurücktrat, als erster Minister, der in Württemberg vom Parlament gestürzt wurde? Ging es überhaupt nur um »evangelisch oder katholisch«, auch wenn die Abstimmungsfront fast genau entlang der Konfessionsgrenze verlief? Oder warum hat Rümelins Nachfolger nur in der Form, nicht auch in der Sache nachgegeben und damit Erfolg gehabt? Er legte ein Dreivierteljahr später ein Gesetz vor, das materiell die mit der Kurie schon 1857 vereinbarten Regelungen enthielt, die aber nun als einseitig vom Staat erlassen von ihm auch widerrufen werden konnte. Es wurde angenommen – und hat sich so bewährt, dass Württemberg anders als Baden und Preußen ein »Kulturkampf« und seinen Katholiken Loyalitätskonflikte erspart blieben. In Preußen jedenfalls wäre unmöglich gewesen, dass danach ein Katholik wie Mittnacht 33 Jahre lang als Minister diente, davon 30 tatsächlich und 24 auch formell als Ministerpräsident.

Linden konnte sich bis zum Tod seines Königs halten, vielleicht nur, weil der sich an keinen neuen leitenden Minister gewöhnen wollte. König Karl hat ihn – wohl auch zum Zeichen, dass nun liberaler regiert werden sollte – ein Vierteljahr nach seinem Thronantritt im Sommer 1864 in Gnaden entlassen. Die Bilanz seiner 14 Regierungsjahre war nicht so schlecht, wie die Opposition behauptete, wenigstens nicht im Vergleich mit Österreich, Preußen oder auch Kurhessen. Oppositionelle Beamte zu entlassen oder aus dem Staatsdienst zu drängen war nicht gegen das Gesetz. Der Opposition hat das so wenig geschadet wie im Vormärz im Fall Uhlands oder Römers. Eher im Gegenteil! Denn die Regierung sorgte so selber dafür, dass sie schlagkräftiger wurde. Auch die Verfolgung von Männern, die des Königs und ihrer Meinung nach 1849 zum Umsturz aufgerufen hatten, kann man Linden und seinen Kollegen kaum verdenken. Das Beispiel von Steinbeis zeigt, dass die Regierung der »Reaktion« – ob bewusst oder unbewusst – auch die liberale Modernisierung beförderte. Sogar die Einrichtung von Kirchengemeinden im evangelischen Württemberg hat auf längere Sicht die Mitwirkungsmöglichkeiten der Bürger vergrößert, selbst wenn sie zunächst und oft sehr lange zu Gremien führte, die fast bedingungslos mit der Regierung gingen.

Was zählt, ist, dass mehr und mehr Menschen sich irgendwie mit ihrem Land verbunden fühlten. Ob in Zustimmung oder Ablehnung, »Staat und Gesellschaft« wuchsen mehr und mehr zusammen.

Wilhelm I. und Württemberg 1816–1864 – eine Bilanz

Württembergs zweiter König hat das Ende seines Systems nicht mehr erlebt. Er starb am 25. Juni 1864, im 83. Jahr seines Lebens und im 48. seiner Regierung. Sein Anspruch – wie schon der seines Vaters – war, »souverän« zu sein, sein Bemühen, seine »Souveränität« nicht verringern zu lassen. Wenn überhaupt, war das bei der Größe und Eigenart seines Landes schwer zu erreichen. Württembergs Kleinheit erlaubte eine andere als bloß »symbolische Politik« nicht einmal im Rahmen des Deutschen Bundes, vom europäischen ganz zu schweigen. Der Gedanke einer »Trias«, also einer Zusammenfassung des »reinen Deutschland«, hätte sich auch dann nicht verwirklichen lassen, wenn die beiden deutschen Großmächte nicht gerade dagegen immer wieder zu ihrer Einigkeit zurückgefunden hätten, wie auch 1864 wieder – ein letztes Mal – in der schleswig-holsteinischen Frage. Auch war, wie »1848/49« gezeigt hatte, die württembergische Souveränität erst recht gefährdet, wenn sie nicht mehr einig waren. Bayern und wohl auch die meisten andern (man denke nur an Baden!) strebten andere Ziele an als die des Königs von Württemberg.

Nicht einmal das sahen Österreich und Preußen gern, dass Wilhelm durch ein Zusammenwirken mit seinen Untertanen stärker werden wollte. Doch hatte das auch von ihm aus enge Grenzen. Aus Mitbestimmung durfte nicht Selbstbestimmung werden, die seine Richtlinienkompetenz infragestellte. »1848/49« hatte gezeigt, wie groß diese Gefahr war. Deshalb hat er wohl nicht nur ungern dem Druck des Deutschen Bundes, also Österreichs und Preußens, nachgegeben, wenn sie von ihm verlangten, schon gewährte Freiheitsrechte wieder zurückzunehmen. Schwarzenberg eine parlamentarische Vertretung der Deutschen bei einem zu erneuernden Deutschen Bund zu empfehlen, war eines, dem eigenen Parlament größeren Einfluss zu gewähren, etwas anderes.

Aber Wilhelm hat verstanden, die Entwicklung seines Landes von Staats wegen zu fördern, und er hat nicht wenig für sein Zusammenwachsen getan. Vermutlich wollten die meisten Württemberger keine schnellere und keine gründlichere Modernisierung, als seine Regierung betrieb. Seine Minister hatten im

Landtag wohl doch nicht nur deshalb meistens eine Mehrheit, weil sie die Wahlen manipulieren konnten. Das ist nur eine Vermutung. Aber die meisten Württemberger waren doch eher behäbig oder auch misstrauisch »konservativ« als hoffnungsfreudig »progressiv«. Ein Volk von Bauern und kleinen Leuten weiß, dass auf Regen Sonnenschein kommt (und umgekehrt), und dass man damit irgendwie fertigwerden muss und kann. Wer damit nicht zurechtkam, wanderte aus, über See, in andere deutsche Länder, wo mehr Elan gefragt war, oder ins eigene Innere oder das einer kleineren Gemeinschaft – von Frommen, selbst von Sektierern oder eines Familien- und Freundeskreises.

Das hatte sich noch zu Lebzeiten Wilhelms zu ändern begonnen. »1848/49« hatten nicht wenige Württemberger eine Art von Ausbruch versucht: Mit dem deutschen Hebel wollten sie auch in Württemberg etwas bewegen. Sie experimentierten jetzt auch auf dem Gebiet der Wirtschaft mit Neuem. Sinnierer wurden zu Tüftlern und Erfindern; ihre Produktion sollte weltläufig werden. Auch der Pfarrersohn Steinbeis war nicht aus der Art geschlagen. »Mit Gewalt« ging das nicht; gar etwas »mit Teufels Gewalt« zu versuchen, war ein schwerer Tadel. Auch Wilhelm hat das möglichst vermieden.

Im Bismarckreich (1864–1916)

Die Anfänge König Karls

Wilhelm war am Ende kein starker König mehr. Sein Sohn Karl, der ihm am 25. Juni 1864 nachfolgte, war es von Anfang an nicht. Vielleicht war ja überhaupt die Zeit »starker Könige« zu Ende. Aber Wilhelm hatte den ungeliebten Sohn von den Geschäften möglichst ferngehalten. Auch mag es Karl nicht beflügelt haben, mit einer so energischen Frau wie der russischen Kaisertochter

Seit zehn Tagen König zeigte Karl am 5. Juli 1864, wie wichtig ihm die Eröffnung seines ersten Landtags war.

Olga verheiratet zu sein. Bei den Württembergern führte er sich gut ein: Er entließ alsbald Linden und ersetzte ihn durch den Freiherrn Karl von Varnbüler. Auch die »Öffentlichkeit« wurde gestärkt, als er die Freiheit der Presse wiederherstellen ließ. Offenbar erschien es gut, »das Land« williger hinter sich zu haben. Denn in und um Deutschland war vieles in Bewegung geraten. Österreich steckte in einer Dauerkrise. Trotzdem oder deshalb versuchte es, in Deutschland durch eine Bundesreform wieder Boden zu gewinnen.

Die Chancen dafür schienen nicht schlecht zu sein, weil in Preußen die Zeit der »moralischen Eroberungen« zu Ende war, die Prinzregent (und jetzt König) Wilhelm Ende 1858 proklamiert hatte. Die Heeresreform, die Wilhelm und die Konservativen betrieben, war wegen ihrer erkennbar antibürgerlichen Ziele am Widerstand der Zweiten Kammer aufgelaufen. Im September 1862 hatte ein taktisch ungemein geschickter Konservativer das Amt des Ministerpräsidenten übernommen und regierte nun mit Hilfe der Ersten Kammer und einiger »Lücken«, die in der preußischen Verfassung sehen wollte, gegen die Mehrheit des Parlaments. Wir kennen ihn: Otto von Bismarck, den konservativen Parlamentarier von 1848/50 und Bundestagsgesandten von 1851. 1858 war er nach St. Petersburg versetzt, wie er selber sagte, »an der Newa kaltgestellt« worden. Schon 1859 hatte er – an die Öffentlichkeit war das nicht gedrungen – dem Prinzregenten vorgeschlagen, die Schwierigkeiten der Österreicher in Italien dazu zu benutzen, das preußische Heer, »die Grenzpfähle im Tornister«, nach Süden marschieren und sie »am Bodensee oder da, wo das protestantische Bekenntnis aufhört, vorzuwiegen«, wieder einschlagen zu lassen. Das Königreich Preußen »in Königreich Deutschland umzutaufen« sei dafür so wenig nötig, wie die andern Fürsten »von Land und Leuten zu jagen«. Es genüge, »ein anderes Bundesverhältnis einzuführen, nach welchem Heer und Zollwesen in der Hand des preußischen Präsidiums« bleibe.

Im Rückblick scheint es, dass das Bismarcks politisches Programm war. Er selbst hat sich nie darauf festgelegt. Nur sein Hauptziel hielt er unverrückbar fest: Vergrößerung der Macht Preußens – und des Ministerpräsidenten Bismarck! Wann immer er einen Plan verfolgte, hielt der regelmäßig auch eine zweitbeste Möglichkeit offen. Nach einer Verständigung mit Russland, dem er 1863 geholfen hatte, den (letzten) »polnischen Aufstand« niederzuwerfen, war das 1864 die Verständigung mit Österreich. Die Österreicher ließen sich ins Schlepptau von Bismarcks Schleswig-Holstein-Politik nehmen. Gemeinsam zwangen sie Dänemark in einem kurzen Krieg zur Abtretung der Herzogtümer. Den Bund hatten beide von Anfang an ganz und gar aus dem Spiel gelassen. Preußen besetzte den Norden, Österreich den Süden. Das alles hatte es bald bitter zu bereuen. Auch für die kleineren Mitglieder des Deutschen Bundes war das so oder so unangenehm. Denn ob Österreich und Preußen zusammengingen oder sich verstritten, wirklich Einfluss nehmen konnten sie weder im einen noch im andern Fall.

Hat die Regierung in Stuttgart und ihr neuer starker Mann, der Freiherr von Varnbüler, hoffen können, dass Bismarck bald gestürzt werden würde? Der war nicht nur in Preußen selbst mehr als unpopulär, er war auch bei den Württembergern und wohl den meisten politisch interessierten Bürgern des »Dritten Deutschland« geradezu verhasst. Würde er, wenn es hart auf hart ging, eine militärische Niederlage Preußens politisch »überleben« können? Oder musste Preußen dann einlenken und seine seit 1864 immer deutlicher werdende Absicht aufgeben, Österreich aus Deutschland zu verdrängen? Seine im April 1866 vorgelegten Bundesreformpläne waren erstaunlich genug: Ein »deutsches Parlament« nach dem Wahlrecht der Paulskirche und ein Ausscheiden Österreichs – das hielt Österreich immer noch für unannehmbar. So kam es zum Austritt Preußens aus dem »unauflöslichen« Deutschen Bund von 1815 und zur militärischen Bundesexekution aller gegen Preußen. Nur einige wenige Kleine in Nord- und Mitteldeutschland, die nicht anders konnten, gingen mit ihm, die andern zogen gegen es in den Krieg. Stolperten sie damit sehenden Auges in ihre sichere Niederlage?

Sinn für harte Realitäten wird man dem als allzu wendig verschrieenen Varnbüler kaum absprechen können, auch wenn er so unvorsichtig war, im Stuttgarter Landtag, der die Kriegskredite bewilligte, wie einst den Römern der Gallier Brennus jetzt den Preußen ein »vae victis!« – »wehe den Besiegten« zuzurufen. Wie gut – und von Moltke gut geführt – das preußische Heer jetzt war und wie schlecht das der Österreicher und ihrer Verbündeten, das war vor dem »deutschen Krieg« von 1866 noch nicht so sicher wie gleich danach. Auch hatte man darauf hoffen können, dass Preußen vor dem entschlossenen Widerstand von fast ganz Deutschland zurückweichen und mit seiner Spielerpolitik auch »der tolle Junker« Bismarck am Ende sein würde.

Als weder Bismarck stürzte noch Preußen besiegt wurde, als die preußische Landtagswahl am Tag der entscheidenden Schlacht von Königgrätz (3. Juli 1866) mit einem Sieg der Konservativen und die Schlacht mit einer Niederlage der Österreicher endete, war eine radikale Wendung der württembergischen Politik überdringend. Württemberg hatte mehr verloren als die 66 Toten, rund 500 Verwundeten und 150 Vermissten in den Gefechten bei Tauberbischofsheim, Hardheim und Gerchsheim. Jetzt ging es um seine selbständige Existenz. »Italien« schreckte. Dort hatte der Sieger Sardinien-Piemont die besiegten Staaten – nur der des Papstes in Rom war, geschützt von Napoleon III., noch selbständig – zu bloßen Provinzen eines zentralistischen »Königreichs Italien« gemacht. Würde jetzt auch die Geschichte des Königreichs Württemberg zu Ende sein?

Prekäre Selbständigkeit 1866–1870

Das Ziel, das Bismarck 1859 dem König von Preußen und seinem Staat vor Augen gestellt hatte, ließ sich auch erreichen, ohne dass das »Königreich Preußen« in »Königreich Deutschland« umgetauft wurde. Wenn, wie von ihm 1849 in Abwehr der Frankfurter Reichsverfassung formuliert, »Preußen Preußen bleiben« sollte, war das bei weitem vorzuziehen. Auch die Stellung Preußens in Deutschland und Europa legte das nahe. Frankreich hatte aus dem deutschen »Bruderkrieg« herausgehalten werden können. Aber nach den damaligen Spielregeln der internationalen Politik hatten die andern Großmächte ein Recht auf »Kompensationen«, wenn Preußens Macht deutlich größer wurde. Darauf musste in erster Linie Frankreich bestehen, denn das »bonapartistische« Kaisertum Napoleons III. konnte nur mit außenpolitischen Erfolgen lebendig erhalten werden. Selbst Großbritannien und Russland durften nicht allzusehr aufgeschreckt werden. Österreich war zwar besiegt, aber nicht niedergeworfen. Wien konnte an »Revanche« denken, wenn es gelang, dafür Frankreich zu gewinnen. Und wären auch nur Württemberg und der »protestantische« Norden Bayerns von Preußen leicht zu verdauen gewesen?

Nicht aus Großmut, sondern aus klugem Kalkül forderte Bismarck jetzt für Preußen nur so viel, wie Österreich und Frankreich gerade noch zugestehen konnten. Denn das Spiel war noch lange nicht aus. Wann es zu Ende sein und was am Schluss herauskommen würde, war offen. Bismarck selbst scheint mit einer längeren Dauer gerechnet zu haben. Der König von Württemberg und sein leitender Minister als sehr untergeordnete Mitspieler tappten erst recht im Dunkeln. Nicht nur für sie war das neue deutsche Kaiserreich 1870/71 viel schneller da, als erwartet oder befürchtet. Bis es so weit war, blieb offen, ob es überhaupt einmal kommen würde.

1866 war Bismarck wider Erwarten nicht Opfer des preußischen Verfassungskonflikts und des von ihm herbeigeführten Krieges geworden. Aber auch Varnbüler blieb im Amt. Als ein Mann der Wirtschaft, nicht von Haus aus der Diplomatie, hatte er jetzt eine ungewöhnlich schwierige Aufgabe zu lösen. Da war zuerst der Sieger, von dem noch niemand wusste, wie er den Sieg zu nutzen gedachte. Da waren die Verbündeten des Frühsommers, allen voran Österreich. Da waren der König und seine »russische« Gemahlin, die ihre eigenen Vorstellungen von Russlands Politik und Württembergs Zukunft hatten. Und da waren die Württemberger, von denen die meisten mit ihrem König darin einig waren, dass sie Preußen hassten. Einen norddeutschen Professor, der das öffentlich anprangerte, kostete das sein Tübinger Amt.

Um etwas klarer zu sehen, reist Varnbüler zunächst einmal nach Wien. Die »grenzenlose Panik«, die dort wegen des preußischen Vormarschs auf Nikolsburg (Mikulov) an der Südgrenze Mährens, nur 75 km von Wien, herrschte, widerte ihn an. Er sah richtig, dass der »Dank vom Haus Österreich« für Württemberg tödlich sein konnte. Tatsächlich schloss Wien am 26. Juli in Nikolsburg mit Preußen einen Waffenstillstand, der den Deutschen Bund und Österreichs Beteiligung an einer deutschen Verfassung der Erhaltung Österreichs (das nur Venetien an Italien abtreten musste) ebenso opferte wie seine Verbündeten nördlich des Mains. 17 (und später fünf weitere) nord- und mitteldeutsche Staaten, darunter auch das Königreich Sachsen, schlossen sich am 18. August dem von Preußen zu gründenden neuen »Norddeutschen Bund« an. Das Königreich Hannover, Hessen-Kassel, Nassau, Frankfurt am Main und natürlich Schleswig-Holstein wurden Preußen unmittelbar einverleibt. Die Staaten südlich des Mains durften »in einen Verein zusammentreten, dessen nationale Verbindung mit dem Norddeutschen Bund der näheren Verständigung zwischen beiden vorbehalten« bleiben sollte.

Doch so lange wollte Varnbüler nicht warten; er wartete jetzt in Nikolsburg darauf, von Bismarck empfangen zu werden. Dazu musste erst die russische Verwandtschaft der Königin eingeschaltet werden. Varnbüler gelang es dann, Württemberg eine preußische Besetzung zu ersparen. Die Zahlung einer Kriegsentschädigung von 8 Millionen Gulden war schlimm genug. Aber er war auch zu größeren Opfern bereit. Noch in Nikolsburg erklärte er Bismarck die Bereitschaft Württembergs zum Eintritt in den Norddeutschen Bund. Aber der lehnte ab – er müsse Rücksicht auf Frankreich nehmen. Die hatte auch Varnbüler genommen: In Württemberg wusste man seit Jahrhunderten, dass der Weg von Straßburg über den Kniebis nach Stuttgart nicht weit ist. Einen gewissen Schutz vor Frankreich hatte bisher die Mitgliedschaft im Deutschen Bund geboten, aber den gab es nun nicht mehr. Offenbar auf Varnbülers Vorschlag einigten sich bei den Friedensverhandlungen Mitte August in Berlin Bismarck und er darauf, die im Vertrag vorgesehenen Artikel über die wechselseitige Garantie des Besitzstandes zu einem »Schutz- und Trutzbündnis« weiterzuentwickeln, das zunächst geheimgehalten werden sollte. Das konnte den Deutschen Bund ersetzen – und war zugleich ein erster Schritt zur Verwirklichung von Bismarcks »Programm«, Preußen die militärische Führung über das ganze außerösterreichische Deutschland und nicht nur über seinen Norden zu verschaffen. Denn Baden, Bayern und Hessen-Darmstadt folgten nach wenigen Tagen. Auch in der Frage einer Erneuerung des Zollvereins klopfte Varnbüler bei Bismarck an. Der Zollverein hatte zwar auch während des Krieges funktioniert, den seine Mitglieder gegeneinander führten, aber nun wollte Bismarck ihn im Norddeutschen Bund so umgestalten, dass Entscheidungen mit Mehrheit getroffen werden konnten. Das musste ihn vollends Preußen in die Hand geben, dem im Norddeutschen Bund volkreichsten und übermächtigen Staat. Bismarck sagte Varnbüler nur ein sechsmonatiges Kündigungs-

recht zu, behielt also eine Möglichkeit in der Hand, auf die kleineren Partner größeren Druck auszuüben.

Das alles im württembergischen Landtag zu vertreten war
nicht leicht. Die Regierung brauchte Geld für die wegen des
geheimen Bündnisses mit Preußen nötige Modernisierung des
württembergischen Militärs. Auch interessierte den Landtag,
ob und wie Württemberg bei der Verwirklichung des »Südbun-
des« mitwirken würde. Als Varnbüler von einem »versöhnlichen,
freundlichen Verhältnis zum Norden« auch nur als Möglichkeit
sprach, warnte die Mehrheit der Kammer vor einer zu frühen
Festlegung der württembergischen Politik. Sie hatte offenbar die
Mehrheit des Landes hinter sich. Eine »Deutsche Partei«, die
sich nach dem Krieg aus Konservativen, Liberalen und Linken
bildete und für einen deutschen Bundesstaat unter preußischer
Führung eintrat, sprach nur für eine Minderheit. Das wurde
deutlich, als im Oktober 1867 über das schon im März veröffentlichte Schutz- und Trutzbündnis und über einen vorläufigen
Beitritt zum neuen Zollverein debattiert und abgestimmt wurde
und die Regierung beides nur mit Mühe durchbrachte. Varnbüler
tat also gut daran, äußerst vorsichtig zu sein und öffentlich zu
betonen, dass Württemberg nicht ins Schlepptau der kleindeutschen Politik geraten solle. Auch in der Regierung selbst (und
natürlich erst recht am Hof) gab es schwerste Bedenken gegen
Varnbülers Politik, durch die Württembergs Eigenstaatlichkeit
sehr gefährdet sei.

Die Opposition glaubte gute Argumente gegen sie zu haben.
Trotz aller Schwierigkeiten, ihn zu verwirklichen, war der »Süd-
bund« immer noch möglich. Im Gegenteil hatte die Veröffentlichung der Schutz- und Trutzbündnisse Paris und Wien so
alarmiert, dass sich die beiden Kaiser in Salzburg trafen und
Frankreich immer öfter und deutlicher vor einem »Zuweitgehen«
Preußens in Süddeutschland warnte, das es als Kriegsgrund ansehen werde. Der Norddeutsche Bund und ein Zusammengehen

Württembergs mit ihm vergrößerte also die Gefahr eines Konfliktes mit Frankreich, in dem der deutsche Süden wahrscheinlich Kriegsschauplatz sein würde, statt sie zu verringern! Man sollte diese Sorge – schon 1830, 1840, 1848 und 1859 und auch zwischen 1866 und 1870 – viel stärker berücksichtigen, als das viele Historiker getan haben. Auch war das preußische Militärsystem im Süden sehr unbeliebt. Hier konnte man sich dem Wehrdienst durch den »Kauf« eines »Einstehers« so leicht entziehen, dass so gut wie kein Sohn des besitzenden und gebildeten Bürgertums ihn ableistete. Dagegen hatte im »militaristischen Preußen« das Bürgertum gerade jetzt – allerdings vergeblich – einen Verfassungskonflikt ausgefochten, als die Junkerpartei seine »Landwehr« zugunsten seiner »Linie« dequalifizieren wollte. War da nicht das System der Miliz, das die wehrhaften Schweizer hatten, die bei weitem bessere Lösung: eine kurze Grundausbildung und dann regelmäßige kurze Übungen, was viel billiger war, alle waffenfähigen Männer statt nur die Angehörigen der Unterschicht heranzog, also ein wirkliches Volksheer, das auch nicht gegen das Volk eingesetzt werden konnte wie das königliche Militär 1848/49?

Nicht nur gegen die Übernahme des preußischen Militärsystems agitierte die Opposition – mit größtem Erfolg. Auch gegen die neue Organisation der deutschen Zoll- und Handelspolitik hatte sie sehr populäre Argumente. Schon die bisherige, seit dem Abschluss eines preußisch-französischen Handelsvertrags 1862 vollends so gut wie freihändlerisch gewordene war hier unbeliebt. Dass jetzt nach der Verfassung des Norddeutschen Bundes die Zoll- und Handelspolitik als Bundesangelegenheit der Mehrheitsentscheidung von Bundesrat und Reichstag (so hieß dieses Parlament schon Jahre, bevor es wieder ein »Deutsches Reich« gab) unterliegen sollte, musste die Entscheidung erst recht in die Hand der preußischen Regierung spielen. In diesem Punkt ließ sich Varnbüler nicht beirren. Er wusste selbst, dass die württembergische Wirtschaft den Zollverein weder aufgeben

konnte noch wollte. Er setzte also den Anschluss durch und ließ
1868 auch zum »Zollparlament« in Berlin wählen, das durch den
Zutritt von demokratisch, das heißt nach dem gleichen »1849er«
Wahlrecht wie die norddeutschen Abgeordneten gewählten süddeutschen zum Reichstag des Norddeutschen Bundes gebildet
werden sollte. Nur das Bestreben der süddeutschen Bismarck-
Anhänger, über das Zollparlament zu einem »Vollparlament« zu
kommen, durchkreuzte er, indem die Regierung im Wahlkampf
die »Großdeutschen« und »Demokraten« unterstützte und ihnen
half, alle 17 württembergischen Mandate zu gewinnen.

Das war ein gefährliches Spiel, nicht nur, weil die »Kleindeutschen« immerhin 46.000 von 200.000 abgegebenen Stimmen
gewonnen hatten. Denn nun wurde auch ein neuer Landtag gewählt, mit einem neuen, ebenfalls »demokratischen« Wahlrecht,
das Württemberg 1868 eingeführt hatte. Und auch hier siegte
die Opposition, die schon vorher 150.000 Unterschriften gegen
ein neues, »preußisches« Kriegsdienstgesetz zusammengebracht
hatte, was immerhin 43 % der Wahlberechtigten entsprach. Die
inzwischen sehr radikal gewordene »Volkspartei« gewann bei
einer Wahlbeteiligung von 64 %, der höchsten im damaligen
Deutschland, 23 Mandate, die »Großdeutschen« 22, die »Deutsche Partei« 14, die Ministeriellen nur 11. Eine etwas genauere
Analyse lässt so deutliche Präferenzen der verschiedenen Klassen
der Württemberger erkennen, dass man fragen kann, ob nicht
sogar die Einheit des Landes in Gefahr war. Die Wähler der
»Kleindeutschen« und etwas weniger der Regierung wohnten
in den Städten. Wo die kleingewerblichen Schichten und auch
die noch wenig zahlreiche Industriearbeiterschaft stärker waren,
wurden die Kandidaten der Volkspartei gewählt, die ländlich-
agrarischen Gebiete wählten »großdeutsch«-konservativ. Die
Volkspartei führte den Wahlkampf vor allem gegen die deutsche
Politik Varnbülers, daneben ging es auch um spezielle Interessen
von Gewerbe und Landwirtschaft.

Die Württemberger waren so »modern« geworden, dass manche schon für den Fortbestand der Monarchie fürchteten, die Karl nicht populär zu machen verstand. Aber das war es wohl nicht, was sie und die Wähler am meisten bewegte. Wie der Erdrutschsieg der »Deutschen Partei« und der Ministeriellen im Dezember 1870 zeigen wird, war diese Radikalisierung auch und vielleicht nicht zuletzt eine Reaktion der süddeutschen Bevölkerung auf die auch von der französischen und österreichischen Presse seit 1868 geschürte Kriegsgefahr. Die Konsequenzen eines Kriegs für die Bevölkerung wurden in Broschüren und Zeitungsartikeln offen diskutiert. Auch deshalb konnte Varnbüler keinen geraden Kurs steuern. Keinen Zweifel daran zu lassen, dass Württemberg gerade in dieser Lage die Verträge mit Preußen einhalten werde, zugleich außenpolitisch möglichst unabhängig zu bleiben, was beides von König und Königin verlangt wurde, und mit einem so zusammengesetzten Landtag zusammenzuarbeiten, war eine hohe Kunst. Dass damit kein Vertrauen zu erwerben war, ist nur zu verständlich.

Der Weg ins Kaiserreich

Im Sommer 1870 war der Krieg da. Die französische Politik hatte die Gefahr, dass ein Prinz aus dem katholischen Hause Hohenzollern-Sigmaringen (es hatte 1850 die Herrschaft über ihr kleines Land an Preußen abgetreten) König von Spanien werden könnte, zu dem Versuch benutzt, einen diplomatischen Sieg über Preußen zu gewinnen. Preußischem Rat folgend hatte der Sigmaringer schon verzichtet. Aber Frankreich wollte mehr. Die drohende Niederlage in diesem Spiel hatte Bismarck durch eine berühmt-berüchtigte »Depesche« abgewendet, in der zu lesen war, dass der König von Preußen in Bad Ems den französischen Botschafter schroff abgewiesen habe, als der von ihm die Erklärung verlangt habe, dass Preußen sich auch künftig von allen derartigen Versuchen distanziere. Erfolgte die Veröffentlichung dieser »Emser Depesche«, die noch am selben Tag auch Paris erreichte, nur zufällig am 14. Juli, dem französischen Nationalfeiertag? Sie wirkte, wie von Bismarck erwartet: Am 19. Juli 1870 erklärte Frankreich Preußen den Krieg.

Auch in Württemberg sahen fast alle in Napoleon III. den Angreifer. Nun war vollends die französische Gefahr größer als die preußische. Es war unmöglich, sich dem nationalen Krieg zu entziehen. Die »Deutsche Partei« rief zu Kundgebungen auf, die »Volkspartei«, aber auch König und Königin resignierten. Varnbüler bekam vom Landtag mit nur einer Gegenstimme die Kriegskredite in Höhe von 5,9 Millionen Gulden bewilligt. Dann erzwang der König Ende August seinen Rücktritt, überzeugt, sein Minister sei »unberechenbar« und genieße deshalb »nirgends volles Vertrauen«.

Mit ihren norddeutschen, bayerischen, badischen und hessischen Waffenbrüdern zogen mehr als 40.000 Württemberger in den Krieg und waren Anfang August an der verlustreichen Schlacht bei Wörth und am 2. September an »Sedan«, dem entscheidenden Sieg beteiligt. Napoleon III. kapitulierte und kam nach Kassel in Gefangenschaft, das französische Kaiserreich war zu Ende. Noch nicht zu Ende war der Krieg. Aber der neue leitende Minister, Herrmann Mittnacht, schon bisher und weiterhin Justizminister, der unmittelbar nach Sedan sein Amt antrat, und seine Kollegen waren rasch einig, dass nun die nur völkerrechtlichen Verträge zwischen Preußen und den süddeutschen Staaten durch einen deutschen Bundesstaat abgelöst werden müssten.

Ihr Studium der norddeutschen Bundesverfassung konnte sie über die Zukunft Württembergs etwas beruhigen. Weil »Preußen Preußen bleiben« sollte und weil es genügte, wenn »Heer und Zollwesen in der Hand des preußischen Präsidiums« waren, hatte Bismarck eine Verfassung beschließen lassen, die so föderalistisch war, wie sie sein konnte. Denn das materielle Übergewicht Preußens war groß, erst recht seit den Annexionen nach dem Krieg von 1866. Der nächstgrößere Staat, das Königreich Sachsen, hatte nur etwas mehr als ein Zehntel der 24 Millionen Einwohner Preußens. Ungefähr entsprechend waren Wirtschaftskraft und alles andere verteilt, was von der Stärke der Bevölkerung abhängt. Trotzdem schonte Bismarck die Gefühle und auch die Mitwirkungsrechte der kleineren Bundesglieder, so gut es ging, auch gegen die immer wieder einmal spürbare Arroganz der preußischen Diplomatie und Bürokratie. Verständlicherweise hatten Mecklenburg mit etwa 600.000 Einwohnern, Hamburg mit stark 300.000 oder gar die kleinsten, die deutlich kleiner waren als ein heutiger Landkreis, nicht die gleichen Rechte wie die Großen. Aber die hatten sie im jetzt beseitigten Deutschen Bund auch nicht gehabt. Von dessen »Bundestag« übernahm Bismarck für seinen »Bundesrat« die Stimmenzahl. Im »Reichstag« war die Bevölkerung ungefähr proportional vertreten, also Preußen sehr viel stärker. Da half den kleinsten Staaten wenig, dass jeder unabhängig von seiner Größe wenigstens einen Abgeordneten nach Berlin entsenden durfte.

Wenn es allein nach Bismarcks Willen gegangen wäre, hätte der Reichstag ohnehin wenig zu sagen gehabt. Er wollte den Bundesrat zur eigentlichen Regierung machen – kollektiv (also gar nicht) »verantwortlich« wie jedes Kollegialorgan. Der »Konstituierende Reichstag des Norddeutschen Bundes« hatte stattdessen den »Kanzler« zum einzigen verantwortlichen Minister gemacht. Selbstverständlich war dann Bismarck und nicht der dafür vorgesehene hohe preußische Diplomat der erste deutsche »Bundeskanzler« (das war nicht Konrad Adenauer!) geworden. Als preußischer Außenminister – sein Ministerpräsidentenamt tat in dieser Hinsicht nichts zur Sache – gab er den preußischen Vertretern im Bundesrat vor, wie sie – »geschlossen«, wie die Verfassung vorschrieb – abzustimmen hätten. Er tat das, wie er oft betonte, als bloßes Organ des Königs von Preußen, der als Inhaber der Richtlinienkompetenz der eigentliche Ministerpräsident seines Landes sei. Theoretisch waren das alle »konstitutionellen Monarchen« für ihr Land. Der Norddeutsche Bund (und später das Deutsche Reich) hatte keinen. Deren Souverän war nicht der König von Preußen als »Präsidium« oder dann »Kaiser«, sondern »die Verbündeten Regierungen«, und deren Organ war der Bundesrat. Geleitet wurde er von Bismarck als Bundeskanzler und seit 1871 als Reichskanzler.

Die Verschleierung der wirklichen Machtverhältnisse beruhigte auch die württembergischen Minister. Konnten sie nicht vorhersehen, dass ein Machtmensch wie Bismarck einen starken Reichstag einem starken Bundesrat vorziehen würde? Denn in der konstitutionellen Monarchie ist der leitende Minister dann am stärksten, wenn er – er allein – mit einem starken Parlament umzugehen versteht. Er kann dann dessen Mehrheit gegen den Souverän ausspielen – und umgekehrt diesen gegen das Parlament. Jedenfalls war beruhigend, dass Württemberg von den 58 Stimmen des Bundesrats vier haben würde wie in der alten »Bundesversammlung«, deren engerer Rat von 17 in der Regel als »Bundestag« gewirkt hatte. In diesem hatte Württemberg wie Österreich, Preußen und alle Größeren eine Stimme gehabt, nur die sechs letzten waren von Gruppen kleinerer Staaten geführt worden. Auch jetzt führte Preußen im Bundesrat relativ weniger Stimmen als die andern. Zusammen mit denen der 1866 eroberten Staaten waren es 17. Die drei Königreiche und Baden hatten zusammen ebenfalls 17 – die für eine Mehrheit nötigen weiteren 13 würden zusammenzubringen sein. Bei einem Patt sollte Preußen den Ausschlag geben. Wenn über Gesetzesvorschläge über das Militärwesen oder die Kriegsmarine oder über die dem Bund zustehenden Zölle und indirekten Steuern keine Einigung erzielt würde, sollte »das Präsidium« (also praktisch Preußen) entscheiden, vorausgesetzt, dass es »sich für die Aufrechterhaltung der bestehenden Einrichtungen« aussprach.

Eine modifizierte Übernahme der Bestimmungen der Norddeutschen Bundesverfasssung über Präsidium, Bundesrat und Reichstag war unproblematisch, als im Spätjahr 1870 die Vertreter der süddeutschen Beitrittskandidaten mit Bismarck verhandelten. Größere Schwierigkeiten hatten die Unterhändler von Bayern und Württemberg beim Aushandeln von »Reservatrechten«, die ihnen allein verbrieft werden sollten. Gegen solche »Privilegien« war Widerstand von der Mehrheit des Reichstags zu erwarten. Bismarck hat sie ihnen trotzdem zugestanden. Umgekehrt wehrte er Bestrebungen des preußischen Kronprinzen und anderer ab, den König von Preußen zu einem »Kaiser der Deutschen« zu machen. Den andern drei Königen wollte er nur einen »Deutschen Kaiser« zumuten, einen Titel, der ihnen nichts nahm. So konnte die Verfassung des künftigen Kaiserreichs am 1. Januar 1871 vorläufig als die eines neuen »Deutschen Bundes« in Kraft treten. Ihre definitive Fassung ist vom 16. April 1871 datiert.

Die berühmte, in einem nachträglichen Gruppenbild des Historienmalers Anton von Werner festgehaltene »Kaiserproklamation in Versailles« am 18. Januar 1871, dem Krönungstag des ersten preußischen Königs Friedrich I. 1701, war eine historisch-politische Inszenierung, die vieles verschleierte. Sie tat so, als ob allein die deutschen Fürsten und die Militärs das neue Deutsche Reich gegründet hätten. Tatsächlich war das durch ein Bündnis der durch Bismarck vertretenen Monarchien mit der von ihnen und ihm so lange bekämpften deutschen Nationalbewegung geschehen. Schon einen Monat vorher, am 18. Dezember 1870, hatte der preußische König eine Deputation des Norddeutschen Reichstags empfangen und auch von ihr die Kaiserwürde angenommen. Geführt war sie von dessen Präsidenten, dem getauften Juden Eduard Simson, demselben, der Anfang April 1849 als Präsident der Nationalversammlung und Führer ihrer »Kaiserdeputation« Wilhelms Bruder die Frankfurter Kaiserwürde angetragen hatte. Auch nur wenig mehr als nur die halbe Wahrheit war, dass die deutsche Einheit – die zugleich auch eine Teilung Deutschland war – bisher durch Frankreich verhindert worden sei, wie Versailles als Symbol für die »Raubpolitik« des französischen Königs Ludwig XIV. suggerierte. Gewiss hätten die Franzosen in den kommenden Jahrzehnten auch ohne diese Ortswahl auf »Revanche« hingearbeitet, aber es ist wiederum kein Zufall, dass sie 1919 ihren Sieg über das als Kaiserreich untergegangene Deutsche Reich ebenfalls in Versailles verbriefen ließen.

Für die Württemberger war die Sorge vor einem Angriff der Franzosen lange sowohl ein Motiv für die deutsche Einheit als auch – zumal seit 1866 – ein Grund gewesen, einen Anschluss an die norddeutsche Vormacht Preußen abzulehnen. Denn würde Preußen sie im Fall eines Krieges mit dem so unruhigen wie übermächtigen Nachbarn verteidigen wollen und können? Nach »Sedan« hatten sie diese Sorge nicht mehr. Kurz vor Weihnachten wählten sie einen neuen Landtag. In ihn kehrten nur noch 17 statt bisher 45 »Volksparteiler« zurück. Die »Deutsche Partei« unter Julius Hölder bildete mit 32 Abgeordneten die stärkste Fraktion. Außerdem von etwa 20 »National-Ministeriellen« unterstützt, konnte Mittnacht fortan lange ruhig und sicher regieren. Im Februar 1871 bestätigte das Land in seinen ersten Reichstagswahlen, dass es »im Neuen Reich« angekommen war. Die noch vor kurzem so starken »großdeutschen Demokraten« konnten nur einen einzigen ihrer Kandidaten nach Berlin schicken. Die andern 16 traten im Reichstag der nationalliberalen und der freikonservativen Fraktion bei. Württemberg war wieder ein konservatives Land geworden, oder schien es zu sein.

Müßig, wie es scheinen könnte, ist die »kontrafaktische Frage« nicht, wie die Geschichte weitergegangen wäre, wenn Napoleons III. Frankreich statt Preußen-Deutschland den »Siebzigerkrieg« gewonnen hätte. Die besiegten Deutschen hätten sicher

– wie jetzt Frankreich – große finanzielle Opfer zu bringen gehabt. Preußen, Bayern und Hessen-Darmstadt hätten – wie Frankreich jetzt Elsass-Lothringen – wahrscheinlich ihre Gebiete links des Rheins abtreten müssen. Ob Württemberg, vielleicht um Baden und Hohenzollern vergrößert, einen französischen Satellitenstaat gebildet hätte, stark genug, österreichischen »Versuchungen« zu widerstehen und auch Bayern auszubalancieren? Das hatte im ersten Jahrzehnt des 19. Jahrhunderts König Friedrich träumen können. Wenigstens die Existenz des von ihm gegründeten Königreichs hätte seine russische Verwandtschaft noch 1870/71 vermutlich gesichert. Für die württembergische Innenpolitik ist die Frage etwas leichter zu beantworten. Zwar überraschten die württembergischen Wähler in der Landtagswahl vom Dezember 1870 mit einer unerwartet starken Zustimmung zur preußisch-deutschen Nationalstaatsgründung. Die preußenfeindliche Linke wird zwei Jahrzehnte brauchen, um sich von ihrer Niederlage zu erholen. Aber das war, als der deutsche Sieg über Frankreich so gut wie sicher war. Dass umgekehrt Frankreich als Sieger hier freudige und sichere Verbündete gewonnen hätte, ist trotzdem eher unwahrscheinlich. Der württembergischen Distanz zu Preußen entsprach keine emotionale Nähe zu Frankreich. Die geographische wurde immer nur als bedrohlich empfunden.

So, wie die Geschichte tatsächlich weiterging, sind die Württemberger – bei aller Distanz zum »spezifischen Preußentum« – bald mehr als nur passiv-loyale »Reichsdeutsche« geworden. Es zahlte sich aus, dass Bismarck 1866 die besiegten Süddeutschen als künftige Verbündete geschont und 1870/71 nationalliberale Zentralisierungsbestrebungen nicht unterstützt hatte. So ist bald der »Partikularismus« der Württemberger deutlich schwächer als der bayerische oder auch der der preußischen Junker gewesen.

»Im neuen Reich«

»Im Neuen Reich« war der Titel einer alsbald erscheinenden
Zeitschrift. Er stand für das nationale Pathos, das jetzt viele
Deutsche pflegten. Wohl die meisten Württemberger waren da
etwas nüchterner. Aber auch sie wurden durch die Bescheidenheit des deutschen Kaisers und preußischen Königs gewonnen,
der sich 1848 in Preußen und vollends 1849 nicht nur in Baden
so unbeliebt gemacht hatte. Bismarcks »Sünden« waren weniger
leicht zu vergessen, zumal da er mit dem »Sündigen« nie ganz
aufhörte. Aber was Württemberg durch den gemeinsam mit
Preußen errungenen Sieg von 1870/71 eingebüßt hatte, seine

Die Klugheit Bismarcks und Kaiser Wilhelms I. feine menschliche Art
haben es den Württembergern erleichtert, »im Neuen Reich« heimisch
zu werden. 1897 haben sie dem Kaiser zu seinem hundertsten Geburtstag das Reiterdenkmal auf dem Stuttgarter Karlsplatz gestiftet.

doch immer nur scheinbare »Souveränität« und manchmal weit überschätzte »internationale« Stellung, das gewann es jetzt an ganz realer Sicherheit. Das nicht unbegründete Gefühl einer Bedrohung durch Frankreich war fortan so gut wie verschwunden. Vom Rhein waren die Franzosen hinter die Vogesen zurückgedrängt, die deutsch-französische Grenze war jetzt nicht mehr nur 30 bis 40 km, sondern viermal so weit von Württemberg entfernt, die Festungen Straßburg und Metz waren deutsch geworden und lagen im neuen »Reichsland Elsaß-Lothringen«. Noch lange sah man es als wenig problematisch an, dass die Franzosen auf »Revanche« sannen. Denn das preußisch-deutsche Heer galt seit seinem Sieg als das beste der Welt, und die Württemberger waren stolz, dazu zu gehören. Auch von Österreich drohte keine Gefahr. Die Außenpolitik der zur »kaiserlich *und* königlich« gewordenen »K.u.k. Monarchie« Österreich-Ungarn wurde fürs erste von ungarischen Politikern geleitet. Die hatten kein Interesse daran, dass die »Doppelmonarchie« wieder zur *deutschen* »K.k. Monarchie« wurde, und suchten schon deshalb ein gutes Verhältnis zum Deutschen Reich. Auch war Bismarck deutlich bestrebt, die errungene Stellung zu bewahren, nicht, sie zu vergrößern. Deshalb kann bis 1914 die Geschichte des Königreichs Württemberg erzählt werden, ohne nochmals auf Außenpolitik einzugehen.

In der Innenpolitik ging auf das Land jetzt vom Reich eine »Sturzflut« neuer Gesetze nieder. Das Reichskanzleramt unter seinem liberalen Leiter Rudolf von Delbrück als vorerst einziges Ministerium (das nicht so heißen durfte) beschäftigte den Reichstag mit nicht wenigen Gesetzesvorlagen, die alle der Vereinheitlichung des deutschen Rechtes dienen sollten. Die nationalliberal-freikonservative Mehrheit nahm sie in der Regel gerne an. Viele davon nötigten die Bundesstaaten dazu, ihr eigenes Recht ihnen anzupassen, so, wie das heute das »Europarecht« tut.

Die in der Wirtschaft tätigen Württemberger fürchteten inzwischen Liberalismus und Vereinheitlichung viel weniger als noch vor wenigen Jahren. Selbst gegen eine Übernahme aller Eisenbahnen durch das Reich hätten manche nichts einzuwenden gehabt, im Gegenteil! Aber eine »Reichsbahn« gab es vor 1920 nur im »Reichsland« Elsass-Lothringen. Auch die eigene Post hatten Bayern und Württemberg in den Ende 1870 geführten Verhandlungen mit Bismarck »gerettet«. Das Reich sorgte aber für ein hohes Maß an Übereinstimmung mit den Grundelementen der »Reichspost«, nur die Einrichtungen, das Personal und Einnahmen und Ausgaben der württembergischen Post blieben Landessache. Das Land musste dem Reich dafür eine »Ausgleichsabgabe« zahlen. Aber natürlich war das Deutsche Reich ein einheitliches Postgebiet, auch wenn die Württemberger bis zum Beginn des 20. Jahrhunderts ihre eigenen Briefmarken hatten. Übrigens unterstand die württembergische Post wie die Eisenbahn als höchster Instanz dem württembergischen Außenministerium, das je länger je mehr eigentlich ein Verkehrsministerium war – und die weitaus meisten Staatsbediensteten beschäftigte.

Nicht nur Bayern oder Württemberg, auch und nicht zuletzt Preußen legte großen Wert darauf, dass die Verwaltung überhaupt im großen und ganzen Sache der Länder blieb. In Berlin wurden die Gesetze gemacht, ausgeführt wurden sie hier. Nur die Zölle und indirekten Steuern – und da nicht alle – waren Sache des Reichs. Alle andern blieben bis kurz vor dem Ersten Weltkrieg den Ländern. Ein »Steuerdumping« fürchtete damals noch niemand. Die Organisation der Justiz wurde reichsweit vereinheitlicht, aber auch hier durfte Württemberg wenigstens auf dem Gebiet der für »Handel und Wandel« wichtigen Freiwilligen Gerichtsbarkeit seine eigenen Einrichtungen behalten. Dies gilt bis heute für das Notariat.

Das Bildungswesen und die Regelung ihres Verhältnisses zu den Kirchen ließen sich die Länder erst recht nicht nehmen. Den »Kulturkampf« gegen die 1870 im Ersten Vatikanischen Konzil noch »römischer« gewordene Kirche machte Württemberg nicht

Karl Joseph Hefele, Bischof von Rottenburg, Historiker der Konzilien und 1870 selbst Teilnehmer am 1. Vatikanischen Konzil, war mutig genug, Kämpfe zu vermeiden, bei denen es nur Verlierer geben konnte. Württemberg blieb der »Kulturkampf« erspart, der die politische Kultur Badens und Preußens nachhaltig geprägt hat.

mit. Bischof Hefele von Rottenburg hatte auf dem Konzil gegen die »Unfehlbarkeit des Papstes« gestimmt und sich dem Konzilsbeschluss als letzter unterworfen. Ein Nationalkirchler oder Aufklärer war auch er nicht. Aber er honorierte, dass der württembergische Staat seit der Regelung der »Konkordatsfrage« zehn Jahre zuvor seine Kirche in Ruhe ließ. Dass der Ministerpräsident katholisch war, war hier unerheblich und allenfalls Symptom dafür, dass die Gleichberechtigung der Konfessionen in Württemberg tatsächlich praktiziert wurde, so fremd sich auch hier die Konfessionen gegenüberstanden. Die gemeinsamen Interessen beider großen Kirchen vor allem bei der kirchlichen Aufsicht über die Volksschule waren aber doch noch stärker.

Tendenzen zur reichsweiten Vereinheitlichung waren auf zwei verschiedenen Ebenen der Bildungsanstalten indirekt wirksam: bei der Landesuniversität Tübingen und im höheren und »mittleren Schulwesen«, also bei den Gymnasien im älteren Sinne und den andern Schulen oberhalb der Volksschule. Die Tübinger Universität – 1877 wurde sie 400 Jahre alt – hatte die Umwandlung der deutschen Universitäten im Sinne des preußischen Reformers und Gründers der Berliner Universität von 1810 Wilhelm von Humboldt sehr bedächtig mitgemacht. Nachdem nach 1848/49 selbst die Österreicher die ihren den deutschen Universitäten angepasst hatten, unterschieden sie sich im deutschen Sprachraum nur noch in ihrer Größe und manchen Spezialitäten. Tübingen gehörte zu den mittelgroßen und wurde ganz überwiegend von »Landeskindern« besucht. Ihre Professoren kamen jetzt mehr als früher aus ganz Deutschland und selbst von andern deutschsprachigen Universitäten wie etwa Dorpat (Tartu) im heutigen Estland. Den Historiker Jacob Burckhardt aus Basel zu berufen verhinderte allerdings die Philosophische Fakultät. Der Schweizer erschien manchen nicht »deutsch« genug! Die meisten Nichtwürttemberger fühlten sich in der immer noch halb ländlichen, romantischen kleinen Stadt am Neckar bald wohl – die freilich mit der anderen, Heidelberg, nicht wirklich konkurrieren konnte. Von ihren Besonderheiten war schon die Rede: den beiden theologischen Fakultäten, der »Staatswissenschaftlichen« und der 1863 aus Professuren der Medizinischen und der Philosophischen Fakultät gebildeten Mathematisch-naturwissenschaftlichen, der ersten in Deutschland überhaupt. Das allein hätte ihr in der Konkurrenz mit anderen Universitäten wenig geholfen. Inzwischen von dem ehemaligen Kultminister (und dann Präsidenten des Statistischen Bureaus) Gustav Rümelin als Kanzler mehr als von den jährlich wechselnden Rektoren geführt, erreichte sie jetzt zweierlei: dass Tübingen auch im Erscheinungsbild mehr und mehr zur Universität wurde, an die eine Stadt angeschlossen war, und dass diese deshalb kaum Industrie, dafür aber eine Garnison des württembergischen Heeres bekam. Das war wichtig, weil die neue Wehrordnung den Studenten ermöglichte, ihre Wehrpflicht als »Einjährig-Freiwillige« sozusagen nebenher abzuleisten, was nur möglich war, wenn sie das am Hochschulort tun konnten.

Überhaupt »das Einjährige«! Das Wort bezeichnete nicht nur die Dienstpflicht der angehenden Akademiker, es war auch ein Schulabschluss. Die »Primareife«, auch »Mittlere Reife« genannt, war Voraussetzung für den Eintritt in die beiden letzten Klassen des Gymnasiums und das Abitur. Wer sie nachweisen konnte, galt als genügend gebildet für die mittleren Beamtenlaufbahnen bei Staat und Kommunen, Post und Bahn. Auch die Wirtschaft rekrutierte nicht mehr alle ihre »Privat-Angestellten« aus den Kaufmannsgehilfen – für die sich ein »mittlerer Bildungsabschluss« ebenfalls empfahl. Die Städte und Städtchen waren also immer mehr daran interessiert, ihre Latein- und Realschulen so auszubauen, dass an ihnen »das Einjährige« erworben werden konnte. Nicht erst im 20. Jahrhundert entschied die Schule über die Berufschancen ihrer Schüler und über die Schulwahl der Eltern. Württemberg war auf dem Weg in die Moderne, in der immer mehr Menschen außerhalb von Landwirtschaft und Gewerbe im »tertiären Bereich« beschäftigt sind und entsprechend vorgebildet sein müssen.

Diese Einwirkungen des Militärsystems auf das Bildungswesen deuten darauf hin, dass die reichsweite Übernahme der seit den 1860ern in Preußen bestehenden Einrichtungen zu den für Württemberg wichtigsten Folgen der »Reichsgründung« gehörte. Die »Militarisierung der Gesellschaft« ging hier nicht so weit wie im preußischen Norden, aber auch hier waren »die Gedienten« stolz auf ihre Dienstzeit und pflegten ihre Erinnerungen in

Kriegervereinen. Die »Kaisermanöver« auf dem Langen Feld bei Ludwigsburg waren große Ereignisse. Hier inspizierte der »Oberste Kriegsherr« von Zeit zu Zeit das württembergisches »Kontingent«, das im Reichsheer – mit einigen Besonderheiten der Uniformierung – das XIII. Armeekorps bildete. Es bestand aus zwei Divisionen, einer Artilleriebrigade und drei Bataillons. In den Städten, die eine größere Garnison hatten, in der Soldatenstadt Ludwigsburg, in der Festungsstadt Ulm und vor allem auch in Stuttgart selbst war das Militär auch gesellschaftlich wichtig, in seinen oberen Rängen wie in der Masse. Das war lange anders gewesen.

Ministerpräsident Mittnacht

Anders als sein Vater und sein Großvater war Karl ein schwacher König. War er das auch im Vergleich mit den andern Monarchen seiner 27 Jahre dauernden Regierungszeit? Auch sie, oder doch die allermeisten von ihnen ließen mehr oder weniger ihre Minister regieren, selbst Napoleon III. oder die Kaiser von Österreich und Russland. Nur halb im Scherz sagte auch Wilhelm I. von Preußen, er regiere »unter Bismarck«. Walter Bagehot, der Verfasser einer bis heute klassischen Darstellung der »Verfassung Englands« rechnete in seinem 1867 in London und schon 1868 auf Deutsch erschienenen Buch die Monarchie seiner auch tatsächlich noch »regierenden« Königin Victoria nicht unter die »working«, sondern die »dignified parts of the constitution« – die »Bestandteile der historischen Ehrfurcht«, wie die Übersetzerin schreibt.

Unter den seit der ersten Jahrhunderthälfte sehr veränderten Umständen vertrug das Spiel »Konstitutionelle Monarchie« keine wirklichen »Selbstherrscher« mehr. Auch Karls Vater hatte in den letzten Jahren seiner Regierung nur noch die Außenpolitik – mit dem Militär der wichtigste Bereich »monarchischer Prärogative« – selbst geleitet und alles andere seine Minister, den Innenminister Linden voran, machen lassen. Da dessen Ressort noch vieles umfasste, was heute Aufgabe mehrerer anderer Ministerien ist, war seine Stellung sehr stark: neben Verwaltung und Polizei die Förderung von Landwirtschaft, Gewerbe und Straßenverkehr, das Gesundheits- und das »Armenwesen«, also die noch wenig ausgebaute Sozialpolitik, und vieles andere mehr. Neben diesem Superminister waren nur noch der Finanz- und der Kultminister wirklich wichtig. Der eine war zuständig für das gesamte Bildungswesen von der Volksschule bis zur Universität und – mit diesem eng verbunden – für die Beziehungen von »Staat und Kirchen«. Dem andern unterstand (noch) das auch in seinem Personalbestand immer größer und wichtiger werdende Unternehmen »Königlich Württembergische Staatseisenbahn«, bis Post und Eisenbahn als »Verkehrsanstalten« an das Außenministerium fielen. In allen diesen Bereichen hat seit dem letzten Drittel des 19. Jahrhunderts kein Monarch mehr wirklich regiert. Immerhin entschied auch Karl noch über Ernennung und Entlassung der Minister. Er war es, der sehr bald Linden entließ und durch den Freiherrn von Varnbüler ersetzte, den er dann 1870 durch Hermann Mittnacht ablösen wird. (Mittnacht freilich hat erst neun Jahre nach dem Tod des Königs sein Amt aufgegeben.)

Bei der wichtigsten seiner übrigen Aufgaben stand Karl seine Gemahlin zur Seite, Königin Olga. Die energische – und gutaussehende – Tochter des russischen Kaisers Nikolaus I. und der Schwester des späteren Kaisers Wilhelm I. verstand besser als ihr Mann, die Monarchie und damit Württemberg zu repräsentieren. Als Frau konnte sie sich freilich außerhalb der Wohltätigkeit kaum betätigen. Bagehot sah in Repräsentation den Sinn der Monarchie überhaupt. »Verehrung für unsern König und unsere Königin« erzeugte ein Wir-Gefühl und hielt das Land zusammen. Auf ihr Württemberg und seine Monarchie ließen letztlich auch die Politiker der demokratischen Opposition und ihre Anhänger nichts kommen. Karl allein konnte dieses »Wir-Gefühl« nicht erzeugen. Zwar wussten vermutlich nur wenige von seinen Neigungen, für die das Strafgesetzbuch des neuen Reiches in seinem (alten) § 175 eine Freiheitsstrafe vorsah. Was die eingeweihte Führungsschicht aller gesellschaftlichen Tabus ungeachtet akzeptieren musste, hätte das Volk damals vermutlich sehr verstört. Aber Karl scheute die Menschen; die Stuttgarter bekamen ihn selten einmal zu sehen – er zog sich nach Friedrichshafen zurück.

Die Entschlussschwäche Karls und seine Entfernung vom Zentrum der Geschäfte gaben Mittnacht die Gelegenheit, endlich die Überordnung des Geheimen Rats über das Ministerium umzukehren und sich selbst auch formell zu dessen Chef zu machen. Bei seiner Ernennung zum Präsidenten des Geheimen Rats und Vorsitzenden des Ministerrats Anfang September 1870 hatte er sein Amt als Justizminister beibehalten. 1873 übernahm er dazu das Ministerium des Auswärtigen (und des Verkehrs) und Königlichen Hauses, 1876 wurde er der erste Präsident des Staatsministeriums (und blieb das bis zu seinem Ausscheiden 1900). Der kluge und energische Politiker war 1825 geboren und eine halbe Generation jünger als Varnbüler, aber Altersgenosse des 1823 geborenen Königs. Auch diese Jüngeren hatten »1848« sehr bewusst erlebt; Mittnacht in seinem Examenssemester im unruhigen Tübingen. Seit 1849 im Justizdienst, war er 1861 als Staatsanwalt in Ellwangen zum Abgeordneten für den Landtag gewählt worden. In Stuttgart war er auch beruflich schnell aufgestiegen und 1865 Mitglied des Oberlandesgerichts geworden, bis er dann 1867 das Ministerium übernommen hatte. Neben und unter ihm sind dann nur noch die Innenminister etwas stärker hervorgetreten.

Es ist noch wenig erforscht, was der Geheime Rat auch noch nach seiner Entmachtung – auch für Mittnacht – bedeutete. Er behielt auch hier den Vorsitz über das Gremium, das weiterhin den König über alles beriet, was dieser ihm auftrug, alle Anträge auf Abänderung der Verfassung und in besonders wichtigen Angelegenheiten. Über die Wichtigkeit entschied weiterhin der König. Die täglichen Geschäfte wurden ohne ihn erledigt, wohl auch die wichtigen. Dazu gehörten vor allem die Reichsangelegenheiten, sowieso Ressort des Außenministers. Auch in dieser Eigenschaft war Mittnacht, der das besondere Vertrauen Bismarcks genoss, stark. Auf der andern Seite beherrschte er auch die Zweite Kammer des Parlaments. Die farblose »Landespartei« war seine Hausmacht, die nationalliberal-konservative »Deutsche Partei« unterstützte ihn, die »Volkspartei« bildete die Opposition. Die drei Gruppen waren ungefähr gleich groß, er hatte also meistens eine sichere Mehrheit.

Bei allem Liberalismus blieb er vorsichtig konservativ – wie es dem Instinkt der Württemberger entsprach. An die immer dringer werdende Reform der Kommunalverwaltung wollte er lange so wenig gehen wie sein Innenminister. Als früherer Oberbürgermeister von Stuttgart, dessen Einwohnerzahl sich seit 1850 (50.000) verdoppelt hatte (1870: 92.000, 1880: 117.000) und das jetzt Großstadt war, musste dieser wissen, wie wenig die Gemeindeordnung von 1822 noch passte. Doch er tat nichts. 1881 berief Mittnacht den Präsidenten der Zweiten Kammer, Julius Hölder, zu seinem Nachfolger. Aber dieser altgediente und politisch erfahrene Nationalliberale wollte zu viel. Der Kern seiner Pläne war eine enge Verbindung von Verwaltungs- und Parlamentsreform. Die Gemeinden sollten »Bürgergemeinden« bleiben, also Genossenschaften der Bürger, nicht wie heute »Einwohnergemeinden« sein. Über ihnen sollte sich die Selbstverwaltung der Oberämter und »Kreise« aufbauen, aus diesen ein Ersatz für die »Privilegierten« der Zweiten Kammer gewonnen werden. Das scheiterte an seiner Größe – und am üblichen Widerstand etablierter Interessen. Bei Hölders Tod 1887 war lediglich ein neues Bürgerrechtsgesetz (1895) in Kraft und die Trennung von bürgerlicher und

Die alte Königsrolle spielen konnte er nicht mehr,
aber zeigen musste er sich in ihr: Karl (1823–1891),
König von Württemberg 1864 bis 1891.

Kirchengemeinde vollzogen (1887). Seine Entwürfe für eine neue
Gemeinde- und eine Bezirksordnung waren noch nicht fertig und
wurden von seinen Nachfolgern nicht mehr vorgelegt. In diesem
Land wurden Neuerungen nur eingeführt, wenn es nicht mehr
anders ging, nicht weil sie besser schienen als das Alte.

1889 wurde loyal und groß das Thronjubiläum Karls gefeiert. Als er am 6. Oktober 1891 kinderlos starb, folgte ihm Wilhelm II. nach, ein 1848 geborener Enkel Wilhelms I. In Hofkreisen erwartete man nicht viel von ihm; er galt als wenig energisch. Genau das machte ihn – im Unterschied zu seinem Namensvetter Kaiser Wilhelm II. – so populär, dass ihm die Stuttgarter noch vor wenigen Jahren ein Denkmal setzten. Es zeigt einen älteren Bürger in Begleitung zweier Spitzerhunde – so hatten ihn die ältesten Stuttgarter noch erlebt. In der Regierung, ihrer Arbeit und ihrem Stil änderte sich vorerst nichts; die Zeit erlebte eine Epochenwende.

Karls Nachfolger Wilhelm II. (1848–1921), König von 1891 bis 1918, durfte schon die neue als »Bürger« geben.

Im »wilhelminischen Zeitalter«

Nach Kaiser Wilhelm II., nicht nach seinem Namensvetter König Wilhelm II. von Württemberg ist das Zeitalter benannt. Sein Regierungsantritt nach dem Tod seines Großvaters Wilhelm I. und seines Vaters Friedrich im »Dreikaiserjahr 1888« fiel in vieler Hinsicht mit dem Beginn einer neuen Periode der deutschen, ja der Geschichte einer »größer« gewordenen Welt zusammen, in der jetzt neue Mächte wie die Vereinigten Staaten von Amerika und Japan mitspielten. Auch in Württemberg war das Neue zu merken, auch wenn es mit Verspätung ankam und weniger dramatisch erschien.

Denn zur wirtschaftlichen und sozialen Dynamik des Kaiserreichs trug das kleine Königreich vor dem Ersten Weltkrieg wenig bei. Seine Bevölkerung wuchs langsamer als die des Reichs; sein Anteil an der Reichsbevölkerung ging von 4,43% 1871 über 4,11% 1891 auf 3,70% 1916 zurück. Der prozentuale Anteil der im »sekundären Sektor der Wirtschaft« (Landwirtschaft und Gewerbe) Beschäftigten, der noch in den 1870er Jahren höher als im Reich gewesen war, lag nun um mehrere Prozentpunkte darunter: 1895 betrug er nur 35,0 statt 39,1%; er näherte sich erst im neuen Jahrhundert wieder dem im Reich: 1907 waren es hier 40,0%, dort 42,8. Noch 1913 betrug das Volkseinkommen mit 1020 Mark im Jahr je Einwohner nur 88% des Werts im Reich (1160 Mark); in der Region Berlin-Brandenburg waren es 1605 und in Baden immerhin 1070 Mark. Nur jeder fünfte Württemberger, aber jeder dritte Deutsche lebte 1910 in einer Stadt mit mehr als 20.000 Einwohnern, nur jeder Neunte (im Reich jeder Fünfte) in einer Großstadt. Wenistens äußerlich hatte sich der ländliche, allenfalls kleinstädtische Charakter des Landes kaum verändert – wenn man von der einzigen Großstadt Stuttgart absieht, deren Einwohnerzahl sich von 1900 bis 1910 (auch durch die Eingemeindung von Cannstatt und mehrerer anderer

Vororte) von knapp 177.000 auf über 286.000 vergrößert hatte. Aber auch Stuttgart hatte so gut wie keine größeren »Arbeiterviertel« – Reiche und Arme lebten selbst hier räumlich fast »wie in der guten alten Zeit« zusammen.

Wenn in Württemberg jetzt trotzdem politisch einiges in Bewegung geriet, dann deshalb, weil das auch im Reich geschah. Der junge Kaiser hatte im Frühjahr 1890 den alten Bismarck entlassen können, obwohl er selbst nicht stark war. Seine Position war es, seine Persönlichkeit nicht. Für die starke Stellung des Kaisers hatte Bismarck mit seiner Loyalität zu Wilhelm I. selber gesorgt. Mit seiner in der ungeschriebenen Verfassung noch stärkeren hatte er allerdings die geschriebene zu einem großen Teil unwirksam gemacht. Aber nun war auch Bismarck schwach geworden, weil seine Politik neuen Herausforderungen nicht mehr entsprach. Seine nicht immer ganz bequeme Reichstagsmehrheit aus Nationalliberalen und Freikonservativen hatte er schon 1878/ 79 selbst zerstört, als seine Wendung zu Protektionismus und »Staatssozialismus« und sein Vernichtungskampf gegen die Sozialdemokraten die Nationalliberalen gespalten hatte. Seitdem war ihm nur noch wenig gelungen: die nach ihm benannte (aber seinen Absichten nur teilweise entsprechende) Sozialversicherung, dazu um den Preis einer Aufputschung der Nation (und Verschlechterung von Deutschlands Stellung in Europa) eine Heeresvermehrung. Als im Oktober 1890 nach »elf Jahren, elf Monaten und elf Tagen« das immer wieder verlängerte »Sozialistengesetz« vom 21. Oktober 1878 auslief, war er schon mehr als ein halbes Jahr auf dem Altenteil – und für den Kaiser über seinen Tod hinaus eine Gefahr. Seine Kritik an der neuen Politik fand desto mehr Glauben, je weniger Erfolge Wilhelm II. vorweisen konnte. Schon die Feier seines 80. Geburtstags 1895, auch von Tübinger Studenten groß begangen, wird zeigen, dass das deutsche Bürgertum »bismarckisch« geworden war. In der inneren Politik aber waren die schönen Zeiten unwiederbringlich vorüber, als noch

»Honoratioren« wie Bennigsen als Führer der Nationalliberalen oder Windthorst als der starke Mann der »Zentrums«-Partei Inhalt und Stil der Auseinandersetzungen geprägt hatten.

In Württemberg bestimmten jetzt wie im Reich die »Fundamentalpolitisierung« und der »politische Massenmarkt« das politische Spiel. Den Appell an die Massen, den bisher Bismarck mit großem Erfolg, das Zentrum mit einem der Stärke seiner Anhänger – wie in Württemberg war im Reich ungefähr ein Drittel des Volkes katholisch – entsprechenden geringeren und die Sozialdemokraten vorerst nur in den industriellen Zentren Deutschlands praktiziert hatten, ahmten nun auch die andern nach. Im »Bund der Landwirte« entstand eine agrarische Massenorganisation, die auch die Parlamentswahlen mitbestimmte. Im »Volksverein für das katholische Deutschland« organisierten sich die Katholiken, in sozialdemokratischen, christlichen und liberalen Gewerkschaften die Arbeiter. Die Landtagswahlen vom 1. Februar 1895 brachten bei einer Wahlbeteiligung von 73,9 % (bei den Reichstagswahlen von 1893 hatte sie nur 73,4 % betragen) einen politischen Erdrutsch. Die nationalliberale »Deutsche Partei« errang nur noch 13 Mandate, die linksliberale »Volkspartei« 31. Von der ministeriellen »Landespartei« hatten sich die Katholiken getrennt, als »Zentrum« vertraten sie, geführt von Adolf Gröber, 18 Abgeordnete. Erstmals saßen auch zwei Sozialdemokraten im Landtag (in den Reichstag entsandten sie 1898 den ersten). In einer »Freien Vereinigung« sammelten sich die Konservativen – in der Hauptsache die »Privilegierten«, aber auch die Vertreter des »Bauernbundes«, einer württembergischen Variante des »Bundes der Landwirte«.

Führend wurde nun für 17 Jahre die »Volkspartei«, die nach 25 Jahren ihre Niederlage vom Dezember 1870 wettgemacht hatte. Ihr starker Mann war der Rechtsanwalt Friedrich Payer, seit 1877 Mitglied des Reichstags, des Landtags erst seit 1894. Er wird als ein Führer der »Fortschrittlichen Volkspartei« 1918 letzter Vize-

Friedrich Payer (1847–1931) als Führer der »Demokraten« und Adolf
Gröber (1854–1919) als Führer des katholischen »Zentrums« waren
Württembergs wichtigste Parlamentarier in der Zeit Wilhelms II.

kanzler des Kaiserreichs neben Reichskanzler Prinz Max von
Baden sein. Jetzt wurde er Landtagspräsident; seine Stellung in
seiner Partei und Fraktion musste er dazu nicht aufgeben. Neben ihm wirkten in ihr vor allem die Zwillinge Conrad und (bis
zu seinem Tod 1907) Friedrich Haußmann – ihr Vater war ein
Veteran der alten »Volkspartei« gewesen, hatte aber nie einem
Parlament angehört.

König Wilhelm hatte 1891 versprochen, dass seine Regierung
wieder eine schon 1868 vergeblich versuchte Verfassungsreform
angehen wolle. Sie war 1894 am Widerstand Payers gescheitert,
der zwar noch nicht das Zweikammer-System, wohl aber die
Privilegierten aus der Zweiten Kammer beseitigen wollte. Doch
bis sie endlich zustande kam, vergingen nochmals über zehn
Jahre. Verglichen mit Preußen war Württemberg allerdings jetzt
schon weiter fortgeschritten, wenigstens politisch. 1897 zitierte

Bismarck in den »Hamburger Nachrichten«, seinem jetzigen Sprachrohr, einen württembergischen Demokraten. Dessen Abneigung gegen die herrschende preußische Regierungsweise fand der immer noch böse Altkanzler »erklärlich«. Seine rhetorische Frage, ob es im Süden wirklich besser sei, provozierte Conrad Haußmann zu einem Artikel »Vom ›mühsamen Regieren‹«, einer »vergleichenden Betrachtung der politischen Kultur der deutschen Einzelstaaten«. Er fand auch für »die württembergische Art des Regierens« herbe Worte: Eine »durch Inzucht gestärkte Bürokratie« sei »im Schaukelstuhl der Macht alt geworden«. Aber es werde eben doch »geschickter und loyaler, geräuschloser und weniger nervös regiert« als in Preußen. Die Minister verdienten sich das Vertrauen der Bevölkerung, indem sie Wort hielten; weil man im Lande glaube, dass die Regierung willig sei, arbeite man williger mit. Eine »politische Polizei« gebe es nicht, die Justiz produziere »weniger haarspaltende und haarsträubende« Entscheidungen. Die Sozialdemokratie werde weniger gereizt und belästigt und mache deshalb langsamere Fortschritte als anderswo. Das Versammlungs- und Vereinsrecht sei nirgends freier, das Schulwesen leide unter kirchlichen, kaum unter staatlichen Eingriffen. Selbst die staatliche Eisenbahn verzichte auf die 4. Wagenklasse, dafür nicht auf die 3. in den Schnellzügen. Überhaupt suche Mittnacht »mit der Bewegung des öffentlichen Geistes, wenn auch nicht Schritt, so doch Fühlung zu behalten«, und steuere die Politik mit ruhiger Hand. Zu alledem komme, dass kein plutokratisches Dreiklassenwahlrecht und kein »honoratiorenschützender Wahlmännerapparat« die direkte Beziehung zwischen Wählern und Abgeordneten störe, zwischen denen »ein verhältnismäßig reger persönlicher Verkehr« stattfinde, »welcher naturgemäß politisch erziehend und ausgleichend auf das Empfinden der Regierten« wirke. Dazu wäre viel zu sagen, aber weitverbreitete württembergische Empfindungen dürfte Haußmanns Artikel doch wiedergegeben haben.

Das Ende des alten Landtags

Nicht in allen Bundesstaaten und schon gar nicht in Preußen, aber in Württemberg hatte sich in den 1890er Jahren der landespolitische Betrieb dem im Reich angeglichen. Auch hier gab es jetzt ein Fünf-Parteien-System von Konservativen, katholischer Zentrumspartei, National- und Linksliberalen und Sozialdemokraten. Diese schienen zwar noch schwach – von den 17 Reichstagsmandaten errangen sie 1903 vier, in den national aufgeputschten und gegen das Zentrum und sie geführten »Hottentottenwahlen« von 1907 nur eines, 1912, als sie im Reichstag zur stärksten Fraktion wurden, drei, also ungefähr 18% – bei 32,5% der Wählerstimmen. Das Mehrheitswahlrecht mit Wahlkreisen, die seit über 40 Jahren der Bevölkerungsentwicklung nicht angepasst worden waren, benachteiligte sie schwer. Tatsächlich wurden sie immer stärker, auch, weil ihnen gelang, jetzt auch Angestellte, kleine Beamte und »Akademiker« anzusprechen. Nicht nur der Oberkirchenrat war schockiert, als »der jüngere Blumhardt« sich 1899 als Sozialdemokrat in den Landtag wählen ließ. Sein Vater Johann Christoph Blumhardt, aus einfachen Verhältnissen über das »Landexamen« ins Tübinger Stift und ins Pfarramt von Möttlingen bei Calw gekommen, war eine weithin wirkende Gestalt der Erweckungsbewegung gewesen. Der Sohn Christoph, der das vom Vater 1852 erworbene Bad Boll übernahm, hatte den selben Beruf erwählt. 1895 hatte er die »Enge des Vaters« verlassen, um den Weg in die Weite der Welt zu suchen – er fand ihn bei August Bebels Sozialdemokratie. Seine Kirche drängte ihn daraufhin aus dem Amt.

Wenn die Landtagsreform von 1906 wenigstens einen Teil der Abgeordneten über das damals noch ganz unübliche Verhältniswahlrecht gewinnen wollte, dann gewiss nicht, um eine Forderung der Sozialdemokraten seit ihrem Erfurter Programm von 1891 zu erfüllen – im Gegenteil! In größeren Städten, in Stuttgart sowieso, waren sie so stark geworden, dass die inzwischen üblichen Partei- und »Listenwahlen« der Stadträte diese »einfarbig rot« gemacht hätten. Stuttgart mit seinen inzwischen mehr als 200.000 Einwohnern wählte 1911 mit einer Mehrheit von nur noch 13.154 gegen 12.278 von 28.387 abgegebenen Stimmen den Kandidaten aller Bürgerlichen, Carl Lautenschlager, und nicht den sozialdemokratischen Kommunalwissenschaftler Hugo Lindemann. Auch im Landtag musste jetzt Stuttgart von mehr als nur dem einen Abgeordneten vertreten werden, den auch Ellwangen, »Gute Stadt« wie sie, mit etwa 4.700 entsandte. Nun brachte die Reform zuerst einmal die schon seit 1819 immer wieder geforderte »reine Volkskammer«, aber immer noch nicht das Ende der Ersten Kammer. In diese wurden jetzt vielmehr die »Privilegierten« versetzt. Überhaupt wurde sie in ihrer Mitgliederzahl und ihrer politischen Bedeutung nicht unerheblich verstärkt. Statt 29 bekam sie nun 51 Mitglieder, darunter auch einen Vertreter der Technischen Hochschule Stuttgart (und nicht mehr nur den Tübinger Universitätskanzler), je zwei für Handel und Industrie und für die Landwirtschaft und einen für das Handwerk. In der Zweiten Kammer saßen jetzt neben 63 in den 63 Oberämtern und sechs in den sechs kleineren »Guten Städten« nach dem Mehrheitswahlrecht Gewählten sechs in Stuttgart und 17 in zwei »Landeswahlkreisen« nach dem Verhältniswahlrecht bestimmte Abgeordnete.

Die »Parteiwahlen« – und das sind Wahlen nach einem Verhältniswahlrecht in der Regel – hatten die Honoratiorenwahlen auch in den andern Wahlkreisen so gut wie verdrängt. Die Parteien stellten jetzt auch dort Kandidaten auf, wo sie chancenlos waren, um ihre Stärke zu demonstrieren, und schlossen über die Grenzen der Bezirke hinweg Abkommen zur gegenseitigen Unterstützung. So kam es, zunächst wenig bemerkt und auf unterer Ebene, zu neuen Blockbildungen: Volkspartei und Sozialdemokraten, Bauernbündler und Zentrum fanden leichter zueinander als andere. Das wird Folgen haben über das Ende der Monarchie hinaus. Dass Politik weithin Sache der Parteien geworden war, zeigte auch die Tilgung der Verfasssungsvorschrift über die Sitzordnung des Landtags. Die Abgeordneten nahmen nun fraktionsweise, nicht mehr nach Rang und Alter Platz.

> Der Landtag von 1819, der zu einem nicht geringen Teil noch das Parlament einer ständischen Gesellschaft gewesen war, war damit zu einem Parteienparlament geworden. Doch mit einem grundsätzlichen Unterschied zu heute: Weil das Regierungssystem die Übernahme der Regierungsverantwortung durch eine einzige Partei ausschloss, vertraten die einzelnen Parteien verschiedene Interessen der Bevölkerung gegenüber der bürokratischen Regierung, die überzeugt war, sie allein vertrete das allgemeine Interesse. »Staatspolitik« statt »Parteipolitik« war ihre Devise. Umgekehrt waren die einzelnen Parteien nicht mehrheits- und regierungsfähig, weil sie einzelne Interessen oder Interessenbündel vertraten.

»Volkspartei« im heutigen Sinne, also eine Partei, die in sich divergierende Interessen ihrer Mitglieder, Anhänger und Wähler ausgleicht, also »Integrationspartei« ist, war allenfalls das Zentrum. Aber diese Partei vertrat eben nur ein Drittel der Wähler, von denen in Württemberg die meisten im ländlichen Osten und Süden lebten. Neben den »katholischen« vertrat sie deshalb vorwiegend bäuerliche Interessen. Die »Volkspartei«, die seit alters so hieß, war es ebenfalls nicht, auch wenn hinter ihr eine große Zahl von kleinbürgerlichen und immer noch auch kleinbäuerlichen Wählern stand. Aber die Arbeiter, die sie gewählt hatten, wählten nun mehr und mehr sozialdemokratisch, die Bauern und Weingärtner den »Bauernbund«. Das alte Wahlrecht hatte das aufgehalten und verdeckt, das neue kostete Payers Partei den Status als stärkste Fraktion und ihn das Amt des Landtagspräsidenten. Haben sie das 1906 nicht vorausgesehen, oder haben sie ihr politisches Ideal selbst auf Kosten ihrer Parteiinteressen fördern wollen? Auch die nationalliberale »Deutsche Partei« blieb, was sie im Kern immer gewesen war, eine Vertretung des besitzenden und gebildeten evangelischen Bürgertums. »Interessenparteien« waren auch – trotz allem – die Sozialdemokraten und erst recht der Bauernbund.

Die Minister, vom Dezember 1906 bis zum Oktober 1918 unter Karl (seit 1916 Freiherr von) Weizsäcker, konnten also weiterhin rechts über den Parteien regieren. Der König unterschied sich allerdings kaum mehr von einem bürgerlichen Staatspräsidenten. Insofern war die Verfassung des Königreichs in zwei wesentlichen Punkten nicht mehr die von 1819.

Erfolgsbilanzen

Was in Preußen-Deutschland Rang und Namen hatte, feierte 1913 das 25jährige Regierungsjubiläum Kaiser Wilhelms II. mit einer dreibändigen Darstellung »Deutschlands unter Kaiser Wilhelm II.« 1916 bekam zum gleichen Anlass König Wilhelm II. von Württemberg eine Festschrift. Die Württemberger begnügten sich, und wohl nicht nur, weil Krieg war, mit bloß einem Band von 1000 Seiten. Nur zwei Dutzend davon gelten dem König und seinem Haus, auf etwas über 30 ist »die allgemeine Entwicklung Württembergs in den Jahren 1891–1916« abgehandelt. Natürlich ist an vielen Stellen – mit Sorge und Zuversicht – vom Krieg die Rede, aber in der Hauptsache wird unter den Rubriken »Staat und öffentliches Leben«, »Religiöses Leben«, »Geistiges und künstlerisches Leben« und »Wirtschaftsleben« – in dieser Reihenfolge – fast alles abgehandelt, was damalige Leser und heutige Historiker interessieren konnte und könnte. Hier müssen einige wenige Stichworte genügen.

Vom Staat, den Gemeinden, dem Militär, den Kirchen und dem Bildungswesen, auch von der Wirtschaft soll hier nichts weiter berichtet werden, wohl aber von einigen anderen Bereichen, die in dieser »Kleinen Geschichte« bisher kaum erwähnt wurden, obwohl sie heute dem Historiker sehr wichtig sind. Das sind etwa die »Frauenbestrebungen« (bemerkenswerterweise schon vorne beim »Staat« und »öffentlichen Leben«), Theater und Mu-

Im 1907 bis 1912 durch Max Littmann erbauten »Großen Haus« des Königlichen Hoftheaters wurde 1912 Richard Strauß' »Ariadne auf Naxos« uraufgeführt. 34 Jahre später kündigte hier der amerikanische Außenminister Byrnes an, dass die USA die Deutschen in die Gemeinschaft der Nationen zurückführen wollten.

sikleben, Architektur und die bildenden Künste einschließlich des Kunstgewerbes, vor allem aber das, was wohl am meisten zum Heimatbewusstsein der Württemberger beigetragen hat: die »Altertums- und Denkmalpflege«, die schwäbische Landschaft, die Wandervereine, der »Natur- und Heimatschutz und natürlich die »Pflege der Landesgeschichte«. Reizvoll sind die sparsam eingestreuten Abbildungen, Radierungen von württembergischen Landschaften des um geologisch-geographische Genauigkeit bemühten Felix Hollenberg. Offenbar liebte er – aus Sterkrade (heute Oberhausen im Ruhrgebiet) gebürtig, also selbst keiner – die Schwaben und ihr Land wie sie ihn. Vielleicht, weil sie und er als Realisten Pünktlichkeit und Genauigkeit schätzten?

Das Stuttgarter Theater – es wurde aus des Königs Gehalt, der »Zivilliste«, bezahlt – hatte jetzt einen guten Ruf. Oper und Schauspiel waren auch für die damalige Moderne offen: Ibsen, Gorki, Oscar Wilde und G. B. Shaw waren hier zu sehen; die Oper brachte natürlich immer wieder Wagners »Ring«, im Oktober 1912 zur Eröffnung der neuen Gebäude von Max Littmann die Uraufführung von Richard Strauß' »Ariadne auf Naxos«, inszeniert von Max Reinhardt. Als bedeutende Architekten wirkten Theodor Fischer, der Mitbegründer des »Deutschen Werkbundes«, und sein Schüler Paul Bonatz, Erbauer der (damals neuen) Universitätsbibliothek in Tübingen und des neuen Hauptbahnhofs in Stuttgart, des letzten großen Bauwerks der »KWStE«. Adolf Hoelzel, 1905 an die Kunstakademie berufen, zog Schüler an, die sich einen Namen machen werden: Willi Baumeister, Oskar Schlemmer und Ida Kerkovius. Noch malten hier auch die Impressionisten Reiniger, Feuerbach, Landenberger und viele andere.

Altertümer und Denkmäler, auch die Landschaft waren den gebildeten Bürgern schon lange wichtig gewesen. Einen ersten größeren »Wanderführer« über die Schwäbische Alb, das landschaftliche Rückgrat des Königreichs, veröffentlichte schon 1823

Achalm und Georgenberg bei Reutlingen, gesehen von Felix Hollenberg, dem 1868 im Ruhrgebiet geborenen und nach einem tätigen Leben in Schwaben 1945 in Gomadingen auf seiner geliebten Alb gestorbenen Landschafter.

Gustav Schwab, 1837 ließ er ihm »Wanderungen durch Schwaben« folgen. Schon in den 1860er Jahren hatten die Stuttgarter einen »Verschönerungsverein« gegründet, 1869 entstand die Sektion »Schwaben« des Deutschen Alpenvereins. Dem 1864 gegründeten badischen Schwarzwaldverein folgte erst 1884 der württembergische, vier Jahre später der Schwäbische Albverein. Der König trat beiden bei. 1914 hatte der Schwarzwaldverein 11.000 Mitglieder, der Albverein fast das Vierfache davon. Das hatte auch eine wirtschaftliche Seite, das Land öffnete sich dem Fremdenverkehr. Wie immer bedrohte die wirtschaftliche Entwicklung das Alte; dem suchten Denkmal- und Heimatschutz entgegenzuwirken.

Der Landesgeschichte hatten sich schon seit der Jahrhundertmitte Christoph Friedrich und Paul Friedrich Stälin und Eugen Schneider gewidmet. Populäre Darstellungen hatten schon in den ersten Jahrzehnten des Königreichs den Württembergern ihr Fürstenhaus und die Geschichte ihres Landes nahezubringen versucht. Die Historischen Vereine sparten die neuere Geschichte in der Regel aus; vielleicht deshalb hatte die Gründung auch regionaler wie dem »für Ulm und Oberschwaben« oder »für das württembergische Franken« keine Schwierigkeiten. Denn so homogen, wie es nach alledem scheinen könnte, war das Land auch in den letzten Jahren des Königreichs wohl nicht.

Wirklichkeiten

Die scheinbar unbestechlichen Zahlen der Statistik geben ein allzu allgemeines und eher unrichtiges Bild der Wirklichkeit. Gewiss war Württemberg ein im Vergleich mit schon entwickelteren deutschen Regionen armes Land. Aber natürlich war das Land nicht überall arm. Die hochaggregierten Daten der Statistik sind Mittelwerte, die »in Wirklichkeit« »nirgends stimmen«. Immerhin

deuten die Einwohnerzahlen von Stuttgart darauf hin, dass hier
– wie auch in seiner weiteren Umgebung – die Zukunft schon
längst begonnen hatte. Schon nach der Jahrhundertmitte gab es
hier Arbeit, die Menschen von weit her anzog. Aber anderswo
fehlte die Gelegenheit, was Ab- und Auswanderung erklärt und
statistisch als Stagnation der Einwohnerzahl erscheint.

Auch die Mythen der Unternehmensgeschichte können ein fal-
sches Bild suggerieren. Daimler und Bosch kennt jeder – über sie
kein weiteres Wort! Moderne Industrie gab es auch anderswo als
in Stuttgart und seiner nächsten Umgebung. Die Luftschiffe des
Grafen Zeppelin wurden seit 1898 in Manzell bei Friedrichshafen
am Bodensee gebaut. Die Faszination, die sie auf die Menschen
ausübten, zeigte sich, als nach der Zerstörung des »LZ 4« bei
Echterdingen 1908 eine »Nationalspende« der Deutschen dem

1906, als »der Bosch« noch in Stuttgart war, wurde
in seinem Werk als dem ersten in Deutschland die
Arbeitszeit auf acht Stunden am Tag begrenzt.

Grafen ein Weitermachen ermöglichte. Im Kriegs- und Rüstungs-
jahr 1915 gründeten Wilhelm Maybach (ein Zögling von Gustav
Werners »Bruderhaus«) seine Firma »Maybach-Motorenbau«
und Graf Zeppelin eine Zahnradfabrik und machten damit auch
Friedrichshafen zur Industriestadt. Manches Unternehmen, vor
allem der Textilindustrie, führte alte Produktionen modernisie-
rend fort: Tuchweberei auf der Basis der Schafzucht des Landes
in Calw, Weil der Stadt, Heidenheim und anderswo, Verarbei-
tung von Leinen an verschiedenen Orten der Schwäbischen Alb,
die Fabrikation von Uhren, etwa durch Erhard Junghans, der
im armen Schramberg am Rand des Schwarzwalds mit der Beschäftigung von Strohflechtern begonnen und 1860 eine Uhren-
fabrik gegründet hatte. 1903 arbeiteten in der Firma fast 1600
Menschen. Auch andere arme Gegenden, so auf der Südwestalb
in und um (Albstadt-) Ebingen und Onstmettingen, kamen mit
feinmechanischer Industrie und mit dem Maschinenbau für die
Textilindustrie zu einem gewissen Wohlstand.

Anderes wuchs dank Erfinder-
und Unternehmergeist aus kleinen
Anfängen zur Weltfirma heran. 1870
gründeten die Brüder Wilhelm
Emil und Carl Fein in Stuttgart eine »Telegraphenbauan-
stalt und Fabrik elektrischer
Apparate« und bau-
ten in ihr 1895
die erste
elektrische
Handbohr-
maschine der Welt. Der
Flaschnermeister Jakob
Eberspächer in Esslingen
machte sich zu einem

Dies ist die erste elektrische Handbohr-
maschine der Welt – 1895 gebaut von
der Firma Fein in Stuttgart.

Spezialisten für kittlose Verglasung und wurde führend im Shed-
dachbau – die von ihm gegründete Firma wird in den 1920er Jahren die Bahnhöfe von Amsterdam und Mailand überdachen. Ein
1848 politisch auf der bald danach falschen Seite engagierter jun-
ger Lehrer, Carl Wilhelm Scheufelen, kaufte 1855 seinem Schwager eine heruntergekommene Papiermühle in Oberlenningen ab
und produzierte hier lange Jahre Packpapier und Pappen. Seine
Söhne, ein promovierter Chemiker und ein Kaufmann, stellten
seit 1895 ein Kunstdruckpapier her, das es mit den besten der
Welt aufnahm und immer noch aufnimmt.

Sie alle setzten viele andere in Arbeit und Brot. Die Dezentra-
lisierung der württembergischen Industrie erlaubte vielen Arbei-
terinnen und Arbeitern, nebenher ihre kleine Landwirtschaft zu
betreiben. Der eigene Besitz war ihnen so wichtig, dass sie dafür
weite Wege in Kauf nahmen. Denn das Ideal war (und ist), »um
das eigene Haus herumgehen zu können«. Auch war das Ansehen eines Mannes, der »sein eigener Herr« war, so viel größer als
das der »Fabrikler«, dass viele glauben machten oder auch glaubten, ihre Arbeit in der Fabrik sei eigentlich nur ein Nebenerwerb
zu ihrer eigentlichen, die sie dann nach Feierabend und am Wo-
chenende taten. Ihre Arbeitgeber, sehr oft noch selbst in ihrer Fabrik tätig, hatten dafür Verständnis und nahmen Rücksicht. Wo
solches »Arbeiterbauerntum« nicht möglich war, engagierten sie
sich im Bau von Arbeiterwohnungen, wie schon in den 1860er
Jahren der Fabrikant Staub in Kuchen bei Göppingen. Auch der
Staat als Unternehmer baute in diesen Jahren in Stuttgart Häuser,
in denen die Beschäftigten von Post und Bahn wohnen konnten.
So wurde zwar »nicht ganz Württemberg eine Fabrik«, wie sich
das die Vordenker der Industrialisierung schon in den ersten
Jahrzehnten des Königreichs vorgestellt hatten, aber eine Verteilung der Produktionsstätten über alle Teile des Landes, in denen
die Agrarstruktur die Landwirtschaft nicht blühen ließ, war doch
charakteristisch für dieses Land (wie für manche andere, die als

Vorbild angesehen wurden – Belgien oder verschiedene Kantone der Schweiz).

Auch dieses Bild zeigt nicht die ganze Wirklichkeit. Wie so oft muss man »Frauen- und Geschlechtergeschichte« studieren, um sie deutlicher zu sehen. Die Frauen in einfachen Verhältnissen – auf dem Land oder in der Stadt – hatten es immer schwer, auch und gerade im 19. und frühen 20. Jahrhundert. Die bürgerlichen Frauen – von den adeligen nicht zu reden – hatten wenigstens die Möglichkeit, an der höheren Kultur teilzunehmen. Das Leben vieler ihrer Töchter war problematischer. Schwerer als das der Mädchen und der jungen Frauen aus einfachen Verhältnissen war es gewiss nicht, aber je länger je mehr schwieriger. »Vieler«, nämlich derer, die nicht an das Ziel gekommen waren, geheiratet zu werden, um »die Bestimmung des Weibes« zu erfüllen, ihren Mann glücklich zu machen und gemeinsame Kinder aufzuziehen. Die »Frauenfrage«, von der man schon seit dem letzten Drittel des 19. Jahrhunderts sprach, war eine »Ledigenfrage«, und Ledige gab es unter den Bürgern und Bürgerinnen viele. Weil junge Männer erst heiraten sollten, wenn sie eine Familie »standesgemäß ernähren« konnten, und das dann meistens spät oder gar nicht taten, und weil die Müttersterblichkeit endlich so weit zurückgegangen war, dass die Chancen gering wurden, wenigstens einen Witwer zu heiraten und die Mutter seiner Kinder (und vielleicht auch noch gemeinsamer) zu werden, blieben viel mehr Mädchen als heute »sitzen«. Das war schon deshalb bitter, weil ledig zu sein von vielen als Makel angesehen wurde.

Doch auch ledig und kinderlos konnte »Mütterlichkeit« als »Beruf der Frau« gelebt werden, vor allem von Erzieherinnen und Lehrerinnen. Die waren fast immer ledig, denn sie mussten ihren Beruf aufgeben, wenn sie heirateten. In »katholischen Ländern« wie Bayern, die offenbar leichter »Jungfräulichkeit« und »Mütterlichkeit« gedanklich vereinbaren konnten, war der Anteil der Frauen an der Volksschullehrerschaft deutlich größer als etwa im »protestantischen Preußen«. Aber auch in Württemberg war er nicht klein. Hier wurden seit 1873 in Markgröningen Lehrerinnen ausgebildet. Manche von ihnen und auch Autodidaktinnen bekamen eine Anstellung in nicht selten privaten höheren Mädchenschulen. »Mütterlichkeit« war auch im neuen Beruf der Sozialarbeiterin gefragt. Die Frauen hatten diese Chance bekommen, weil »sozial« als spezifisch weibliche Eigenschaft galt. Im karitativen Bereich war die Zahl und Wirksamkeit von Frauen seit langem groß – Königin Katharina von Württemberg hatte das vorgelebt. Ein anderer »Vorteil« höherqualifizierter Frauen war, dass ihre Arbeitskraft billiger war als die der Männer. Die Begründung dafür war, dass sie keine Familie unterhalten müssten. Der zuständige Minister rühmte sich 1911, dass der Einsatz von Schreibmaschinen, denen die Stenotypistinnen gleichsam als Maschinenteil zugeordnet waren, die teuren männlichen Schreibkräfte und Kopisten fast ganz unnötig gemacht habe. Im Telephon- und Telegraphendienst war fast ausschließlich weibliches Personal beschäftigt.

Oft wird übersehen, dass der Beruf der Hausfrau seit dem Ende des 19. Jahrhunderts professioneller und zugleich von viel mehr Frauen als einziger ausgeübt wurde. Wo der Mann – als Bauer, Handwerker oder kleiner Händler – noch daheim arbeitete, war seine Frau so sehr mit eingespannt, dass ihre »nur hausfrauliche« Tätigkeit oft der kleinste Teil ihrer Arbeit war. Seitdem immer mehr Männer als Beamte oder Angestellte das Haus verließen, stiegen die Ansprüche an die Professionalität der Hausfrauen (und derer, die es werden wollten). Die Dienstmädchen, die es in vielen solchen Haushalten noch gab, waren meistens recht jung, »Auszubildende«. Dass »höhere Töchter« Dienstmädchen wurden, um zu lernen, was sie als Hausfrauen einmal können mussten, war so gut wie »unmöglich«. Daher mussten, etwa vom »Schwäbischen Frauenverein« in Stuttgart Haushaltungs- und Kochschulen eingerichtet werden. Dort lern-

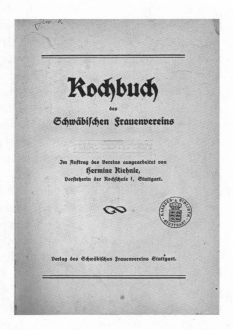

Hunderttausende von schwäbischen Hausfrauen benützten und benutzen es immer noch, das »Kiehnle-Kochbuch«. Das Titelblatt der ersten Ausgabe von 1912 zeigt seine Anfänge.

ten die Mädchen, was sie später als Hausfrauen und auch als Ausbilderinnen können mussten.

Die jungen Frauen und ihre Eltern erkämpften auch die Möglichkeit des Frauenstudiums – der Medizin, für das höhere Lehramt, der Sozialwissenschaften. Eine von ihnen, Maria Bidlingmaier aus Lauffen am Neckar, bestand im Sommer 1915 in Tübingen ihre Doktorprüfung mit einer Arbeit über »Die Bäuerin in zwei Gemeinden Württembergs«. Diese Doktorarbeit, die 1918 in einer wissenschaftlichen Reihe erschien, ist 1990 in einer schönen Neuausgabe nochmals herausgegeben worden – als die beste Darstellung über bäuerliches Leben kurz vor dem Ersten Weltkrieg im württembergischen Unterland. Denn Maria Bidlingmaier hat ganz genau hinsehen können. Sie hat Leben und Arbeit der Bäuerinnen in ihrer Heimatstadt Lauffen und – zum kontrastierenden Vergleich – in dem Dorf Kleinaspach bei Backnang studiert. In Lauffen, wo sie von klein auf »alle kannte«, konnte sie die Menschen interviewen, in Kleinaspach konnte sie »das Material nur durch längeren Aufenthalt und Mitarbeit in einzelnen Familien – also durch persönliches Werben um Vertrauen in dieser Form« gewinnen – sie hat also als Magd gearbeitet, um ethnologische Feldforschung wie in einem fremden Erdteil zu treiben. Sie fragte nach der Bäuerin »im Wirtschaftsleben«, das heißt in der landwirtschaftlichen Produktion, die damals noch mehr als heute zu einem großen Teil von Frauen geleistet wurde, nach der Bäuerin »als Leiterin der Konsumtion«, also im häuslichen Leben, für das sie fast ganz allein zuständig war und ist, und nach der Bäuerin »als Mutter«. Nur hier ist die Vergangenheit ganz vergangen. Frauen, die sieben, zwölf, ja bis zu 20 Kinder geboren haben, gibt es heute so gut wie nicht mehr, und auch vier bis sieben Geburten sind nicht mehr der »häufigste Wert«. (M. B. errechnet für Kleinaspach einen Mittelwert von 6,35, für Lauffen von 5,54 Geburten »pro Frau«.) Anderes kommt einem bekannter vor. Die Arbeitsteilung zwischen Mann und Frau zum Beispiel, die dem Mann die körperlich schwerere, aber auch die »Maschinenarbeit« überlässt, der Frau die nicht leichtere in Haus, Stall und Garten. Sie ist umso intensiver, je dichter die »Marktverflechtung« des bäuerlichen Betriebs wird, und ganz besonders streng, wo eine Sonderkultur wie der höchst arbeitsintensive Weinbau einen großen Anteil an der Produktion hat.

Diese »Welt« ist langsamer »Geschichte geworden« als vieles andere, als jetzt der Erste Weltkrieg kam. Maria Bidlingmaier hat ihn – wie ihr Bruder und ihr Verlobter, die beide gefallen sind – nicht überlebt. Seit 1916 in Berlin bei einer »Zentralein-kaufsgesellschaft« der »Kriegsorganisation« tätig, ist sie 1917 im 35. Lebensjahr an einer schweren Lungenentzündung – also wohl an Überarbeitung und Entkräftung – gestorben. Die schöne heile Welt, die zum Thronjubiläum Wilhelms II. vorgestellt wurde, war zum Teil nie da oder schon vergangen, als die Festschrift 1916 erschien.

Das Ende der Monarchie
(1914–1918)

Das Deutsche Reich und der Krieg

»Dieser Krieg endet mit einer Revolution« – das soll, wie sein Enkel Carl Friedrich von Weizsäcker berichtet, der württembergische Ministerpräsident Carl Weizsäcker am 1. August 1914, dem Tag der deutschen Kriegserklärung an Frankreich im Familienkreis gesagt haben. Auch den Verlust seines Vermögens habe er prophezeit. Wir wissen nicht, ob viele Angehörige seiner Schicht so pessimistisch waren. Wie die Regierungsjubiläen des deutschen Kaisers und preußischen Königs und des von Württemberg 1913 und 1916 zeigen, war das Zeitgefühl nach 43 Friedensjahren nicht auf Pessimismus gestimmt. Ein halbes Jahrhundert lang war es auch in Württemberg immer aufwärts gegangen. Unmittelbar vor Kriegsausbruch waren die Württemberger gewiss im Deutschen Reich »angekommen«. Gerade jetzt unterschieden sie sich wohl kaum noch von den andern Deutschen.

Auch hier war das sogenannte »Augusterlebnis« bei den einfachen Menschen verschieden vom »bürgerlichen«. Die Gebildeten sahen in einem Krieg, der wegen der Verflechtungen der Weltwirtschaft nicht sehr lange dauern könne, die Chance, den Geist zu erneueren, der vor fast fünfzig Jahren bei der Gründung des Deutschen Reichs geherrscht hatte. Wie 1870 würden die Deutschen endlich ganz einig sein, auch die Sozialdemokraten würden für den nationalen Staat gewonnen werden. Jetzt, wo es gegen den »russischen Zarismus« ging, würden auch sie das Vaterland mit allen Kräften verteidigen. Die einfachen Menschen waren realistischer. Sie erwarteten, dass sie große Opfer bringen müssten, und bangten um das Leben ihrer Männer, Brüder und Söhne, die jetzt eingezogen wurden, um gegen Frankreich und Russland ins Feld zu ziehen. Dass ein deutscher Sieg, mit dem auch sie gerechnet haben werden, ihnen Vorteile bringen würde, größer als ihre Opfer, bezweifelten sie.

Wie für »Volk und Heer« war dieser Krieg für die Verfassung des Deutschen Reiches, wie Bismarck sie begründet und wie sie sich seitdem verändert hatte, die erste ganz große Bewährungsprobe. Vom Reich wird auch in dieser »Kleinen Geschichte des Königreichs Württemberg« – wie von der Geschichte des Reichs und Preußens überhaupt – mehr die Rede sein, als man in der Geschichte eines einzelnen seiner Länder erwarten könnte. Denn das Sonderdasein Württembergs hörte mit Kriegsbeginn zwar nicht auf, aber das Spiel der Kriegs- und Reichspolitik bestimmte doch das württembergische so sehr, dass es fast unverständlich bliebe, wenn wir nur es selbst und nicht auch das größere im »größeren Vaterland« betrachten würden.

Die Generation der Reichsgründung hatte die Folgerungen aus ihren historischen Erfahrungen zu ziehen versucht. Weil Deutschland in der Mitte Europas, zwischen zwei feindseligen starken Nachbarn wie Frankreich und Russland, vor allem militärisch stark sein müsse, seien von nur einer Stelle Kriegführung und Politik zu koordinieren, vom König von Preußen als deutschem Kaiser, dem Vorgesetzten sowohl der Militärs als auch des Reichskanzlers. Weil sich das nicht mit »Demokratie« und Parlamentsherrschaft vertrage, hatte sich die konstitutionelle Monarchie auf die Herrschaft der Bürokratie festgelegt. Angeblich erlaubte der »Primat der Außenpolitik« nicht mehr Freiheit im Innern, als im deutschen »Rechtsstaat« herrschte. Dass im Lauf der Zeit immer mehr Deutsche nicht bloß gut verwaltet werden, sondern auch im Staat effektiv mitbestimmen wollten, hatten Bismarcks Nachfolger so wenig wahrhaben wollen wie er selbst. Wie für ihn waren für sie die Auseinandersetzungen der Parteien nur destruktiver Interessentenegoismus, der von einer starken Regierung durch »Staatspolitik« unschädlich zu machen war. Vollends die Arbeiter hielten er und sie für durch raffinierte oder auch verblendete sozialdemokratische Führer verführt. Ihren Anspruch auf Gleichberechtigung einer Klasse, die immer wichtiger und unentbehrlicher wurde, wollten sie nicht sehen.

Der zentrale Punkt (und das Hauptproblem) der Bismarckschen Reichsverfassung war das Verhältnis des führenden Staates Preußen zum Deutschem Reich. Unter Bismarck war es ein, zwei Jahrzehnte lang unproblematisch gewesen. Im preußischen Abgeordnetenhaus bildeten die gleichen Parteien die Mehrheit wie im Reichstag. Aber schon das preußische Herrenhaus, in dem nach wie vor die oft extremen Konservativen herrschten, war auch von Bismarck nicht immer leicht zu leiten gewesen. Spätestens seit seinem Sturz hatten das »demokratische« Reichstagswahlrecht einerseits, das ungleiche und indirekte Dreiklassenwahlrecht (nach dem die Wähler ihre Stimmen offen abgeben mussten) andererseits zu fast immer verschiedenen Mehrheiten der beiden wichtigsten deutschen Parlamente geführt. Der preußische Landtag war immer »rechter«, der Reichstag immer linker geworden. Der Landtag war wichtig, weil er als größtes deutsches Parlament zum großen Teil die Innenpolitik des größten deutschen Staates bestimmte – Preußen umfasste rund zwei Drittel von Deutschland, seine innere Politik bestimmte weithin das Leben aller Preußen. Er sorgte dafür, dass in erster Linie die Interessen des alten Preußen der »Junker«, der Bürokratie und des Militärs berücksichtigt wurden, nicht die des neuen Deutschland der Industrie, des Handels, der Arbeiter in Stadt und Land. Der Landtag war auch deshalb wichtig, weil der Reichskanzler als Leiter auch der preußischen Politik von ihm ebenso oder noch mehr abhing als vom Reichstag.

Um wirklich stark zu sein, hätte das Deutsche Reich politisch, nicht nur militärisch auf der Höhe der Zeit sein müssen. Diese Aufgabe war auch von einem Reichskanzler wie Bethmann Hollweg, der sah, was not tat, eben wegen seiner Abhängigkeit von zwei auseinander gehenden Parlamenten nicht mehr zu lösen. »Politik« konnte er nur verwalten, kaum mehr gestalten. Kaiser Wilhelm II., so modern er sich gerne gab, unterstützte ihn nicht. Er trug im Gegenteil sehr dazu bei, die Lösung der doppelten Aufgabe zu verhindern, die Arbeiter für den Staat zu gewinnen und dazu durch eine Wahlrechtsreform ihre angemessene Mitarbeit im preußischen Landtag zu ermöglichen. Das kleine Württemberg hatte diese Aufgabe zu Beginn des 20. Jahrhunderts zu lösen wenigstens begonnen. Das große Preußen ging mit der ungelösten in den Krieg hinein – und hat sie auch im Krieg nicht mehr lösen können.

Außer Preußen hatte im Krieg kein Bundesstaat mehr etwas zu sagen. In den Ländern ging mit Kriegsbeginn »die vollziehende Gewalt« auf die »Stellvertretenden Generalkommandos« der Armeekorps über. Was dort konkret zu tun war, wurde meistens von den kommunalen Verwaltungen in den Städten und Oberämtern »vollzogen«. Die Instanzen der »mittleren Ebene«, also der Bundesstaaten, wurden fast bedeutungslos. Wenn der Krieg verloren ging, dann hätte ihn Preußen verloren. Deshalb wollte ihn »das alte Preußen« unbedingt und eindeutig gewinnen.

Wahn, Plan und Wirklichkeit

Heute wissen wir, dass so gut wie alles, was vor 1914 und dann bis zum Ende des Kriegs geplant wurde, fehlschlug oder sehr kontraproduktive Nebenwirkungen hatte. Viele Pläne rechneten schon deshalb nicht mit diesen Möglichkeiten, weil denkbare Alternativen sehr unerfreulich waren. »Württembergisch« war das nicht, und insofern war Weizsäckers Pessimismus hier vielleicht doch verbreiteter, als damals zugegeben werden durfte. Doch auch anderswo sahen manche schwarz. Reichskanzler Bethmann Hollweg fürchtete, dass die Russen schon bald in seinem Gut Hohenfinow 50 km nordöstlich von Berlin sitzen würden.

Mit einem Krieg an zwei Fronten hatte schon lange auch der Generalstabschef Schlieffen gerechnet. Deshalb wollte er mit einem raschen Vorstoß durch das neutrale Belgien zuerst Frankreich niederwerfen und sich dann gegen die Russen wenden. England würde schon deshalb nicht eingreifen, weil es nicht den Verlust seiner Flotte nach einer Schlacht gegen die von Tirpitz aufgebaute »Risikoflotte« der Deutschen riskieren wolle. Von diesem Plan gingen nur seine negativen Seiten in Erfüllung: Die Russen fielen in Ostpreußen ein und der deutsche Vormarsch in Frankreich blieb an der Marne stecken. England griff doch ein, riskierte aber seine Flotte nicht, sondern verwandte sie zu einer zwar völkerrechtswidrigen, aber sehr effektiven Seeblockade gegen Deutschland und seine wenigen und letztlich schwachen Verbündeten.

Dass Deutschland in dieser Lage einen akzeptablen Frieden bekommen hätte, ist sehr unwahrscheinlich. Seine Politik suchte ihn schon mit Rücksicht auf die Militärs nicht. Aus dem selben Grund wagte niemand, die Deutschen auf einen langen Krieg einzustimmen, der am Ende bestenfalls die Vorkriegsgrenzen bewahrt hätte. Elsass-Lothringen an Frankreich zurückzugeben war noch im Herbst 1918 indiskutabel. Nachdem es Hindenburg und Ludendorff, den Befehlshabern an der Ostfront, gelungen war, die Russen hinaus- und zurückzuwerfen, glaubten viele, das Russische Reich durch Abtrennung seiner nichtrussischen Gebiete im Westen – Polens, der baltischen Provinzen, vielleicht sogar der Ukraine – auf Dauer schwächen zu können und zu müssen. Der Tübinger Professor der Geschichte Johannes Haller war einer der wortmächtigsten Propagandisten dieser Idee. Kaum jemand hat den aus Estland stammenden Historiker für befangen und in dieser Frage wissenschaftlich wenig kompetent gehalten. Im Westen hielten viele die deutsch-französische Grenze für revisionsbedürftig, – zu Gunsten der Deutschen. Die Küste Flanderns schien nötig, um England in Schach halten zu können; am besten brachte man also Belgien in dauernde Abhängigkeit von Deutschland. Trotz aller schlechten Erfahrungen mit den vielen Reichsbürgern im Norden und Osten Preußens und im »Reichsland Elsass-Lothringen«, die keine Deutschen sein wollten, meinte man mit dem Widerstand der Belgier leicht fertig zu werden.

Die Kriegszielbewegung hatte auch eine langfristig strukturpolitische Seite: Das »industrielle« Deutschland war zu stark geworden; man musste also das »agrarische« durch eine deutsche Besiedlung des Ostens verstärken, um das auszubalancieren. Auch hier wagte kaum jemand daran zu erinnern, dass seit Jahrzehnten viele Deutsche aus dem Osten Deutschlands abwanderten und Polen Platz machten, und dass die ostelbischen Gutsbesitzer schon ebenso lange über die »Landflucht ihrer Leute« klagten und auch durch die Zoll- und Steuerpolitik auf Kosten der Verbraucher des industriellen Deutschland unterstützt werden wollten. Dabei war genau das ein beherrschendes Thema schon der letzten Reichstagswahlkämpfe gewesen. Wenn gar kein anderes Argument mehr zog, dann gab es noch ein letztes: Die Soldaten und Offiziere an der Front (vor allem die letzteren) würden entmutigt werden, wenn als »Siegespreis« nur eine Bewahrung des Status quo winken würde. Das Militär sorgte dafür, dass die kritischen Stimmen lange nicht lauter werden durften, indem seine Zensurstellen die Erörterung von Kriegszielen verboten. Erst als sie 1916 freigegeben wurde, kam so etwas wie eine echte Diskussion auf. Bis dahin waren die im Vorteil, die zu den regierenden Stellen einen kurzen Weg hatten oder Geld genug, um ihre Meinung »privat« durch die Post verbreiten zu können. Kein

Wunder, dass bei Arbeitern und einfachen Leuten der Verdacht aufkam, der Krieg werde verlängert, um solche Ziele durchsetzen zu können.

Dass der Krieg auch im Organisatorischen miserabel vorbereitet war, zeigte sich schon in seinen ersten Tagen. Der deutsche Aufmarsch nahm die Eisenbahnen so sehr in Anspruch, dass sie für den »zivilen« Verkehr völlig ausfielen. Also brach die Versorgung der größeren Städte mit Lebensmitteln – nicht nur mit Milch – zusammen. Weil nichts rationiert war, wurde das Wenige, was es gab, zu Preisen verkauft, die für die Ärmeren unerschwinglich waren. Noch ahnte kaum jemand, dass es noch schlimmer werden könnte. Denn die britische Blockade der deutschen Küsten wirkte sich erst nach und nach aus. Dabei war Deutschland auch für seine landwirtschaftliche Produktion auf verschiedene Importe angewiesen, von den Produkten – wie Fleisch oder Getreide – zu schweigen.

Dass viele Produktionen für die Dauer des Krieges stillgelegt wurden, machte deren Arbeiter erwerbslos. Handwerks- und Kaufmannsbetriebe mussten schließen, weil der Inhaber sie ohne Gehilfen betrieb und jetzt zum Militär eingezogen wurde. Manchmal konnte seine Frau ihn ersetzen. Aber die Frauen waren jetzt ohnehin noch mehr als sonst mit der Versorgung ihrer Familien beschäftigt. Der Sold der eingezogenen Männer sollte für die Ernährung ihrer Familien ausreichen. Wo aber der Mann (oder auch der Sohn oder Bruder), der bisher für sie aufgekommen war, gefallen war – und die Verluste waren groß – musste Sozialhilfe beantragt werden. Auch darauf waren die zuständigen Kommunen nicht oder zu wenig vorbereitet. Das Bank- und Kreditwesen hatte man bald notdürftig im Griff, aber auch da gab es Probleme, ebenso zwischen Hausbesitzern und Mietern, wenn diese zunächst ihre Miete schuldig bleiben mussten. Auch die Fürsorge für die Arbeitslosen, eine damals rein kommunale Aufgabe, stand vor bisher unerhörten Herausforderungen.

Nicht nur im eigentlich Militärischen hatten die Militärs wie so oft den letzten Krieg vorbereitet – den »letzten«, weil nach einem Sieg keiner mehr geführt werden müsse, aber auch den letzten, den sie kennengelernt oder studiert hatten. Aber der jetzige Krieg war nicht wie der letzte. Nur ganz am Anfang gab es im Westen einen raschen Vormarsch und die Erstürmung der einen oder anderen Festung so, wie noch kurz vorher auch auf dem Truppenübungsplatz bei Münsingen auf der Alb geübt worden war. Danach erstarrte der Krieg zum Stellungskrieg mit verlustreichen »Materialschlachten«, wann immer die eine oder andere Seite versuchte, ihn wieder in Bewegung zu bringen. Auch im Osten gruben sich die Heere beider Seiten bald ein.

So, wie man sich kurz vor 1914 auf dem Truppenübungs-platz bei Münsingen die Erstürmung einer Festung vor-stellte, war der Krieg dann ganz und gar nicht.

So kurz war der Krieg nicht, wie Deutschland ihn in Wirklichkeit nur mit Aussicht auf Erfolg führen konnte. Deshalb war er auch kein Krieg bloß der Soldaten und Militärs. Das ganze Volk stand im Krieg. Es war alles in allem schlecht geführt. Frankreich und Großbritannien, die für wenig kriegstauglich angesehenen Demokratien des Westens, haben seine Probleme nicht immer ohne größere Konflikte, aber doch deutlich besser gelöst als die militaristisch-bürokratische konstitutionelle Monarchie der Preußen und Deutschen.

Vom »Burgfrieden« zur Revolution

Das Militär, dem sich »die politische Führung« des Reichskanzlers Bethmann Hollweg und seiner Nachfolger Michaelis, Hertling und auch noch Max von Baden, der Kaiser sowieso, unterordneten, hat jeden andern Einfluss auf die Kriegführung auszuschalten versucht, und hatte damit allzulange Erfolg. Die einzelnen »verbündeten Regierungen« – als Kollektiv waren sie der »Souverän« des Reiches – hatten jetzt ohnehin so gut wie nichts zu sagen. Viel mehr als Repräsentationsfiguren und Provinzgouverneure waren die Monarchen der Einzelstaaten und ihrer Regierungen – die preußische ausgenommen – seit Kriegsbeginn nicht mehr. Krieg zu führen hielten die Militärs für ihr Geschäft, »die dämlichen Zivilisten« konnten da nur stören. Auch anderswo gab es dieses Problem, aber in Preußen-Deutschland war das Militär und sein Selbstbewusstsein besonders stark. Noch 1913, in einer Reichstagsdebatte über peinliche Entgleisungen gegen die elsässische Bevölkerung in Zabern konnte der preußische Kriegsminister – »Angriff ist die beste Verteidigung!« – dem Reichstag entgegenhalten, ohne die militärischen Siege von 1870/71 säßen die Parlamentarier jetzt nicht hier.

Bezeichnenderweise wurde in Deutschland im August 1914 auch nicht wie in Frankreich die »Union sacrée« ausgerufen, sondern der »Burgfriede«. Die politischen Vertreter der Nation wurden also zum Stillhalten, nicht sosehr zum Kampf verpflichtet. Dieses Spiel spielten selbst die Pazifisten und »Internationalisten« unter den Sozialdemokraten eine ganze Zeitlang mit. Bethmann und auch den Militärs war klar, dass sie den Krieg nicht gegen die deutschen Arbeiter gewinnen könnten, nur mit ihnen. Deshalb wurden manche Praktiken aufgegeben, mit denen man die Sozialdemokraten bisher kleinzuhalten versucht hatte. Ihre Zeitung »Vorwärts« durfte auf den Bahnhöfen der preußischen Staatsbahn verkauft werden, bekennende Sozialdemokraten wurden jetzt auch im Staatsdienst geduldet. Die preußische Regierung sprach sogar von einer »Neuorientierung« der inneren Politik. Darunter konnte man zunächst eine liberalere Praxis der meist stramm konservativen Landräte verstehen, vor allem aber eine Demokratisierung des preußischen Landtagswahlrechts. Das hatte Bethmann schon vor dem Krieg einmal versucht, war aber am Widerstand der Konservativen im Abgeordnetenhaus und im Herrenhaus aufgelaufen und hatte seinen Versuch aufgeben müssen.

In Württemberg hatten König und Regierung lange Zeit viel weniger Probleme mit der angeblichen »roten Gefahr«. Zwar waren auch hier nicht alle Sozialdemokraten Linksliberale, die unglücklicherweise in der falschen Partei waren. Aber einen Umsturz der staatlichen und gesellschaftlichen Verfassung fürchtete man von ihnen schon lange nicht mehr. Schon das Sozialistengesetz hatte man in den 80er Jahren so milde angewandt, dass der sozialdemokratische Verleger Heinrich Dietz seinen Verlag (J. H. W. Dietz) 1881 nach Stuttgart verlegte, wo er lange blieb. Im August 1907 hatte die württembergische Regierung sogar die Veranstaltung des »Internationalen Sozialisten-Kongresses« in ihrer Hauptstadt erlaubt. »Berlin« ärgerte, dass »Stuttgart« die Mah-

Für wie gering der württembergische König und seine Regierung die »Rote Gefahr« einschätzten, zeigten sie mit ihrer Unterstützung des Internationalen Sozialisten-Kongresses 1907 in Stuttgart.

nung, das nicht zu tun, ignoriert, im Gegenteil den ankommenden Delegierten demonstrativ den Wartesaal Erster Klasse des Bahnhofs zur Verfügung gestellt hatte. Und das ein starkes halbes Jahr nach den von Reichskanzler Bülow nach einer Abstimmungsniederlage im Reichstag gegen Zentrum und Sozialdemokratie inszenierten hysterischen »Hottentottenwahlen«! In diesen hatte die SPD im Reich zwar in absoluten Zahlen gegenüber 1903 noch eine Viertelmillion Stimmen gewonnen, ihr Stimmenanteil war aber dank einer von 76,1 auf 84,7 % gestiegenen Wahlbeteiligung von 31,7 auf 28,9 % zurückgegangen. In Württemberg war er allerdings – vielleicht wegen der schwäbischen Mentalität – von 27,5 auf 27,9 % gestiegen; auch hier war die SPD den Stimmen nach schon seit 1903 die stärkste Reichstagspartei. In den letzten Reichstagswahlen des Kaiserreichs 1912 hatte sie 32,5, im Reich insgesamt 34,8 % der abgegebenen Stimmen bekommen. Dass ein Flügel der Sozialdemokratie gerade hier zuerst ihre Unterstützung des Krieges beendete hatte besondere Gründe.

Die Stimmung wurde langsam und dann immer schneller und nachhaltiger schlechter. Denn die Erfolge, die man an den Fronten und in der Heimat erzielte, waren groß, aber auch gefährlich. Sie waren nicht groß genug, den Krieg siegreich zu beenden, und zu groß, um nicht bei Vielen illusionäre Hoffnungen zu nähren, schließlich doch noch zu siegen, wenn man nur lange genug durchhalte. Wie so oft machten sich viele einfache Menschen weniger Illusionen als die Angehörigen der oberen und führenden Schichten. Vielen von diesen machten ihre historischen Kenntnisse und nicht nur die Bedrohung ihrer Interessen eine realistische Einschätzung von Möglichkeiten und Grenzen der deutschen Politik unmöglich. Hatte nicht Friedrich der Große die schlimmsten Niederlagen im Siebenjährigen Krieg dadurch überwunden, dass er nicht aufgab? So gefährlich wie damals schien jetzt die Lage nicht einmal zu sein. Umsonst wiesen klügere Historiker und Publizisten darauf hin, dass Deutschland wie damals Friedrich den Krieg schon gewonnen haben würde, wenn es ihn nicht verlor, wenn es also einen Frieden erreichen würde wie den, den der große König im Februar 1763 im sächsischen Jagdschloss Hubertusburg hatte schließen können. Damals waren im großen und ganzen die Grenzen von vor dem Krieg wiederhergestellt und wechselseitig garantiert worden. Aber, so argumentierten die andern, wären bei einem solchen »faulen Frieden« nicht alle »Opfer von Gut und Blut« umsonst gewesen? Was nur wenige sagten, aber wovor wohl viele von den jetzt Mächtigen Angst hatten: Drohte dann Deutschland nicht ein ganz anderes Land zu werden, als es vor dem Krieg gewesen war? Ein Land, das eine starke Sozialdemokratie an der Regierung beteiligen musste, in dem nach demokratischen Wahlen die Konservativen im preußischen Landtag so relativ schwach sein würden wie im Reichstag, in dem auch die wirtschaftlichen und sozialen Interessen des agrarischen Deutschland deutlich weniger berücksichtigt werden würden als vor dem Krieg?

Die Siege an der Front und die an der »Heimatfront« waren gewiss groß. Im Osten wurden die Russen von Hindenburg und Ludendorff bei Tannenberg aus Ostpreußen vertrieben. Deutsche und Österreicher warfen sie hinter eine Linie zurück, die den Süden Lettlands (»Kurland«), Litauen, Russisch Polen und einiges Land weiter östlich in ihren Machtbereich brachte. Im Westen war der Krieg zwar schon lange festgefahren, aber Belgien und der Nordosten Frankreichs waren in deutscher Hand geblieben. Eben das war das Gefährliche, denn es ermutigte die Absicht, einen großen Teil dieser Gebiete irgendwie zu behalten. Die Besetzung eines noch so großen Teils des feindlichen Landes ist ja noch nicht der Sieg über den Feind. Die Erfolge an der Heimatfront konnten bei den Militärs erst recht Illusionen nähren. Weil die Versorgung des Heeres absoluten Vorrang hatte, merkte man dort nicht leicht, wie schlecht die der Heimat geworden war und immer mehr wurde. Es war eine unerhörte

Leistung der kommunalen Verwaltungen, zumal der großen Städte wie Stuttgart, Ulm oder Heilbronn, mit oft noch wenig routiniertem Personal – auch viele städtische Bedienstete waren zum Krieg eingezogen worden – das Versorgungschaos der ersten Kriegswochen zu überwinden und das, was zu verteilen war, so zu verteilen, dass nicht mehr allein das Einkommen darüber entschied, ob jemand satt wurde oder hungerte. Volle Gerechtigkeit herzustellen gelang allerdings nie, weil bald ein »Schwarzer Markt« entstand, auf dem auch rationierte Lebensmittel um teures Geld zu haben waren. Auch hatten nicht alle Städter die Möglichkeit, zum »Hamstern« aufs Land zu fahren, also direkt bei den Erzeugern einzukaufen. Das war zwar verboten, aber um Geld und gute Worte war trotzdem etwas zu bekommen. Doch das, was zu verteilen war, wurde dadurch nicht mehr.

Weil die britische Blockade perfektioniert wurde, hungerten auch in Württemberg immer mehr Menschen. Vermutlich war es hier noch ein wenig besser als in den industriellen Ballungsgebieten um Berlin oder an Rhein und Ruhr. Die gab es hier nicht Weder räumlich noch menschlich waren »Stadt« und »Land« einander so fremd geworden wie anderswo, wo die Kontakte zwischen Weggezogenen und Zurückgebliebenen nicht mehr so relativ eng waren wie hier. Aber auch hier zermürbte der Hunger die Menschen und machte sie ungeduldig, ja aggressiv. Noch bemühten sich die Führer der Sozialdemokraten und der Gewerkschaften aller drei Richtungen, die Arbeiter bei der Unterstützung der Kriegführung zu halten. Aber es waren vielfach nicht mehr die Arbeiter, mit denen sie bisher zu tun gehabt und die ihnen vertraut hatten. Für die eingezogenen Männer waren selbst in der metallverarbeitenden Industrie und in den »Riesenbetrieben« von Daimler und Bosch Frauen eingestellt worden, die gewerkschaftlich zu organisieren schon immer schwer gewesen war. Auch relativ und absolut viel mehr halbwüchsige Arbeiter gab es – zu jung für den Krieg, alt genug für die Rüstungs-

Stuttgart, im Jahre 1917.

Todes-Anzeige.

Tief erschüttert machen wir die traurige
Mitteilung, daß unser lieber, unvergeßlicher

letzter Brotlaib

im Alter von nahezu 8 Tagen heute früh
9 Uhr aufgegessen wurde. Die trauernden
Hinterbliebenen bitten um eine Brotmarke.

In tiefster Trauer:

Der Vater: Siegfried **Hunger**
Die Mutter: Frieda **Hunger,**
geb. **Kohldampf**
Der Onkel: K. **Wenigfleisch**
Die Tanten: Lotte **Mehlnot**
und Berta **Schmalhans.**

Nachruf!

In großer Not denk' ich an Dich!
Mit jäher Wut der Hunger mich ergreift
Und der Gedanken Frucht zum Wahnsinn reift!
Jawohl! recht sehnend denke ich an Dich
Und wünsch' herbei die schönen Stunden
Wo Du mir faist so köstlich munden.
Entschwunden sind die frohen Lieder
Doch — was aus Erde ist, das werd' zu Erde wieder!

Das Militär fürchtete im Hungerjahr 1917 eine
Beeinträchtigung des Siegeswillens und verbot
dieses Flugblatt.

industrie. Die waren erst recht nicht leicht diszipliniert zu halten.
Zum gefährlichen Konflikt kam es »oben«, als die Parteileitung
einer dogmatisch marxistischen Redaktion 1915 in Stuttgart die
schwäbische Parteizeitung »Tagwacht« entzog und sie dem regie-
rungsnäheren Wilhelm Keil übertrug, Mitglied des Landtags seit
1901 (und bis 1933 und wieder 1946 bis 1952). Die Entmachteten
wurden auch gleich aus der Partei gedrängt und wehrten sich mit
der Spaltung des Stuttgarter und anderer größerer Ortsvereine.
Im übrigen Deutschland spaltete sich von der Partei erst 1917,
nach der ersten Revolution in Russland, die radikal-pazifistische
und orthodox marxistische »Unabhängige Sozialdemokratische
Partei Deutschlands« (USPD) ab. Die verbliebenen »Mehrheits-
sozialdemokraten« hatten nun noch weniger Spielraum als schon
vorher, unterstützten aber weiterhin ihr kaiserliches Deutschland
und seinen Krieg.

Auch die beiden russischen Revolutionen von 1917 gehörten
zu den Ereignissen, deren »unerwünschte Nebenwirkungen«
den Gewinn bald aufwogen, den sie der deutschen Kriegführung gebracht hatten. Der Krieg im Osten schien so gut wie gewonnen, mindestens die Koalition der Kriegsgegner gesprengt,
ein Separatfrieden mit Russland möglich. Das spitzte den bisher
mehr oder weniger unter der Decke gehaltenen Konflikt um
»Neuorientierung« und »Kriegsziele« umsomehr zu, als im Westen die Vereinigten Staaten von Amerika in den Krieg gegen
Deutschland eintraten. Vielleicht hätten sie das früher oder später auch dann getan, wenn ihnen die Deutschen nicht Grund
und Anlass dazu geliefert hätten. Um die britische Wirtschaft
(und Ernährung) womöglich ebenso hart zu treffen, wie das die
britische Blockade gegen Deutschland tat, verfolgte die deutsche
Seekriegsführung eine neue Strategie. Sie setzte nicht mehr auf
ihren Stolz, Tirpitz' Schlachtflotte, die nur ein einziges Mal gegen die britische zum Einsatz gekommen war: im Frühsommer
1916 vor dem Skagerrak, wo sie Erfolge erzielt hatte, aber ihr

Ziel, die Briten zur Aufhebung der Blockade zu zwingen, nicht
erreicht hatte. Jetzt setzte man auf den »Kreuzerkrieg«, d.h. auf
das Aufbringen und Versenken feindlicher Handelsschiffe. Statt
der Kreuzer, die sich nicht mehr auf die hohe See hinauswagen
konnten, wurden als neue Waffe »Tauchboote« eingesetzt, die U-
Boote. Aber auch diese konnten den konventionellen Kreuzerkrieg – Aufbringen, Durchsuchen, Freigeben oder Versenken der
Schiffe – nicht führen, ohne sich selbst aufs höchste zu gefährden. Daher wollte die Marine den »uneingeschränkten U-Boot-
Krieg«, d.h. das Versenken der feindlichen (und versehentlich
auch neutraler) Schiffe ohne Vorwarnung. Bethmann hatte sich
vergeblich dagegen gewehrt. Da die Marine rasche und große
Erfolge versprach, hatte eine Reichstagsmehrheit sie unterstützt;
er musste nachgeben, das politische und dann auch militärische
Unheil nahm seinen Lauf. Denn im Jahr 1918 war nicht nur das
amerikanische Rüstungspotential, es waren auch eine Million
amerikanischer Soldaten gegen Deutschland im Einsatz.

Auch in Sachen »Neuorientierung« und »Kriegsziele« musste
Bethmann Niederlagen hinnehmen, die ihn schließlich sein Amt
kosteten. Auf seinen Druck hin versprach der Kaiser in einer
»Osterbotschaft« 1917 eine Reform des preußischen Wahlrechts.
Aber er wollte sie nicht jetzt, sondern erst nach dem gewonnenen Krieg (und wenn es nach ihm gegangen wäre, wohl gar
nicht) durchführen. Und im Reichstag fand sich endlich eine
Koalition gegen rechts zusammen, die durch die Gewerkschafts-
flügel der beteiligten Parteien gestärkt wurde: Sozialdemokraten,
katholische Zentrumspartei und Linksliberale. Payer gehörte
zu ihren führenden Leuten, vom Zentrum Matthias Erzberger
von Buttenhausen im Großen Lautertal auf der Alb, ein ungemein rühriger Funktionär seiner Partei, der vielen Älteren auf
die Nerven ging. Für die Sozialdemokraten stand Philipp Scheidemann, neben ihm Friedrich Ebert aus Heidelberg. In einer
»Friedensresolution« setzte sich diese Mehrheit für energischere

Friedensbemühungen ein und brachte damit die Oberste Heeresleitung gegen sich auf, die inzwischen von Hindenburg und Ludendorff geführt wurde. Bethmann, der mit seinem notgedrungenen Lavieren zwischen die Fronten geraten war, wurde gestürzt, aber dann ein Nachfolger ernannt, der im Grund die Politik der Rechten machte. Die Kriegszielbewegung – für einen »starken« gegen einen »Scheidemann-Frieden« – wurde jetzt erst recht stark. Die zweite russische Revolution im Spätjahr, die das nun von den Bolschewiki geführte Land unter großen territorialen Opfern aus dem Krieg führte, ließ dann wieder deutsche Siegesillusionen ganz groß werden. Das inzwischen ganz von den Deutschen besetzte Baltikum, Russisch-Polen, das von Deutschland und Österreich schon 1916 zum von ihnen abhängigen Königreich gemacht worden war, Litauen, dann auch die Ukraine wurden zu Objekten der Begierde. An den Plänen, Preußen und die größeren Bundesstaaten am Siegespreis durch die Errichtung von kleinen, ganz von Deutschland abhängigen Monarchien zu beteiligen, wollte König Wilhelm von Württemberg sich nicht beteiligen. Verhindern konnte er nicht, dass die Litauer einen Herzog der württembergischen Seitenlinie »von Urach« (auf Schloss Lichtenstein) zum König von Litauen wählten. Der war katholisch und hatte mehrere Kinder, schien also zur Gründung einer litauischen Dynastie geeignet. (Der Kaiser wollte in »Personalunion« »Herzog von Kurland« werden, andere Fürsten hatten andere Ambitionen.)

Für solche sehr unzeitigen Pläne war das deutsche Volk im vierten und fünften Kriegsjahr verständlicherweise nicht mehr zu begeistern. Die Revolution, die mit ihnen im November 1918 auch gleich den Kaiser und die deutschen Dynastien beseitigte, haben sie nicht ausgelöst. Das tat die Niederlage, die ab September 1918 unabwendbar geworden war. Sie tat es in einem Maße, dass man fragen kann und gefragt hat, ob die Revolution überhaupt eine Revolution war oder eher eine erfolgreiche Meuterei

Älteste täglich erscheinende Zeitung Württembergs und größte Zeitung des Unterlandes

Neckar-Zeitung

Amtsblatt der Stadt Heilbronn, sowie der Oberamtsbezirke Heilbronn und Neckarsulm

Samstag den 9. November 1918, nachmittags 6 Uhr.

Eine Kundgebung des Königs von Württemberg und der neuen Regierung.

Einberufung einer konstituierenden Landesversammlung.

Stuttgart, 9. November. Das neue Ministerium, das sich auf dem Vertrauen der gewählten Volksvertretung aufbaut, ist gebildet und hat die Regierung übernommen.

Der König hat in Uebereinstimmung mit diesem neuen Ministerium die Einberufung einer konstituierenden Landesversammlung angeordnet. Sie soll durch das allgemeine, gleiche, direkte und geheime Wahlrecht der württembergischen Staatsangehörigen über 24 Jahre beiderlei Geschlechts gebildet werden. Ihre Aufgabe soll sein, unserem Staat eine den Bedürfnissen der neuen Zeit genügende Verfassung auf demokratischer Grundlage zu geben. Die Mehrheit des württembergischen Volkes soll damit in die Lage versetzt sein, die Entscheidung über die künftige Regierungsform zu treffen.

Der König spricht aus, daß seine Person niemals ein Hindernis einer von der Mehrheit des Volkes geforderten Entwicklung sein wird, wie er auch bisher seine Aufgabe einzig darin erblickt hat, dem Wohle und den Wünschen seines Volkes zu dienen.

Wir richten an das ganze Volk die dringende Mahnung und Bitte, in diesen Tagen der schwersten Not des Vaterlandes Besonnenheit zu bewahren und Ruhe und Ordnung zu halten. Nur so kann unser Volk vor dem tiefsten Elend, vor den Gefahren der Hungersnot und dem Einbruch des Feindes in unser Land bewahrt werden.

Wilhelm.
Liesching. Kiene. Hieber. Lindemann.
Pistorius. Köhler.

Der am 7. November 1918 zum Ministerpräsidenten ernannte Links-liberale Theodor Liesching (1865–1922) wurde schon drei Tage später durch den Sozialdemokraten Wilhelm Blos (1849–1927) abgelöst. Dessen Regierung gehörte er von Anfang an als Finanzminister an. Am 30. November legte König Wilhelm II. die Krone nieder.

eines vom Krieg völlig erschöpften Volkes. Mehr noch als auf die Deutschen überhaupt hatte sich die Kriegspropaganda der Gegner auf ihren Kaiser eingeschossen – eine einzelne Person kann viel leichter zum Objekt des Hasses gemacht werden als eine Nation oder eine Institution. Wilhelm II. hatte ihnen in einer seiner berüchtigten Reden lange vor dem Krieg den Namen geliefert, mit denen sie die Deutschen bezeichneten: »die Hunnen«. Als der amerikanische Präsident Wilson, der »einen Frieden ohne Annexionen und Kontributionen« propagierte, recht deutlich die Abdankung des Kaisers verlangte, hätte dieser vielleicht die Monarchie retten können – wenn er abgedankt hätte. Stattdessen setzte er sich, nachdem sich eine Meuterei der Schlachtflotte in Kiel als Flächenbrand über die deutschen Hauptstädte verbreitet hatte, in die Niederlande ab (wo er 1941 in hohem Alter gestorben ist). Während die Deutschen im französischen Compiègne noch mit der Entente um den Waffenstillstand rangen, den sie am 11. November abschlossen, eskalierte die Lage in Berlin. Fast gleichzeitig riefen dort die Führer der verfeindeten sozialdemokratischen Parteien, Philipp Scheidemann und Karl Liebknecht, die Republik aus. Der letzte kaiserliche Reichskanzler, Prinz Max von Baden, übergab sein Amt, nicht gerade verfassungsgemäß, an Friedrich Ebert, der es dann nicht mehr ausübte.

Auch in Stuttgart hatte sich am 4., in Friedrichshafen am 5. November ein »Arbeiter- und Soldatenrat« gebildet. Ministerpräsident (seit 1916 Freiherr von) Weizsäcker und seine Kollegen traten am 7. zurück, der König betraute am 8. ein »parlamentarisches« Ministerium unter Theodor Liesching, das sich auf die Parteien der »Friedensresolutionsmehrheit« stützte. Zur Stunde seiner Vereidigung am Vormittag des 9. November im Stuttgarter Wilhelmspalais, dem Sitz des Königs, riefen Anhänger des Spartakus-Bundes und der USPD die »Republik Württemberg« aus. Die Regierung Liesching wich nach zwei Tagen einer Revolutionsregierung unter dem sehr gemäßigten Sozialdemokraten

Wilhelm Blos, der schon am nächsten Tag, dem 11. November seine Regierung um drei bürgerliche Mitglieder, unter ihnen Liesching, erweiterte. König Wilhelm enthob alle Landesangehörigen ihrer Verpflichtungen ihm gegenüber und zog sich in das Jagdschloss Bebenhausen bei Tübingen zurück. Am 30. November verzichtete er auf den Thron und nahm Namen und Titel eines »Herzogs von Württemberg« an. Die Geschichte des Königreichs Württemberg war zu Ende, die des »Volksstaats Württemberg« begann.

Im Grunde hatte dessen Geschichte schon lange vorher begonnen. Auch wenn die Württemberger bis zum Schluss (und auch danach) tatsächlich die zunächst von den beiden ersten Königen geführte, dann recht selbständige Bürokratie hatten regieren lassen müssen, hatten sie doch immer mehr oder weniger ertrotzt, dass diese auf sie Rücksicht nehmen, ja sie in mancher Hinsicht »mitregieren« lassen musste. Auch in den schwierigen Jahren 1848–1850 ist das Königreich »Verfassungsstaat«, »konstitutionelle Monarchie« geblieben, in der der König als »Haupt des Staates ... in sich alle Rechte der Staatsgewalt« vereinigte und »sie unter den durch die Verfassung festgesetzten Bestimmungen« ausübte. Das Spiel der Politik, dessen Ziel der immer wieder neu zu bildende »Staat« ist, wurde von den Königen nicht allein, sondern zusammen mit den Repräsentanten ihres Volkes und auch zusammen mit diesem unmittelbar gespielt.

Der Staat Württemberg je länger je mehr auch der der Württemberger und nicht nur ihrer Könige geworden. Was gerade auch ihren letzten König angeht, so haben sich viele Württemberger noch lange dafür geschämt, dass auch er gehen musste, als der Kaiser und alle andern gingen. Sie wollten danach keinen andern König mehr, aber sie haben ihm noch nach Jahrzehnten, als nirgendwo sonst ein König ein Denkmal bekam, eines gesetzt – vor seinem Wilhelmspalais in Stuttgart. Nach Bebenhausen sind viele noch lange gegangen, um ihm und seiner Frau ihre Treue zu zeigen. Aber »vergangen ist vergangen« und lebt nur noch in Erzählungen fort.

Drei Generationen danach – ein Nachwort

Historiker – man verzeihe mir den Verstoß gegen die politische Korrektheit; hier und immer meine ich die Frauen ebenso wie die Männer, auch wenn ich nur die »männliche« Form verwende; auch an Leserinnen habe ich gedacht; und wo es um Erkenntnis geht, ist politische Korrektheit ohnehin unangebracht – Historiker also erzählen Geschichten, und sie dürfen das seit einiger Zeit auch wieder tun, ohne dass ihre Kollegen sie für zurückgeblieben halten. Nur dürfen sie nicht mehr so naiv sein, einfach zu erzählen, ohne darüber nachzudenken, was das eigentlich ist, und wodurch sich ihre Erzählungen von den Erzählungen anderer Erzähler unterscheiden. Dass der Dichter Friedrich Schiller anders »erzählt«, wenn er seinem Theaterpublikum »Wallensteins Lager« vor Augen stellt, als der Historiker Friedrich Schiller, der für seine Leser die »Geschichte des Dreißigjährigen Kriegs« schreibt. (Und das, obwohl nicht ganz selten der Theaterbesucher und der Leser der »Geschichte« eine und die selbe Person ist.)

Zum »Erzählen« gehört offenbar dreierlei: eine »Geschichte« – von Wallensteins Lager oder vom Dreißijährigen Krieg, ein Erzähler, gleich ob Dichter oder Historiker, und nicht zuletzt sein Publikum. Der Historiker (nur von ihm soll im folgenden noch die Rede sein) muss also zunächst entscheiden, welche »Geschichte« er erzählen will (und kann), wem er sie erzählen will, und er muss sich darüber Gedanken machen, wie er seine Geschichte erzählen muss, dass sie beim Adressaten »ankommt«. Die Idee, eine »kleine Geschichte des Königreichs Württemberg«

zu schreiben, stammt vom Verlag, nicht von mir selbst, und ich musste mich zuerst einmal fragen, ob ich mir das zutrauen könne. Zwar habe ich auch schon über württembergische Geschichte im 19. Jahrhundert geschrieben, aber ein richtiger »Landeshistoriker« bin ich nicht, im Gegenteil seit vielen Jahren mit einer ganz anderen »Geschichte« beschäftigt. Auch gibt es schon einige gute Darstellungen dieses Themas, und es ist schwer, eine neue zu schreiben, die mehr ist als ein neues Arrangement alter Geschichten. Gut zu »erzählen« ist erst recht schwer, wenn es kurz und schnell gehen soll. Würde ich es also schaffen, diese »kleine Geschichte« so zu schreiben, dass nicht allzuviel fehlt von dem, was mir wichtig ist, und trotzdem so anschaulich zu sein, dass der Leser etwas von dem spürt, was »Geschichte« überhaupt wichtig macht? Nämlich, dass es in ihr um Zeiten und Menschen geht, Menschen, die handeln und leiden, aber weder ganz frei noch ganz und gar festgelegt sind, weil »Gesetze« ihr Handeln bestimmen, die aber nicht unabänderlich sind, sondern sich durch ihr Handeln wandeln, auch dass bei diesem Spiel der »Zufall« mitspielt, in einer Erbmonarchie der »Zufall« von Geburt und Tod – das, was frühere Generationen meinten, wenn sie die Formel »Von Gottes Gnaden« brauchten.

Die nächste Frage war, was das wohl für Leser sein könnten. Viele Jahre lang habe ich fast nur Studenten der Geschichte vor mir gehabt. Von denen habe ich nichts anderes erwartet als »Neugier« und ein nicht unterdurchschnittliches Maß an gesundem Menschenverstand. Solche Leser stelle ich mir auch jetzt vor: »Studenten der Geschichte« im weiteren Sinne, neugierig, etwas zu erfahren, und nicht bereit, alles gläubig hinzunehmen, was sie hören oder lesen. Vielleicht – das war mein Wunsch – könnte ich sie dazu verleiten, auch noch anderes zu lesen und sich dann über das Gelesene ihr eigenes Urteil zu bilden?

Es ist wahr: »Geschichte muss immer wieder neu erzählt werden«. Das nicht nur deshalb, weil bei neuen Forschungen neue

»Quellen« erschlossen worden sind. Vielmehr verändert die Zeit, die alles verändert, auch die Historiker und ihre Leser. Die protestantisch-nationalliberalen, katholischen oder freidenkerisch-sozialistischen »Gebildeten« oder »Bildungshungrigen«, für die frühere Historiker geschrieben haben, sind fast ausgestorben. Auch das, was Leser und Historiker vor allem interessiert, ist anders geworden. Beide wollen jetzt etwas wissen über »Frauen«, »Alltag«, »Mentalitäten« – und wollen das genauer wissen. Viele von uns Älteren haben unsern Geschichtsunterricht auch deshalb nicht geliebt, weil das alles in ihm nicht vorkam, auch weil er zu abstrakt war, weil alles gestimmt hat und nichts mehr »wirklich« war. Nur wenige Lehrer haben uns Geschichten erzählt, um uns Geschichte zu lehren. Aber wie wäre das in einer »kleinen Geschichte« zu machen? Würde es genügen, wenigstens anzudeuten, wo solche »Wirklichkeiten« zu suchen wären? Auch das hat mich gereizt.

Die Zeit verändert sogar die Geschichte selbst. Immer wieder kommt sie bei ihrem Gang an einen Punkt, nach dessen Überschreitung sie nicht mehr die ist, die sie vorher war. Es ereignet sich etwas, dessen nachträgliche historische Erklärung vieles Vorangegangene ganz anders aussehen lässt: »1933–1945« die frühere deutsche Geschichte, »1989« die Geschichte des bolschewistischen Russland und der von ihm abhängigen Völker, also auch die unsere seit 1945. Dem müssen die Historiker sich stellen. Sie können nicht einfach nur ihre alten Geschichten erzählen, wie wenn nichts geschehen wäre.

Es ändert sich auch – und das ist ein weiterer Grund, weshalb »Geschichte immer wieder neu erzählt werden muss« – die »Sprache«. Dabei geht es nicht nur um einzelne Worte, die wir nicht mehr oder nicht mehr richtig verstehen. Es sind auch ganze Sätze, Sprach- und Denkfiguren, die unser Denken in bestimmte Bahnen lenken. Das kann unsere richtige Erkenntnis am meisten behindern, weil die Sprache dann mit einem Wort oder ein paar Worten ganze Bündel von Urteilen oder Meinungen transportiert. Da kann es dann leicht passieren, dass wir uns nicht mehr gültiges oder gar Falschgeld andrehen lassen. Leider hört der Vergleich hier auf: Niemand wird dafür bestraft, der nicht dafür sorgt, dass es aus dem Verkehr gezogen wird. Will sich wirklich jeder, der von »der Sprengung des Rumpfparlaments in Stuttgart« spricht oder schreibt, den damaligen Gegnern der Nationalversammlung anschließen, die von ihr als »Rumpfparlament« sprachen? Damals wussten Schreiber und Leser, die historisch gebildeter waren als wir, dass die Engländer, die für Oliver Cromwells republikanisches Parlament von 1648/49 gleich nach der Mitte des 17. Jahrhunderts das Wort »Rump Parliament« aufbrachten, mit diesem Wort Cromwell und wofür er stand diskreditieren wollten. Aber wissen das heutige Leser noch? Und wissen alle, die das harte Wort »Sprengung« gebrauchen, was damals wirklich geschah? Trifft es das, was damals – um es einmal sehr deutlich zu sagen – »in Szene gesetzt wurde«, von beiden Seiten zusammen, abgesprochen oder auch nicht?

Weil Historiker fast nie ganz neue »Geschichten« erzählen, sondern das nochmals, was vor ihnen erzählt worden ist, liegen gerade in der »Erzählung« selbst und in ihrer Sprache große Gefahren für die richtige Erkenntnis. Schon die »Quellen«, aus denen sie schöpfen, sind ganz überwiegend »Erzählungen«, und selbst das, was Historiker aus Material machen, das nicht »erzählt«, wird eben dadurch zur »Erzählung«. Deshalb muss unser Ehrgeiz sein, die alten Geschichten besser zu erzählen. »Besser«, nämlich »richtiger«, indem wir das, was uns als »Geschichte« erzählt wird, mit neuem Material konfrontieren oder aber mit neuen Gesichtspunkten in Frage stellen. Natürlich hat sich die Generation, die einen langen und schweren Kampf für ein moderneres und demokratisches Deutschland geführt hat, mit einem gerechten Urteil über das, wogegen sie gekämpft hat, schwer getan. Aber müssen wir ihre Kämpfe noch weiter führen, oder sollten wir nicht endlich auch einmal dem gerecht zu werden versuchen, was »die Geschichte« zu »Geschichte« gemacht, also abgetan hat?

Seit Ende 1918 »Geschichte« ist auch das Königreich Württemberg. Ernsthafte Versuche, hier die Monarchie wieder einzuführen, kennt »die Geschichte« nicht. Hatte der mögliche Thronfolger nur das nach Meinung der Mehrheit der Württemberger »falsche Gesangbuch«, oder hatte die Monarchie ihre Aufgabe erfüllt und war deshalb nicht wiederzustellen? In über hundert Jahren haben sich die Monarchen und ihre Bürokratie auf der einen, die Bewohner des Landes auf der andern Seite in der Aufgabe zusammengefunden, das Beste aus ihrem Land zu machen. Schon wenige Jahre nach der Gründung seines Königreichs, die unter den Bedingungen dieser Zeit kaum etwas anderes als Jahre einer harten Alleinherrschaft sein konnten, hat König Friedrich 1815 seinen Untertanen angeboten, sich an seinem Spiel der »Politik« zu beteiligen. Dieses Angebot wollten ihre Repräsentanten so, wie gemacht, nicht annehmen. Sie wollten ein anderes, älteres Spiel, das sie kannten, weiterspielen, weil es ihnen größere Gewinnchancen versprach. Der König sah darin eine Gefährdung seines Werks und hat ihnen nicht nachgegeben. Das tat auch sein Sohn nicht, auch wenn er verstand, seine Ziele als Konzessionen an die andere Seite auszugeben. Die ersten 25 Jahre seiner Regierung zeigten, dass er in diesem Spiel in aller Regel zuletzt Sieger blieb. Sein Volk, das ihn 1841 groß feierte, schien damit zufrieden zu sein.

In der großen Krise der Jahre 1848 bis 1850 hat kaum ein Württemberger das Königreich als solches in Frage gestellt. Ihr Ursprung lag nicht im Innern des Landes, so groß dort die Probleme waren. In gewissem Sinne erinnert sie an die Krise des alten Deutschen Reichs vor 1806. Wie damals war auch jetzt die Organisation Deutschlands im Blick auf eine militärische Bedrohung unzureichend. Und sie hat ebenfalls die Aufgaben nicht lösen helfen, deren Lösung dringend erschien. Vielmehr zeigte sich im Frühjahr 1848 in aller Deutlichkeit, was man schon vorher gewusst oder gefürchtet hatte: Der Deutsche Bund war unfähig, die Deutschen effektiv zu verteidigen, und er hat vor Aufgaben versagt, die ihnen immer wichtiger wurden: Sicherung der Freiheitsrechte einer bürgerlichen Gesellschaft, vor allem auch derer, ohne die eine »politische Öffentlichkeit« kaum funktionieren kann, und Schaffung von Rahmenbedingungen für den Wohlstand. Der Deutsche Zollverein war ohne oder gar gegen den Bund gegründet worden und umfasste nur einen Teil von Deutschland, die Freiheitsrechte waren von Bundes Seite unterdrückt. Wer in der Modernisierung Württembergs weiter kommen wollte, musste deshalb den Hebel in »Deutschland« ansetzen. »Ein deutsches Parlament« zur Erarbeitung einer »Reichsverfassung« war deshalb der Weg, den auch und gerade die Württemberger mit dem Einsatz der Überzeugung einschlugen. Eine »deutsche Republik« wollten hier nur ganz wenige; »vor dem Thron stehen« blieb die große Mehrheit. Aber sie wollten auch nicht vom Regen in die Traufe kommen, von ihrer württembergischen Monarchie in eine deutsche, außer wenn in dieser »das Volk« deutlich größere Mitwirkungsrechte bekam, als es in den einzelnen deutschen Staaten bisher hatte. Schon im Sommer 1848 wurde immer deutlicher, dass die Fürsten und Regierungen der größeren deutschen Staaten den Weg der Nationalversammlung nicht mitgehen, ihn sogar ungangbar machen wollten. Es erwies sich auch, dass sie noch stark genug waren, ihre bewaffnete Macht dafür einzusetzen. Fast überall und fast bis zum Schluss verfügten sie über das Militär. Wo das nicht mehr der Fall war (wie in Baden) kam es wirklich zur »Revolution«.

Die Württemberger versuchten es mit einem dritten Weg: mit der Nationalversammlung die gewünschten Rechte wenigstens auf dem Papier verbriefen zu lassen, um sie dann in ihrem Land – und schlimmstenfalls dort allein – zur Wirklichkeit zu machen.

Auch wenn ihre Regierung im Juni 1849 der Nationalversammlung die Tür wies, wollte sie an der Gültigkeit der Reichsverfassung und ihrer Grundrechte unbedingt festhalten. Es zeigte
sich, dass das gegen die Großmächte nicht durchzusetzen war.
Der König von Württemberg schlug sich auf die damals stärkere
Seite, Österreich, und beteiligte sich – schließlich mit Erfolg – an
der Wiederherstellung des alten Deutschen Bundes. Als auch
Preußen vor Österreich (und Russland) zurückwich und seinen
Versuch aufgab, eine etwas weniger liberale Reichsverfassung wenigstens für einen Teil von Deutschland zu schaffen, schien alles
wieder so zu sein wie vor 1848. Doch man konnte nicht da wei-
termachen, wo man vor mehreren Jahren stehengeblieben war.
Die Württemberger hatten in der Zwischenzeit viel gelernt, die
Gegner des bisherigen Systems, aber auch König und Regierung.
Unterdrückung der politischen Bestrebungen, aber Förderung
des wirtschaftlichen Fortschritts war das Rezept, für das der
Name Steinbeis steht. Doch schon am Ende der 48jährigen Regierungszeit des zweiten Königs zeigten sich deutliche Anzeichen
der nächsten großen Krise.

Im »Zeitalter der Reichsgründung«, das sehr stark von der
scheinbaren Skrupellosigkeit Bismarcks als des neuen Leiters
der preußischen Politik bestimmt war, geriet das Königreich
Württemberg zum ersten Male wirklich in Gefahr, unterzugehen.
Zwar schienen gute Gründe dafür zu sprechen, an der Seite des
scheinbar stärkeren Österreich den Deutschen Bund zu retten.
Der Kaiserstaat versuchte schon seit 1849/50, die vier kleineren
deutschen Königreiche gegen Preußen, das bedrohlich große, zu
stärken, auch schien er allein in der Lage, Süddeutschland gegen Frankreich zu verteidigen. Der preußische Sieg im Juli 1866
bei Königgrätz in Böhmen entzog dieser Politik den Boden. Die
württembergischen Regierung hat daraus sehr schnell die Folgen
gezogen, die sich bald als die richtigen erweisen sollten, und
sich militärisch und wirtschaftlich enger an Preußen angeschlos-

sen. Eine große Mehrheit der Württemberger lehnte sowohl den preußischen »Militarismus« als auch seinen weitgehenden Wirtschaftsliberalismus ab. Wie auch die nicht kleine katholische Minderheit, die außerdem gegen »das protestantische Preußen« war, sträubte sie sich bis zum Sommer 1870, der Regierung zu folgen – die ihrerseits gegen den Widerstand des Landes einerseits, des Königs und der Königin andererseits keinen ganz geraden Kurs steuern konnte. Ausgerechnet der verhasste Bismarck hat schließlich Württemberg als Königreich gerettet. Denn auch er wollte kein »Königreich Deutschland« nach dem Muster des eben damals gegründeten »Königreich« Italien.

Weil »Preußen Preußen bleiben« sollte – ein monarchischer Militärstaat, in dem der alte Adel in Regierung, Verwaltung und Parlament eine sehr starke Stellung hatte – blieben auch die meisten andern deutschen Staaten, was sie gewesen waren. Die uneingeschränkte Verfügung über ihr Militär mussten sie freilich an Preußen abtreten, sich auch noch widerspruchsloser seiner Wirtschaftspolitik fügen, und zudem möglichst vermeiden, das innerpreußische Herrschaftssystem zu gefährden. Wenn das gesichert war, konnte das neue Deutsche Reich wenigstens für die Öffentlichkeit des Auslands als etwas anderes auftreten als nur als ein vergrößertes Preußen. Die württembergische Regierung hat sich diesen Bedingungen klug angepasst. Auch im Parlament war sie nach einer Erdrutschniederlage der antipreußischen Opposition im Dezember des Kriegsjahrs 1870 unangefochten. Zwanzig und mehr Jahre später, als im Deutschen Reich definitiv eine moderne Industriegesellschaft entstanden war, als auch die Linke im Landtag wieder stark geworden war, konnten sich die Württemberger sogar etwas mehr Freiheit leisten, als die Preußen hatten. Darauf waren viele stolz. Die immer noch – und auch ohne starke Könige im Zentrum der Politik – starke württembergische Bürokratie hielt es weiterhin für klüger, mit einer Mehrheit ihres Volkes statt gegen sie zu arbeiten, zunächst mit einer linken, nach der Verfassungsreform von 1906 bald auch wieder rechten. Das ist bis zum Ersten Weltkrieg so geblieben – und hat sich nach seinem Ende sehr schnell wieder eingespielt. Im Weltkrieg selbst musste sich Württemberg fast völlig dem Reich und seinem führenden Staat Preußen unterordnen. Den Gang der Dinge im Innern bestimmte weithin die Politik der alten Führungsschicht dieses Staates. In der Hoffnung, durch einen nochmaligen Sieg ihre Stellung für eine weitere Zukunft so zu stabilisieren, wie das ihren Vätern und Großvätern 1866/71 schon einmal gelungen war, und aus kurzsichtiger Angst, sie sonst zu verlieren, hat sie alles getan, um einen »faulen Frieden« abzuwenden. Sie hat damit die Deutschen über das Maß ihrer Kräfte hinaus an der Front und in der Heimat so lange im Krieg gehalten, bis die militärische Niederlage keine andere Möglichkeit mehr ließ, als auf Gnade und Ungnade um Waffenstillstand zu bitten. Ein Preis – nicht der teuerste – war die Abdankung Kaiser Wilhelms II., und weil dieser nicht abdanken wollte, das Ende seiner Monarchie.

Mit diesem Ende hat die preußische auch die württembergische Monarchie in ihren Sturz hineingezogen. Sehr viel geändert hat sich dadurch im Lande nicht mehr. Ein neues Wahlrecht, das auch den Frauen eine Stimme gab, hat den Parteien vollends den Landtag, der nun ein Ein-Kammer-Parlament wurde, in die Hand gegeben. Aber die Bürokratie konnte im großen und ganzen so weiter regieren wie vorher. Manches hat der württembergischen Wirtschaft erleichtert, etwas krisenfester zu werden als die der meisten andern deutschen Länder. Da war einmal die enge Verzahnung von Landwirtschaft und Industrie in einem Land vieler kleiner Städte, aus denen neben Stuttgart nur wenige andere hervorragten. Das kam vor allem den mittelständischen Betrieben zugute. Die große Industrie war im und durch den Krieg vollends stark geworden. Das Nachbarland Baden war nach der Rückgabe Elsass-Lothringens an Frankreich zum Grenzland und zur »entmilitarisierten Zone« geworden. Das ließ dem Kapital Württemberg attraktiver erscheinen als das Nachbarland. Baden fiel daher nach dem Krieg relativ zurück. Auch andere deutsche Länder hatten größere Probleme als Württemberg, das so seinen Rückstand etwas aufholen konnte. Eine vorsichtig konservative Politik – seit 1924 von einer rechts-bürgerlichen Koalition aus Zentrum und den konservativen Parteien Bauernbund und Bürgerpartei geführt – hielt die Nationalsozialisten im Land schwächer, als von den strukturellen Voraussetzungen her zu erwarten gewesen wäre.

1932 stellte die NSDAP auch hier die stärkste Fraktion im Landtag. Die Machtübergabe an Hitler und seine Partei im Frühjahr 1933 verlief ohne größeren Widerstand. Ein Minister, der von der Bürgerpartei kam, konnte sein Amt bis 1942 so weiter ausüben wie mancher selbst linksliberale Bürgermeister. Die alte Führungsschicht diente auch den neuen Herren, wenn diese ihre Dienste in Anspruch nehmen wollten. Hitlers Krieg war organisatorisch weit besser vorbereitet als der, an dessen Ende er beschlossen hatte, »Politiker zu werden«. Die Württemberger, soweit sie »Volksgenossen« und keine offenen Gegner des Regimes waren, also die große Mehrheit, haben unter ihm deshalb zunächst weniger gelitten als 1914/18. Aber die Verluste an den Fronten und dann auch in den zerbombten Städten – Stuttgart, Ulm, Heilbronn, Friedrichshafen und andere – waren groß. Kriegsschauplatz wurde das Land 1945 erst spät. Aber nach dem Ende des Hitlerreichs und seiner Wehrmacht funktionierte zunächst nur die kommunale Verwaltung einigermaßen. Wie Baden wurde das Land entlang der Autobahn Karlsruhe-Stuttgart-München geteilt. Dass die amerikanische Besatzungsmacht bald Nordwürttemberg und Nordbaden zu einem Land Württemberg-Baden vereinigte, hat alte Wünsche aktualisiert, die beiden Länder (und Hohenzollern, das mit Südwürttemberg zu Württemberg-Hohenzollern vereinigt wurde) zu einem einzigen zu machen. Der Wunsch, durch eine Vereinigung der alten Länder der Herrschaft der Franzosen zu entgehen, war in Südwürttemberg so stark wie die Abneigung der Nordbadener, sich auf dem selben Weg in eine solche zu begeben. Der amerikanische Widerwille gegen einen solchen Ländertausch hat dann die Entstehung des heutigen Bundeslandes Baden-Württemberg weiter gefördert. Mit dazu beigetragen hat sicher, dass gerade im »amerikanischen Gebiet« viele Heimatvertriebene und Flüchtlinge eine neue Heimat gefunden hatten. Ihnen waren die alten Loyalitäten naturgemäß fremd. Aber auch die »Altbürger« – die Württemberger zuerst, die Badener später – haben sich in dem neuen Land bald wieder heimisch gefühlt. Ihre verschiedenen »Geschichten« haben viele Badener und viele Württemberger dazu nicht vergessen müssen. Gerade das Bewusstsein ihrer historischen Verschiedenheit ist ein wichtiger Teil der politischen Kultur des Landes.

Diese »kleine Geschichte« soll dazu beitragen. Auch wenn die Behauptungen dieses Buches nicht belegt werden konnten, werden die Landeshistoriker aller Grade in ihm gewiss vieles finden, was ihnen sehr bekannt ist. Denn ihre »Erzählungen« und auch ihre Forschungen habe ich so gut ich konnte studiert und dankbar benutzt. Manches wird ihre Zweifel erregen. Da kann ich nur hoffen, bei ihnen einen kleinen Vertrauensvorschuss zu bekommen, der sie veranlasst, meine Vermutungen – ich habe mich bemüht, sie als solche zu kennzeichnen – nicht von vornherein für völlig abwegig zu halten. Denn ich halte dieses Buch – auch ohne Fußnoten – für ein wissenschaftliches – wenn denn »Wissenschaft« ist, Fragen zu stellen und zu versuchen, sie nach bestem Wissen und Gewissen einer Antwort näher zu führen. Auch die Lesbarkeit, um die ich mich bemüht habe, soll nicht dagegen sprechen. Wer unverständlich schreibt, zeigt damit oft nur, wie weit er selbst davon entfernt ist, alles verstanden zu haben. Lieber will ich das eine oder andere Mal mit einer vielleicht allzu verständlichen Formulierung den Verdacht erwecken, etwas noch nicht in seiner ganzen Kompliziertheit durchschaut zu haben. Der wird oft nicht unbegründet sein. Trotzdem und eben deshalb wünsche ich mir aufmerksame und zuletzt doch zufriedene Leser.

Hinweise zur Literatur

Wer seine geschichtlichen Kenntnisse erweitern und vertiefen will, kann dazu zwei Wege (am besten – in beliebiger Reihenfolge – beide) gehen: »von oben nach unten«, also vom Allgemeinen zum Besonderen, oder umgekehrt. Der eine wie der andere führt über Bücher und Aufsätze. Die sind wie Landkarten. Wer einen Überblick über ein größeres Gebiet gewinnen will, muss eine Karte im Maßstab 1:500.000, 1:200.000 oder 1:100.000 nehmen – und wird darauf viele Einzelheiten nicht finden. Wem es auf diese ankommt, der wählt die Wanderkarte 1:50.000, das Messtischblatt 1:25.000 oder den Ortsplan 1:20.000 oder 1:10.000.

Für die deutsche Geschichte im 19. Jahrhundert, von der die württembergische nur ein kleiner Teil ist, gibt es – oft in mehreren Bänden – Gesamtdarstellungen von Thomas NIPPERDEY, Hans Ulrich WEHLER, Heinrich August WINKLER und manchen andern. Kürzer als die mehrbändige Verfassungsgeschichte von Ernst Rudolf HUBER und ebenfalls gut ist die von Manfred BOTZENHART.

»Handbücher« haben meistens mehrere Verfasser und immer reiche Literaturhinweise. Zu nennen ist vor allem *Gebhardts Handbuch der deutschen Geschichte*, dessen neueste Ausgabe einmal 24 Bände umfassen soll. Für die Wirtschafts- und Sozialgeschichte ist noch nicht überholt das Handbuch von Hermann AUBIN und Wolfgang ZORN, Band 2. Die Geschichte der Verwaltung ist in Band 2 und 3 der *Deutschen Verwaltungsgeschichte* umfassend dargestellt, sie enthält auch Kapitel über Württemberg. Für unser Thema zentral sind das *Handbuch der baden-württembergischen Geschichte, Band 3* und der *Historische Atlas von Baden-Württemberg* mit seinen Karten und Beiworten.

»Von unten nach oben« führen speziellere Bücher und viele Aufsätze. Die letzteren sind vor allem in den langen Reihen der landesgeschichtlichen Zeitschriften zu finden. Diese informieren auch über den Inhalt neuer Bücher, Publikationen lokaler und regionaler Vereinigungen und Institutionen oder über den Ertrag von Tagungen. In erster Linie sind das die *Zeitschrift für württembergische Landesgeschichte* und ihre »badische Schwester«, die *Zeitschrift für die Geschichte des Oberrheins,* auch die *Zeitschrift für hohenzollerische Geschichte.* Nicht nur »Regionales« enthalten *Württembergisch Franken, Ulm und Oberschwaben* und andere; »Kirchengeschichte« wird nicht eng definiert in den *Blättern für württembergische Kirchengeschichte* für die evangelische Seite und im *Rottenburger Jahrbuch für Kirchengeschichte* für die katholische. Fast alle Zeitschriften bringen immer wieder auch Aufsätze von nur zwei oder drei Dutzend Seiten über umfassendere Themen, die in Büchern auf einem Vielfachen davon (und von »Lesezeit«!) abgehandelt werden.

»Unten« sind vor allem die Menschen, die ja eigentlich am wichtigsten sind. Deshalb wählen viele eine Biographie, eine Autobiographie oder ein »Lebensbild« als guten und »lebendigen« Weg zur historischen Erkenntnis. Einen Führer dazu gibt es von Heinrich Ihme. Für uns besonders wichtig sind die inzwischen 21 Bände der *Schwäbischen Lebensbilder,* die ab Band 7 *Lebensbilder aus Schwaben und Franken* und seit Band 18 *Lebensbilder aus Baden-Württemberg* heißen. Knappe Skizzen des Lebens und politischen Wirkens aller württembergischer Landtagsmitglieder, auch der unbekannten, gibt mit viel »Literatur« Frank Raberg in einem *Biographischen Handbuch.* Die Biographien, die Paul Sauer 1984 von Friedrich, 1997 von Wilhelm I., 1999 von Karl und 1994 von Wilhelm II. vorgelegt hat, bringen viele Details; das selbe gilt für seine anderen Bücher aus dem Bereich der Geschichte des Königreichs Württemberg.

»Unten« sind auch die Orte, in denen wir leben. Kurz beschrieben sind viele von ihnen im *Handbuch der historischen Stätten Deutschlands, Band 6: Baden-Württemberg*. Die dort angegebene Literatur und in der Regel viele weitere stellen die örtlichen Büchereien und Archive bereit.

»Unten« im übertragenen Sinne sind auch die Bereiche der Kunst, der Kirchen, der politischen und sozialen Verhältnisse. Hier sind vor allem viele Bände der »Schwarzen Reihe« der Landeszentrale für politische Bildung zu nennen. Der zur Zeit »jüngste«, Band 34, enthält neben einer Übersicht über die Titel aller 34 Bände auch neuere und neueste andere Literatur. Über die Verfassungs- und Verwaltungsgeschichte ist vor allem aus den schon älteren, aber nicht veralteten Büchern von Albrecht Eugen ADAM und Walter GRUBE noch viel mehr zu erfahren, als in dieser »Kleinen Geschichte« unterzubringen war.

Für »Geschichte« muss man nicht viele Vorkenntnisse mitbringen. Neugier und ein Normalmaß an Intelligenz genügen vollauf. »Fertig« wird auch der nie, der sie im Hauptberuf studiert. Je mehr man weiß, desto mehr will man wissen. Es wäre schön, wenn auch diese *Kleine Geschichte des Königreichs Württemberg* solche Neugier wecken würde.

Literaturverzeichnis

Allgemeines

Thomas NIPPERDEY: Deutsche Geschichte 1800–1918, Bd. 1–3, München 1983–1992 (u. ö.).

Hans Ulrich WEHLER: Deutsche Gesellschaftsgeschichte Bd. 1–4, München 1995–2004.

Heinrich August WINKLER: Der lange Weg nach Westen, Bd. 1: Deutsche Geschichte vom Ende des Alten Reiches bis zum Untergang der Weimarer Republik, 4. Aufl. München 2001.

Hans FENSKE: Deutsche Geschichte. Vom Ausgang des Mittelalters bis heute, Darmstadt 2002.

Ernst Rudolf HUBER: Deutsche Verfassungsgeschichte seit 1789, Bd. 1: Reform und Restauration 1789–1830, Stuttgart 1957 (u. ö.), Bd. 2: Der Kampf um Einheit und Freiheit 1830–1850, Stuttgart 1960, Bd. 3: Bismarck und das Reich, Stuttgart 1963, Bd. 4: Struktur und Krisen des Kaiserreichs, Stuttgart 1969, Bd. 5: Weltkrieg, Revolution und Reichserneuerung, Stuttgart 1978.

Manfred BOTZENHART: Deutsche Verfassungsgeschichte 1806–1949, Stuttgart 1993.

Handbücher

Gebhardt – Handbuch der deutschen Geschichte, hg. v. Wolfgang BENZ u. a., Bd. 1 ff., Stuttgart 2002 ff.

Handbuch der deutschen Wirtschafts- und Sozialgeschichte, hg. v. Hermann AUBIN und Wolfgang ZORN, Bd. 2: Das 19. und 20. Jahrhundert, Stuttgart 1976.

Deutsche Verwaltungsgeschichte, hg. v. Kurt G. A. JESERICH, Hans POHL und Georg-Christoph VON UNRUH, Bd. 2 und 3, Stuttgart 1983 und 1984.

Handbuch der Baden-Württembergischen Geschichte, hg. v.
Hansmartin SCHWAZMAIER, Bd. 3: Vom Ende des Alten Reiches bis zum Ende der Monarchien, Stuttgart 1992.
Historischer Atlas von Baden-Württemberg, hg. v. d. Komm. für
geschichtl. Landeskunde in Baden-Württemberg in Verb. mit
dem Landesvermessungsamt Baden-Württemberg unter Mitwirkung zahlreicher Fachgelehrter, Stuttgart 1972ff.

Zeitschriften

Zeitschrift für württembergische Landesgeschichte, Bd. 1ff.
(1937ff.)
Zeitschrift für die Geschichte des Oberrheins, Bd. 1ff. (1850ff.)
Zeitschrift für hohenzollerische Geschichte, Bd. 1ff. (1965ff.)
Württembergisch Franken, Bd. 1ff. (1884ff.)
Ulm und Oberschwaben, Bd. 32ff. (1951ff.)
Rottenburger Jahrbuch für Kirchengeschichte, Bd. 1ff. (1982ff.)
Blätter für württembergische Kirchengeschichte, Bd. 1ff. (1886ff.)

Biographisches und Ortsgeschichtliches

Schwäbische Lebensbilder Bd. 1ff. (1940ff.), fortges. unter dem
Titel Lebensbilder aus Schwaben und Franken (1960ff.) und
Lebensbilder aus Baden-Württemberg (1994ff.)
Biographisches Handbuch der württembergischen Landtagsabge-
ordneten 1815–1933, bearb. v. Frank RABERG, Stuttgart 2001.
Südwestdeutsche Persönlichkeiten. Ein Wegweiser zu Biographien und bibliographischen Sammelwerken, bearb. v. Heinrich IHME, Teil 1–3, Stuttgart 1988–1997.
Handbuch der Historischen Stätten Deutschlands, Bd. 6: Baden-Württemberg, hg. v. Max MILLER und Gerhard TADDEY,
2. Aufl. Stuttgart 1980.

Anderes

Georg DEHIO: Handbuch der Deutschen Kunstdenkmäler. Baden-Württemberg, Bd. 1: Die Regierungsbezirke Stuttgart und Karlsruhe, Bd. 2: Die Regierungsbezirke Freiburg und Tübingen, München 1993 und 1997.

Hermann EHMER: Art. »Württemberg«, in: Theologische Realenzyklopädie, Bd. 36, Berlin 2004, S. 343-369.

Gerhard SCHÄFER: Zu erbauen und zu erhalten das rechte Heil der Kirche. Eine Geschichte der Evangelischen Landeskirche in Württemberg, Stuttgart 1984.

Werner GROSS und Heinz Georg TIEFENBACHER (Hgg.): Das Katholische Württemberg. Die Diözese Rottenburg-Stuttgart. Zeiten. Zeichen. Zeugen. Zukunft, 2. Aufl. Ostfildern und Ulm 1993.

Reinhold WEBER und Hans-Georg WEHLING (Hgg.): Baden-Württemberg. Gesellschaft, Geschichte, Politik (Schriften zur politischen Landeskunde Baden-Württembergs 34), Stuttgart 2006.

Albert Eugen ADAM: Ein Jahrhundert Württembergischer Verfassung, Stuttgart 1919.

Walter GRUBE: Der Stuttgarter Landtag 1457-1957, Stuttgart 1957.

Walter GRUBE: Vogteien, Ämter, Landkreise in Baden-Württemberg, Bd. 1: Geschichtliche Grundlagen, Stuttgart 1975.

Zeittafel

1514   Tübinger Vertrag, die »Magna Charta« Wirtembergs

1737–1793   Herzog Carl Eugen

1770   »Erbvergleich« bestätigt die alte Landesverfassung

1792–1814   Revolutions- und Napoleonische Kriege

1797–1816   Herzog, Kurfürst (1803) und König (1806) Friedrich II. bzw. I. (* 1754, † 30. Oktober 1816)

1803   »Reichsdeputationshauptschluss« – »Neuwürttemberg«

1805   Notgedrungenes Bündnis Friedrichs mit Napoleon 25. Dezember: Friede von Pressburg, Aufhebung der alten Landesverfassung

1806   1. Januar: Proklamation des »Königreichs Württemberg«: Vereinigung des alten Landes mit »Neuwürttemberg« Juli: »Rheinbund« von 16 süddeutschen Fürsten unter dem Protektorat Napoleons 6. August: Ende des »Heiligen Römischen Reiches deutscher Nation«

1809   Krieg zwischen Österreich und Frankreich – Württemberg erhält weitere Gebiete

1810   Nach Grenzverschiebungen zwischen Bayern, Württemberg und Baden endgültige Grenzen des Königreichs

1812   Napoleon greift Russland an – Brand Moskaus – Fluchtartiger Rückzug über die Beresina

1813   16.–19. Oktober: »Völkerschlacht« bei Leipzig – Auflösung des »Rheinbundes« 2. November: Vertrag von Fulda: Württemberg schließt sich den Alliierten gegen Napoleon an

1814	Napoleon dankt ab, wird Fürst von Elba und kehrt bald nach Frankreich zurück – Wiener Kongress
1815	8. Juni: »Deutsche Bundesakte«
	8. Juni: Napoleon bei Waterloo (»Belle Alliance«) endgültig besiegt
1815–1819	württembergischer Verfassungskampf
1816–1864	König Wilhelm I. (* 1781, † 25. Juni 1864) und Königin Katharina
1819	Tod Katharinas
	25. September: Verfassungsvertrag
1830	Julirevolution in Frankreich (»Bürgerkönigtum«)
1832–1848	und nochmals **1849/50** Ministerium Schlayer
1833/35	»Vergeblicher Landtag«
1841	Thronjubiläum Wilhelms, »Festzug der Württemberger«
1843	Beschluss, eine Eisenbahn als Staatsbahn zu bauen
1848	»Februarrevolution« in Paris, »Märzrevolution« in Deutschland – »Märzministerium« unter Römer
	18. Mai: Zusammentritt der deutschen Nationalversammlung in der Frankfurter Paulskirche
	20. September: »Langer Landtag« (bis 11. August 1849)
1849	28. März: Frankfurter Reichsverfassung, am 25. April von König Wilhelm anerkannt
	18. Juni: Ende der Nationalversammlung in Stuttgart
1849/50	Drei erfolglose »Landesversammlungen« zur Reform der württembergischen Verfassung
1850/51	Wiederherstellung des Deutschen Bundes
1850–1864	Ministerium Linden – Gewerbeförderung unter Steinbeis
1857–1862	Konkordatsstreit, befriedigende Regelung des Verhältnisses von Staat und katholischer Kirche
1864–1891	König Karl (* 1823, † 6. Oktober 1891) und Königin Olga
1864–1870	Ministerium Varnbüler – »Zeitalter der Reichsgründung«

1866   »Deutscher Krieg« – Ende des Deutschen Bundes – Österreich wird zu Österreich-Ungarn und scheidet aus Deutschland aus

1866/67   Gründung des »Norddeutschen Bundes«, ein »Süddeutscher« kommt nicht zustande – Schrittweiser Anschluss Württembergs an Preußen

1870/71   Deutsch-französischer Krieg – Gründung des von Preußen geführten Deutschen Reiches

1870–1900 Ministerium Mittnacht – 1876 »Staatsministerium«

1891–1918 König Wilhelm II. (* 1848, † 2. Oktober 1921) und Königin Charlotte

1906–1918 Ministerium Weizsäcker

1906   Verfassungsreform

1914–1918 Erster Weltkrieg

1918   9.–30. November Ende der Monarchie

1919   25. September Verfassung des »Volksstaats Württemberg«

Bildnachweis

Deutsches Literaturarchiv Marbach   S. 90

Hauptstaatsarchiv Stuttgart   S. 251 (HStA J 150 Bü 196 Nr. 13), 255 (HStA J 150 Bü 538 Nr. 7) – alle Rechte vorbehalten

Haus der Geschichte Baden-Württemberg, Sammlung Metz S. 204

Hermann Ehmer, Stuttgart   Karte Buchinnenseite vorne

Landeskirchliches Archiv Stuttgart   S. 176

Landeskirchliches Museum Ludwigsburg   S. 177

Landesmedienzentrum Baden-Württemberg   S. 93, 215

Landtag Baden-Württemberg   S. 219

Staatsgalerie Stuttgart   S. 11

Stadtarchiv Münsingen   S. 244

Stadtarchiv Stuttgart   S. 225

Städtisches Kunstmuseum Spendhaus Reutlingen   S. 227

Württ. Landesbibliothek Stuttgart, Graph. Sammlungen   S. 70 f.

Württ. Landesmuseum Stuttgart, Münzkabinett   S. 9

Karte Buchinnenseite hinten entnommen aus: Vogteien, Ämter, Landkreise in Baden-Württemberg, hrsg. vom Landkreistag Baden-Württemberg, Bd. 1: Geschichtliche Grundlagen von Walter Grube, Stuttgart 1975, nach S. 104.

In einigen Fällen konnten die Rechteinhaber nicht ermittelt werden. Hier ist der Verlag bereit, nach Anforderungen rechtmäßige Ansprüche abzugelten.

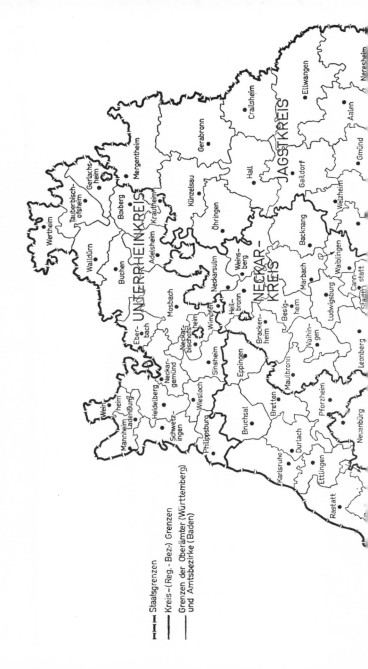

Verwaltungseinteilung der Staaten Württemberg, Baden,
Hohenzollern-Sigmaringen und Hohenzollern-Hechingen um 1835

Staatsgrenzen

Kreis-(Reg.-Bez.) Grenzen

Grenzen der Oberämter (Württemberg)
und Amtsbezirke (Baden)